Journal de
la psychanalyse de l'enfant

Journal de la psychanalyse de l'enfant

Nouvelle série
Volume VII, n° 1/2017

LA PSYCHANALYSE AU DÉFI DE LA THÉRAPEUTIQUE

Presses Universitaires de France

ISBN 978-2-13-078823-2
ISSN 0994-7949

Dépôt légal – 1re édition : 2017, avril

170 bis boulevard du Montparnasse 75014 Paris

INTRODUCTION

Le comité éditorial

> il y a des gens qui peuvent utiliser des théories psychanalytiques pour soutenir n'importe quelle activité de leur choix. C'est pourquoi nous essayons de former des gens qui ne sont pas seulement capables d'aider, mais qui souhaitent également aider l'individu, pas l'entraver[1].

L'invention du mot « psychothérapie » est, en général, attribuée à Hippolyte Bernheim à l'époque où il abandonna l'hypnose pour se contenter de la suggestion sur le sujet conscient. Dans un ouvrage paru en 1891, il inclut ce nouveau vocable dans son titre : *Hypnotisme, suggestion, psychothérapie. Études nouvelles*. En fait, on peut s'interroger sur cette paternité dans la mesure où dès 1890[2], Sigmund Freud publiait un texte intitulé *Psychische Behandlung (Seelenbehandlung)*[3]. Le terme allemand *Seelenbehandlung*, traduit dans les *Œuvres complètes* (2015) par « traitement de l'âme » a exactement le même sens et la même construction que le terme « psychothérapie »[4], le premier est construit à partir de racines germaniques, le second à partir de racines grecques. Il est intéressant de noter que dans ce texte, prépsychanalytique, Freud, tout en se référant à l'hypnose comme moyen thérapeutique, en relativise la portée en soulignant que les « nerveux » sont plus difficiles à hypnotiser que les sujets normaux et que les effets bénéfiques de

1. Bion W.R., *Un mémoire du temps à venir*, Larmor-Plage, Éditions du Hublot, 2010, p. 491.
2. Ce texte a d'abord été daté de 1905, date de sa troisième édition, avant que les recherches de Saul Rosenzweig aient permis de le dater de sa première édition en 1890 (cf. *OC*, vol. I, Paris, Puf, 2015, p. 154).
3. Traitement psychique (traitement de l'âme).
4. Il est probable que Freud a traduit le terme déjà créé par Bernheim puisque Ellenberger nous signale (1994, p. 775) que le mot *psychothérapie* a été utilisé au cours du Congrès international sur l'hypnotisme à Paris en 1889.

Journal de la psychanalyse de l'enfant, vol. 7, nº 1, 2017, p. 5-16

l'hypnose sont souvent temporaires, obligeant le praticien à répéter les cures d'hypnotisme au risque de créer un état de dépendance du patient vis-à-vis de son médecin. Il appelle alors de ses vœux une méthode fondée sur une meilleure connaissance de la vie psychique :

> On est en droit de s'attendre en toute certitude à ce que le traitement d'âme moderne, conscient de ses buts, qui se trouve être, en effet, une toute jeune reviviscence d'anciennes méthodes curatives, mette entre les mains des médecins des armes encore bien plus puissantes pour combattre la maladie. Une intelligence plus profonde des processus de la vie d'âme, dont les premiers commencements reposent précisément sur les expériences hypnotiques, indiquera les moyens et les chemins pour y parvenir (2015, p. 175).

C'est là le programme qu'il se donne : aboutir à une « intelligence plus profonde des processus de la vie d'âme », de façon à fonder sur cette intelligence le moyen de « combattre la maladie ». Ce disant, il fait écho à une préoccupation partagée par d'autres thérapeutes qui ne se satisfont pas du côté par trop magique de l'hypnose. Henri Ellenberger (1994) souligne que dans une communication au premier congrès international sur l'hypnotisme qui s'est tenu à Paris en 1889, deux praticiens, Bourru et Burot, firent cette affirmation remarquable :

> Ce n'est pas tout de combattre les phénomènes morbides un à un par la suggestion. Ces phénomènes peuvent disparaître et la maladie persister. Ce n'est qu'une thérapeutique de symptômes, ce n'est qu'un expédient. L'amélioration réelle et durable ne s'est produite que lorsque l'observation attentive et logique nous a conduits à l'origine même de la maladie (1889, cités par Ellenberger, 1994, p. 775).

C'est bien le même souci qui occupe Freud : parvenir à l'origine même de la maladie et comprendre la genèse des symptômes à partir de ses prémisses et ne pas se contenter d'éradiquer les conséquences visibles du mal.

Quel que soit le jugement que l'on porte sur Freud en tant que thérapeute, force est de reconnaître que, tout au long de son œuvre, il est revenu sur la dimension thérapeutique de la psychanalyse. V. Smirnoff, que l'on ne peut soupçonner de se désintéresser du Freud théoricien, l'affirme avec force :

> Il n'est pourtant pas possible à lire le texte, d'exclure la préoccupation thérapeutique de Freud lui-même qui parcourt son œuvre d'un bout à l'autre [...] Nier que l'analyse poursuit un but thérapeutique va à l'encontre de tout ce que Freud soutint dès 1923 dans la *Laïenanalyse* (1978, p. 144).

Dans une conférence prononcée en 1904 et publiée en 1905, *De la psychothérapie*, Freud explique les raisons pour lesquelles il a abandonné l'hypnose et la suggestion en recourant à la célèbre opposition qu'il emprunte à Léonard de Vinci entre « *per via di porre*[5] » et « *per via di levare*[6] », que Vinci appliquait à l'opposition entre la peinture où l'on ajoute des couleurs sur une surface vierge et la sculpture où l'on enlève de la matière à un bloc de bois ou de pierre :

> La thérapie analytique n'a que faire d'appliquer, elle ne veut rien introduire de nouveau, mais veut enlever, retirer, et à cette fin elle se préoccupe de la genèse des symptômes morbides et du contexte psychique de l'idée pathogène qu'elle a pour but d'éliminer (Freud, 2006, p. 51).

À nouveau, Freud s'affirme comme un « thérapeute », soucieux de comprendre ce qui se passe et ce qu'il favorise par sa technique en suivant au mieux les voies des processus naturels qui, s'ils ont engendré les symptômes, sont susceptibles à rebours de les faire régresser.

Les écrits techniques des années 1910 font encore explicitement référence à la finalité thérapeutique de la psychanalyse : « Conseils aux médecins sur le traitement psychanalytique » (1912) – « Le début du traitement » (1913) – « Les voies de la thérapie psychanalytique » (1918). Certes peu à peu, Freud va se montrer plus pessimiste quant à l'évaluation thérapeutique de sa méthode. Pour autant, il n'a jamais renié la visée thérapeutique de la psychanalyse. À partir des années 1920, il va reconnaître ses limitations et même

5. « En ajoutant ».
6. « En enlevant ».

ses échecs : il décrit l'*instinct de mort* (1920), la *réaction thérapeutique négative* (1923*a*, 1923*b*), le *masochisme primaire* (1923b), l'*analyse sans fin* (1937). Mais, il est remarquable que dans ce dernier texte, publié presque à la fin de sa vie, il ne cesse de s'interroger sur les raisons de certains échecs thérapeutiques. Pourquoi faudrait-il s'étonner de ce souci, à l'évidence légitime ? L'histoire de la médecine est régulièrement marquée par des va-et-vient entre le lancement triomphant d'un nouveau traitement et les restrictions que sa mise en pratique exige après coup. C'est l'honneur de Freud d'avoir su reconnaître les limites de sa méthode et d'avoir eu l'audace de les exposer publiquement. Les cures hypnotiques d'un Liébault, les psychothérapies par suggestion d'un Bernheim, les interprétations d'un Groddeck s'appliquaient à toutes sortes de maladies n'ayant aucune parenté entre elles, sans distinction entre affections organiques et affections mentales. Freud voulait manifestement se démarquer de ces pratiques à tout faire qui rappelaient plus les dons du guérisseur ou le pouvoir magique du Shaman que l'approche rationnelle du chercheur et du clinicien moderne.

Que s'est-il passé par la suite pour que la psychanalyse se voie souvent exonérée de toute visée thérapeutique ? Pour certains tout semble se passer comme si « traiter » relevait de la *psychothérapie*, alors que la *psychanalyse* s'occuperait de tout autre chose. Étrange clivage qui nous a semblé digne d'être interrogé à nouveau, surtout en ce qui concerne les enfants et les adolescents. Il est clair que les demandes qui nous sont adressées pour cette clientèle sont bel et bien des demandes thérapeutiques. Il ne s'agit pas pour elle d'accéder à un pur savoir. Il s'agit d'aller mieux, de moins souffrir, d'être en position de mieux développer ses potentialités, de reprendre, voire d'amorcer une croissance psychique qui se trouvait arrêtée ou amputée. Dira-t-on alors qu'il s'agit de psychothérapie, que la psychanalyse de l'enfant n'existe pas et que celle de l'adolescent est impossible, que les conditions d'une cure analytique ne peuvent être réunies ?

En fait, il semble que les exigences de départ de Freud aient prêté à des contresens qui rendent aujourd'hui très confus les débats portant sur les différences entre psychothérapie et psychanalyse et sur la visée thérapeutique de la psychanalyse elle-même.

Sa première exigence est celle du refus d'une méthode plus ou moins magique, comme lui apparaissait l'hypnose au profit d'une « intelligence plus profonde des processus de la vie d'âme ». Cette exigence peut se décliner selon deux axes : le premier est celui qui oppose la cure psychanalytique à toutes les formes de psychothérapie qui se centrent sur les symptômes sans chercher à comprendre leur genèse ni leur signification. Il y a là un point de vue consensuel entre les psychanalystes : la psychanalyse n'est pas une thérapeutique symptomatique comme peut l'être une *thérapie cognitivo-comportementale* qui n'a pas d'autre ambition que d'éradiquer les conséquences les plus visibles et les plus conscientes des troubles. La psychanalyse a une autre visée, elle explore un autre domaine que celui de l'apparence, du conscient.

L'autre aspect de la même exigence consiste à développer une intelligence de la vie d'âme, autrement dit une théorie du fonctionnement psychique, pour asseoir l'action thérapeutique sur un socle solide et rationnel. Il y a là un parallélisme frappant avec ce qui s'est passé pour la médecine du corps. Faut-il rappeler que Freud a commencé sa carrière comme médecin biologiste, chercheur, spécialiste du système nerveux dont il étudiait l'anatomie, l'histologie et la pathologie. Il n'était pas venu à Paris pour faire un stage dans le service de Charcot afin d'étudier l'hystérie mais pour se perfectionner dans des techniques de coloration des tissus nerveux. C'est la personnalité de Charcot qui l'a séduit, la rigueur et la pénétration de ce clinicien hors-paire qui l'a incité à s'intéresser aux troubles névrotiques et à chercher à en comprendre le sens. On le voit, tout au long des années 1890, observer soigneusement les troubles en question, les décrire et les regrouper en syndromes qu'il différencie clairement les uns des autres et qu'il nomme. Il fait tout cela selon les règles de la pensée médicale. Parallèlement, en bon médecin, il part à la recherche des causes des syndromes qu'il a identifiés, de leurs étiologies spécifiques pour tenter d'aboutir à l'idéal de tout médecin : découvrir des traitements étiologiques. Tout un temps, il croit trouver la réponse dans le prolongement des expériences qui lui sont rapportées par Breuer, en écho également à l'enseignement qu'il avait reçu de Charcot : les traumatismes psychiques du passé seraient la véritable cause des troubles actuels et de leur expression symptomatique.

L'œuvre paraît achevée, l'observation clinique est précise, le regroupement syndromique cohérent, les étiologies spécifiques identifiées et les traitements correspondant disponibles, quand tout s'écroule précisément pour des motifs thérapeutiques. Freud en fait l'aveu à son ami Fließ dans sa célèbre lettre de l'équinoxe (21 septembre 1897) :

> Je ne crois plus à mes neurotica[7]. Cela n'est probablement pas compréhensible sans explication ; tu as d'ailleurs trouvé toi-même crédible ce que je pouvais te raconter. Je vais donc commencer historiquement et te dire d'où sont venus les motifs de mon incroyance. Les déceptions continuelles dans les tentatives pour mener une analyse à son véritable terme, la fuite des personnes qui pendant un certain temps avaient été les mieux accrochées, l'absence des succès complets sur lesquels j'avais compté, [...] (Freud, 2006, p. 334).

Ce n'est pas là le discours d'un homme que la thérapeutique laisserait indifférent, tout au contraire. Par contre, on le sent piqué au vif par l'insuffisance théorique de ses modèles qui ne semblent guère plus valables que les explications des troubles « de manière habituelle », référence sans doute aux idées en vogue à l'époque sur les troubles nerveux. Le théoricien tend à se rebeller devant le verdict sévère de l'efficacité thérapeutique. On sait que Freud a connu après cette prise de conscience et cet aveu une grave période dépressive, avant de rebondir à la conquête d'un nouveau domaine : celui de la réalité psychique qu'il nomme ainsi quelques mois après la lettre de l'équinoxe en comprenant que sa méthode d'exploration et de traitement s'applique à cette autre réalité. C'est à cette réalité-là que son effort d'intelligibilité va s'attacher tout au long de sa carrière avec une détermination sans faille et un indéniable succès, mais, oui, un succès partiel. Ce

7. Freud appelle ainsi ses modèles traumatiques des névroses.

sont, semble-t-il, plus les limites du modèle théorique qu'il a développé que Freud évalue à la fin de sa vie que la valeur thérapeutique de la méthode psychanalytique elle-même. Or il tient cette fois-ci à son modèle théorique au point de donner l'avantage parfois à la théorie sur la réalité :

> [...] on peut dire que l'analyse avec sa prétention de guérir des névroses en assurant la domination sur les pulsions a toujours raison en théorie mais par toujours en pratique (Freud, 1937, p. 245).

Pour sortir de ce divorce entre théorie et pratique, Freud avance l'idée que ce sont des facteurs quantitatifs, qui en fait sont impossibles à évaluer par la méthode psychanalytique, qui sont responsables des échecs ou des limitations observés, notamment la force des pulsions. Il y a là un choix qui ne peut manquer de nous interroger : devons-nous préserver nos modèles théoriques au mépris de ce que la pratique nous montre, ou devons-nous les modifier en fonction de l'évidence des succès et des échecs de notre « intelligence des processus de la vie d'âme »? Une autre façon de poser la question serait de dire : doit-on maintenir la méthode et l'esprit analytique ou sauvegarder les modèles théoriques de l'appareil psychique que nous avons construits ? Il n'est certes pas question de reprocher à Freud son attachement à sa métapsychologie, la sorcière comme il l'appelle, qui lui a montré le chemin de sa découverte et permit des avancées si remarquables. Cela ne veut pourtant pas dire qu'il faille tout sacrifier aux premiers modèles théoriques, mais bien plutôt en construire de nouveaux au fur et à mesure que l'exploration de l'inconscient l'exige. Thomas Kuhn (1983) a montré que dans les sciences de la nature un modèle théorique atteint inévitablement une limite dans l'explication des phénomènes observés, et que des révolutions scientifiques sont nécessaires pour englober de nouveaux phénomènes qui s'imposent à l'observation. Pourquoi en serait-il autrement dans les sciences de l'esprit ? L'histoire de la psychanalyse est jalonnée de nouvelles observations, portant sur de nouvelles pathologies qui ont permis des avancées théoriques significatives et des changements de paradigmes, sans que pour autant la méthode psychanalytique soit édulcorée ou trahie. Dans une récente conférence au GERPEN[8], Ronald Britton soulignait que nos modèles théoriques doivent servir de contenants pour le matériel de nos patients et non le contraire. Il voulait ainsi signifier que nos modèles étaient adéquats et utiles s'ils nous aidaient à entendre l'expression de l'inconscient des patients, qu'il fallait donc les adapter pour qu'ils fonctionnent dans ce sens et non pas chercher à tout prix à valider les modèles reçus par le matériel récolté.

Guérir, soigner dérivent inévitablement d'un éprouvé premier de soulagement, d'apaisement du corps et de l'esprit, recherché dès que, quelle que soit la souffrance, un nouveau malaise traverse le sujet vivant... La manière dont les fonctions parentales ont pu tenir leur rôle, conditionne pour chacun le modèle de vulnérabilité qui lui est propre. Reste que cette capacité de soins se décline, dans notre monde contemporain sur deux axes dominants : l'axe corporel et l'axe psychique, fruits d'un dualisme culturel bien connu. Mais si l'approche du corps se réfère à « l'objectivité » du sensoriel et de la chair, se rattachant d'emblée à la science sous son angle médical, le psychique rejoint vite la pensée magique, issue de cette toute-puissance infantile que Winnicott (1952) décrit si bien quand il parle de l'illusion, moment où le bébé croit créer l'objet de son besoin, création illusoire puisqu'elle ne dépend que de la capacité maternelle d'anticiper et de s'ajuster à ce qu'elle ressent de son enfant. L'action sur l'esprit s'oriente donc très vite sur une réponse rapide et efficace, du moins dans le court terme, oubliant que la mère, pour être suffisamment bonne, se doit d'observer, d'interpréter, le comportement, les postures, de son enfant, au risque de son histoire, de ses identifications, et en un mot de son inconscient. La fonction thérapeutique de la psychanalyse s'inscrit dans ce prolongement, mettant en place dans l'intersubjectivité de la cure un processus d'attention qui permettra que la vie psychique du patient trouve ou retrouve une capacité de pensée élargie qui a pu lui manquer dans ses premières relations, manque qui a été source d'une tension douloureuse entre le sujet et le monde, source de

8. Groupe d'études et de recherche psychanalytique pour le développement de l'enfant et du nourrisson.

souffrance et de symptômes. Travail d'artisan, la psychanalyse ouvre un processus soignant qui renforce la capacité à se penser, à s'accepter, à reconnaître l'importance de l'autre, orientant le soin vers une humanité renforcée… Prenant l'inconscient pour objet, élément immatériel s'il en est, elle se heurte d'emblée à un monde de pouvoir centré sur la maîtrise et la croissance matérielle, strictement aux antipodes du mouvement qu'elle sous-tend. Sans doute, grisée par la parole facile et explicative, a-t-elle parfois laissé place à l'illusion de posséder les clés mystérieuses de l'inconscient, plutôt que de mettre en lumière la qualité particulière de son travail et l'humilité qu'il requiert. Peut-être trouvons-nous là, dans un monde incapable de supporter la différence, redoutant l'incontrôlable des profondeurs de la psyché, la perpétuelle remise en question des capacités thérapeutiques de la psychanalyse, malgré l'évidence de sa clinique. La tâche qui nous incombe est à la fois rude et passionnante. Ferenczi, dans son texte célèbre de 1929 (Ferenczi, 1929) évoquait « l'enfant mal accueilli et sa pulsion de mort »… La psychanalyse aujourd'hui semble, et en particulier celle de l'enfant, bien mal accueillie, en effet… Sa pulsion de mort serait sans doute de s'enfermer dans une défense systématique de ses théories, de son cadre, de chercher désespérément à reproduire des modèles devenus obsolètes… Se tourner du côté de la vie revient à ouvrir le champ de la pensée, du regard sur soi, de la créativité reposant sur l'expérience, s'inspirant du courage des grands ancêtres qui nous ont précédés, avec humilité et persévérance.

Le rapport à la théorie marque un point de bifurcation entre la démarche scientifique de la médecine du corps et celle de la médecine de l'âme. Depuis la Renaissance, le traitement des affections somatiques s'est appuyé de plus en plus sur la connaissance des mécanismes physiologiques et de leurs perturbations, autrement dit sur la biologie de l'organisme humain. La moderne *evidence based medicine*[9] est l'héritière de ce mouvement continu qui a permis des avancées spectaculaires de l'art de guérir. Dans cette

9. Médecine fondée sur des preuves.

perspective la relation entre le patient et son médecin ne joue qu'un rôle subsidiaire, réduit à la fonction d'assurer le meilleur confort au malade et la confiance qu'il a dans le praticien. Le désir du patient de guérir joue un rôle dans la demande qu'il adresse au thérapeute, mais n'est pas censé agir directement sur les processus curatifs mis en œuvre.

Les choses sont toutes différentes pour la médecine de l'âme : ici l'outil thérapeutique essentiel est la relation entre les deux protagonistes, les désirs de l'un et de l'autre jouent des rôles moteurs ou inhibiteurs sur les processus curatifs. Dès la fin du XVIIIe siècle, le marquis de Puységur (Puységur, 1784), élève direct d'Anton Messmer, l'inventeur du magnétisme animal, avait compris que c'était cette dynamique intersubjective qui était le levier des cures de magnétisme et non une mystérieuse onde matérielle : c'est ce qu'il appelait le *rapport.* L'évolution des techniques psychothérapeutiques tout au long du XIXe siècle est marquée par l'accentuation de cette dimension intersubjective jusqu'à la découverte de la psychanalyse par Freud. Cette fois les processus actifs eux-mêmes sont liés à la nature de la relation entre le patient et le thérapeute ; d'où les consignes de Freud aux deux protagonistes pour encadrer cette relation de façon stricte afin de la rendre analysable. Le désir de l'un comme le désir de l'autre ont un rôle actif dans l'économie de cette relation, au niveau conscient comme au niveau inconscient. Il ne peut être question de nier le désir conscient, celui de l'analysant comme celui de l'analyste. Il s'agirait là d'un mécanisme de déni, à l'évidence défensif. Le désir de l'analysant est, bien sûr, d'aller mieux, le désir de l'analyste de lui être utile. Mais il s'agit aussi d'entendre un autre désir, inconscient celui-là, bien différent du désir conscient, parfois son opposé. Il s'agit d'aider l'analysant à accéder à une autre vérité que celle à laquelle il est contraint d'adhérer par ses résistances mêmes. Il faut que l'analyste sache laisser venir ce désir, advenir cette vérité, la « vérité ultime » comme l'appelait W.R. Bion, le « O » (1970) en levant en lui-même tous les obstacles qui pourraient y faire écran, y compris le désir de guérir, la *furor curandi*, qui fait obstacle à l'émergence du discours inconscient et que, par conséquent, le psychanalyste doit être capable de suspendre au profit du travail de pensée qu'il met au service de son patient. C'est dans ce sens que nous comprenons l'adage lacanien selon lequel « la guérison est obtenue de surcroît » (Lacan, 1962), de même que l'affirmation de W.R. Bion selon laquelle l'analyste doit être « sans désir et sans souvenir » (Bion, 1970). Il ne s'agit nullement d'être indifférent à la souffrance du patient, de se priver de toute empathie (Bolognini, 2006), mais de développer au maximum sa réceptivité psychique, d'accéder à la *capacité négative* (Bion, 1970), c'est-à-dire à la tolérance de l'inconnu et de l'incompréhensible pour se mettre au service de processus qui nous dépassent largement, au lieu de prétendre « faire le bien » par on ne sait quel charisme personnel qui, s'il peut donner des résultats symptomatiques, comporte le risque de mettre l'autre dans un état de dépendance aliénante à son bienfaiteur. C'est, pensons-nous, ce que Freud signifiait lorsque, dans ses *Conseils au médecin dans le traitement psychanalytique* (1912, p. 149), il citait cette phrase d'Ambroise Paré : « Je le pansais, Dieu le guérit. »

Mots-clés : guérison, psychanalyse, psychothérapie, réalité psychique, transfert.

Key words: psychical reality, psychoanalysis, psychotherapy, recovery, transference.

BIBLIOGRAPHIE

Bernheim H. (1891), *Hypnotisme, suggestion, psychothérapie. Études nouvelles*, Paris, Doin.

Bion W.R. (1970), *Attention and Interpretation*, trad. J. Kalmanovitch, Paris, Payot, 1974.

Bolognini S. (2006), *L'Empathie psychanalytique*, Ramonville Saint-Agne, Érès.

Bourru et Burot (1889), *Communication au premier congrès sur l'hypnotisme*, Paris.

Ellenberger H. (1994), *Histoire de la découverte de l'inconscient*, Paris, Fayard.

Ferenczi S., L'enfant mal accueilli et sa pulsion de mort, trad. fr. in *Psychanalyse IV*, Paris, Payot, 1982, pp. 76-81.

Freud S. (1890), Traitement psychique (traitement de l'âme), trad. J. Altounian, P. Haller, C. Jouanlanne, *OCF-P*, vol. I, Paris, Puf, 2015, pp. 153-175.

Freud S. (1897), Lettre à Fließ du 21 septembre 1897, *Lettres à Wilhelm Fließ 1887-1904*, trad. F. Kahn et F. Robert, Paris, Puf, 2006, pp. 334-337.

Freud S. (1905), De la psychothérapie, trad. P. Cotet et R. Lainé, *OCF-P*, vol. VI, Paris, Puf, 2006, pp. 45-58.

Freud S. (1912), Conseils aux médecins dans le traitement psychanalytique, trad. fr. R. Lainé avec la collaboration de P. Cotet, *OCF-P*, vol. XI, Paris, Puf, 1998, pp. 143-154.
Freud S. (1920), Au-delà du principe de plaisir, trad. fr. J. Altounian, A. Bourguignon, P. Cotet, A. Rauzy, *OCF-P*, vol. XV, Paris, Puf, 1996, pp. 273-338.
Freud S. (1923*a*), Le moi et le ça, trad. fr. C. Baliteau, A. Bloch, J.-M. Rondeau, *OCF-P*, vol. XVI, Paris, Puf, pp. 255-301.
Freud S. (1923*b*), Le problème économique du masochisme, trad. fr. A. Bourguignon, C. Petersdorff, *OCF-P*, vol. XVII, Paris, Puf, pp. 9-23.
Freud S. (1937), L'analyse avec fin et l'analyse sans fin, trad. fr. J. Altounian, A. Bourguignon, P. Cotet, A. Rauzy, *Résultats, idées, problèmes, II, 1921-1938*, Paris, Puf, 1985, pp. 231-268.
Groddeck G. (1973), *Le Livre du ça*, Paris, Gallimard.
Kuhn Th. (1983), *La Structure des révolutions scientifiques*, Paris, Flammarion.
Lacan J. (1962), *Le Séminaire livre X. L'angoisse*, Paris, Seuil, 2004.
Liébault A. (1866), *Du sommeil et des états analogues, considérés surtout au point de vue de l'action du moral sur le physique*, Paris, Masson.
Puységur (Chastenet de) A.M.J. (1784), *Mémoire pour servir à l'histoire et à l'établissement du magnétisme animal*, Paris.
Smirnoff V. (1978), ... Et guérir de plaisir, *Nouvelle revue de psychanalyse*, n° 17, printemps 1978, « L'idée de guérison », pp. 139-146.
Winnicott D.W. (1952), Psychose et soins maternels, trad. fr., *De la pédiatrie à la psychanalyse*, Paris, Payot, 1969.

PSYCHANALYSE OU PSYCHOTHÉRAPIE PSYCHANALYTIQUE ? FONDEMENTS DE LA POSITION CLINIQUE

Albert CICCONE[1]

Je vais discuter des rapports entre psychanalyse, psychothérapie et psychothérapie psychanalytique, puis j'évoquerai quelques fondements du travail psychanalytique, quel qu'en soit le dispositif[2].

Habituellement, dans les représentations communes, la psychothérapie désigne une activité peu noble au regard de la psychanalyse. Soit la psychothérapie n'a rien à voir avec la psychanalyse (d'autant plus si elle ne prend pas en compte, voire ne reconnaît pas l'inconscient), soit elle est « psychanalytique » ou « psychodynamique » ou « d'influence psychanalytique », selon les terminologies locales, et elle est alors tout au mieux une psychanalyse au rabais, une « sous-psychanalyse », la psychanalyse occupant, elle, une position hiérarchique supérieure, garante de la pureté de l'« or » qu'elle contient et qui la compose.

Les substantifs « psychothérapie » et « psychanalyse » désignent des réalités d'ordre différent. Le terme « psychothérapie » est vague, il signifie simplement « soin du psychisme », ou « soin par le psychisme ». Il ne dit rien de la nature de ce soin. Il faut ajouter un adjectif pour savoir de quoi il est question. « Psychothérapie psychanalytique » est précis : il s'agit du soin psychique par la psychanalyse. En ce sens, et c'est l'idée que je défendrai, la psychanalyse en

1. Psychologue, psychanalyste, professeur de psychopathologie et psychologie clinique à l'université Lumière-Lyon-II.

2. Cet article reprend et prolonge une conférence donnée à Bruxelles en mai 2015 au colloque « La psychanalyse en des temps mouvementés, la psychanalyse en mouvement », organisé pour le 50e anniversaire de l'École belge de psychanalyse.

Journal de la psychanalyse de l'enfant, vol. 7, n° 1, 2017, p. 17-43

tant que traitement et la psychothérapie psychanalytique désignent strictement la même chose.

Mais « psychanalyse » est un terme qui recouvre d'autres dimensions. Prenons simplement la définition qu'en donne Freud en 1923 :

> Psychanalyse est le nom : 1) d'un procédé pour l'investigation de processus animiques, qui sont à peine accessibles autrement ; 2) d'une méthode de traitement des troubles névrotiques, qui se fonde sur cette investigation ; 3) d'une série de vues psychologiques, acquises par cette voie, qui croissent progressivement pour se rejoindre en une discipline scientifique nouvelle (1923, p. 183).

La psychanalyse est donc d'abord une méthode de recherche pour investiguer, comprendre, se représenter les processus psychiques. Elle est ensuite une méthode de traitement des troubles psychiques : c'est cela la « psychothérapie psychanalytique ». Elle est enfin un ensemble cohérent de savoirs et d'énoncés tentant de rendre compte du fonctionnement psychique et de la réalité psychique. C'est sur ce fondement épistémique que s'appuie la psychanalyse en tant que traitement, ou la psychothérapie psychanalytique, fondement épistémique qui justifie la méthode et le dispositif mis en œuvre pour réaliser ce traitement.

Par ailleurs, la psychanalyse en tant que méthode de recherche tout comme la psychanalyse en tant que traitement – et dans une certaine mesure aussi la psychanalyse en tant que corpus théorique – est un concept et non pas une réalité, diraient certains philosophes. Et ce concept recouvre des réalités bien différentes, même si toutes s'en réclament. Toutes les mères se disent « mère », et tous les pères se disent « père », et pourtant un monde ou un univers séparent certaines pratiques de la maternité ou de la paternité. Et il en est de même pour la psychanalyse, concept qui délimite ou tente de délimiter des pratiques parfois divergentes, se référant elles-mêmes à des théories parfois contradictoires.

Et cela même si le terme de psychanalyse est souvent réservé à ce qu'on appelle la « cure-type », notion censée être consensuelle. Mais l'accord consensuel concernant la cure-type ne porte en réalité que sur le dispositif spatio-temporel, c'est-à-dire sur pas grand-chose : un psychanalyste et un patient (adulte, évidemment – dès lors qu'on s'adresse à un enfant on tombe dans la psychothérapie), l'un assis l'autre allongé, les deux se rencontrant à un rythme soutenu et régulier pendant un temps long.

Si l'on explore ensuite les aspects « techniques » de la cure type, il est à peu près certain que le consensus apparent ne peut que s'effriter : comment intervient le psychanalyste ? qu'est-ce qu'une interprétation de transfert ? comment traite-t-on le contre-transfert ? quelles sont les indications ? quand une cure est-elle terminée ? etc., autant de questions dont les réponses échapperont inévitablement au consensus.

LA PSYCHANALYSE EST-ELLE UNE PSYCHOTHÉRAPIE ?

« La psychanalyse n'est pas une psychothérapie », entend-on souvent. Voilà un énoncé à déconstruire.

La guérison

Un premier argument invoqué pour soutenir un tel énoncé concerne la question de la guérison.

Certes la cure-type n'est pas une psychothérapie au sens où elle n'a pas une visée curative sur le modèle de la médecine qui vise la guérison du corps – essentiellement, car ce n'est pas toujours son but, la médecine ne fait bien souvent qu'améliorer l'état du patient et non le guérir. Mais une « cure » n'est-ce pas la même chose qu'une « thérapie » ? Et que serait un psychanalyste qui ne s'intéresserait pas au mieux-être de son patient ?

Certes Freud a pu dire que la guérison se donnait pour ainsi dire « comme bénéfice annexe » (1923, p. 69). Mais ce qu'il voulait dire c'est que l'élimination des symptômes n'est pas recherchée comme but immédiat, et doit passer par tout un processus long, complexe, douloureux, d'analyse du transfert et des résistances, qui, s'il est conduit à terme, peut garantir une guérison bien plus efficace. La guérison ne peut ainsi pas se prévoir, ne peut pas se prescrire.

Freud n'a jamais écarté ni renoncé à l'idée de la guérison. Il considérait la psychanalyse comme la méthode la plus capable d'atténuer les souffrances ; le projet de guérison est régulièrement évoqué (1910, 1938).

Pour Freud la psychanalyse, en tant qu'entreprise de soin, est bien une psychothérapie. D'ailleurs, dans tous ses textes « techniques », mais pas seulement (1905*b*, 1910, 1912, 1913, 1918, 1937), il emploie indifféremment les termes « psychanalyse », « traitement psychanalytique », « cure psychanalytique », « thérapie psychanalytique », « psychothérapie analytique »...

Freud ne distinguait pas psychanalyse et psychothérapie, mais psychanalyse et *suggestion*. La psychanalyse est née, en 1896, lorsque Freud renonce aux techniques suggestives, cathartiques, hypnotiques, et qu'il laisse parler les patients.

Suggestion, influence

La ligne de partage entre ce qui est psychanalytique et ce qui ne l'est pas concerne l'attitude de suggestion, l'effet d'influence que recherche ou pas le thérapeute.

Néanmoins, peut-on soutenir l'idée que la psychanalyse n'est que position idéale d'écoute, de non-influence, et que les psychothérapies non psychanalytiques ne sont que suggestions, influences néfastes ou au mieux inutiles ? Autrement dit, seule la psychanalyse échapperait-elle au risque d'endoctrinement ?

Certes non. Décider d'écarter la suggestion ne suffit pas à l'éviter. Mais il y a une différence entre une technique qui choisit délibérément la suggestion, et une technique qui décide de l'écarter, et d'être vigilant aux effets potentiels de suggestion, afin que le soin ne se transforme pas en entreprise de persuasion, risque auquel n'échappe pas la psychanalyse.

Rappelons que Freud lui-même, alors qu'il énonce la distinction entre psychanalyse et suggestion, montre en même temps à quel point il n'en a pas fini avec cette dernière. On retrouve chez le Freud nouveau psychanalyste des traces de l'autoritarisme thérapeutique du Freud des *Études* (1895), qui pratiquait la suggestion hypnotique puis un mélange d'hypnose de Bernheim et de méthode cathartique de Breuer dans une logique de forçage à dévoiler les souvenirs traumatiques, à extorquer des informations sur l'histoire des symptômes, etc., même s'il reconnut très tôt qu'une relation thérapeutique basée sur la soumission du patient au thérapeute est inefficace (1895, p. 118), ce qui ne l'empêchait pas de maintenir son attitude interventionniste et directive et d'avoir du mal à laisser parler les patients. Avec « Dora » (1905*a*), travail clinique qui poursuit les *Études*, Freud abandonne la méthode de la pression d'une main sur le front visant à forcer les associations, au profit d'une méthode de soi-disant « association libre ». Il renonce en fait à la directivité pour essayer d'écouter et de suivre le patient. On remarque toutefois son forçage interprétatif. Il explique, cherche à convaincre. Et même dans « L'homme aux rats » (1909), texte qui inaugure la véritable méthode de l'association libre, le patient choisissant librement ce qu'il souhaite évoquer, sans prescription, on voit au travail un Freud qui explique, expose la théorie, cherche à prouver, à convaincre. Il écrit bien dans une note de bas de page qu'il ne cherche pas à convaincre le patient (p. 157), mais quatre pages plus loin, il promet à l'homme aux rats qu'il lui *prouvera* le bienfondé de ce qu'il lui dit (p. 161).

Certes il est facile de critiquer la maladresse d'une entreprise naissante et forcément non encore ajustée. Le problème, c'est qu'on retrouve les mêmes défauts dans les derniers textes de Freud. Si on relit le chapitre VI (consacré à la technique psychanalytique) de l'« Abrégé », dernier écrit de Freud à la fin de sa vie, on est saisi d'étonnement devant l'autoritarisme dont il fait encore preuve. Les termes sont toujours guerriers, le forçage est toujours là (1938, pp. 266-275). « C'est comme dans une guerre civile », un « contrat » est conclu entre le médecin analyste et le « moi affaibli » du malade pour « former un parti contre les ennemis ». Le « moi malade » du patient « promet la plus totale sincérité » au psychanalyste. Le « savoir » du psychanalyste « doit compenser [le] non-savoir » du malade. L'analyste « astreint » le malade « à la règle fondamentale analytique qui doit désormais régir son comportement » à l'égard de l'analyste. Le patient « doit communiquer [...] tout ce qui lui vient à l'esprit », obéir aux « instructions ». L'analyste peut « exercer légitimement » un degré d'« influence » car « bien des névrosés sont restés si infantiles que même dans l'analyse ils ne peuvent être traités que comme des enfants ». « L'analyste a pour tâche d'arracher chaque fois le patient » à ses illusions. Il doit « le préparer de bonne heure » à la possibilité d'avoir des sentiments amoureux ou hostiles à son égard excessifs. L'idéal est que le patient « se conduise en dehors du traitement de la façon la plus normale possible et qu'il ne manifeste ses réactions anormales que dans le transfert » (comme si cela pouvait se prescrire !). L'analyste ne doit pas « accabler » le patient de ses interprétations mais doit « correctement tout préparer » pour obtenir que le patient « confirme immédiatement [sa] construction » : ainsi le « savoir » du psychanalyste est « devenu aussi son savoir ». Le psychanalyste se fait « transférer l'autorité [du] surmoi » du patient ; il « [remet] de l'ordre dans [le] moi » du patient ; il devient « autorité et substitut des parents, [...] maître et éducateur ». Patient et analyste mènent un « combat », avec des « bataillons », et « l'issue finale du combat » est incertaine, l'analyste « n'[arrive] pas toujours à vaincre »...

Bref, en quoi un tel travail serait « psychanalytique » et non « psychothérapique » ? N'est-on pas là proche d'une logique d'endoctrinement ?

Certes il convient là aussi de contextualiser et relativiser ces propos. Nous sommes en période de tension extrême, de persécution, de guerre imminente, Freud est à la fin de sa vie, atteint d'un cancer terrible, la mort est proche.

De nombreux auteurs ont depuis toujours souligné ces dérives potentielles dans le travail quotidien du psychanalyste. Winnicott, par exemple, écrivait que « l'interprétation donnée quand le matériel n'est pas mûr, c'est de l'endoctrinement qui engendre la soumission » (1971, p. 72). Donald Meltzer soulignait que la « soumission » est un état transférentiel inévitable en début de traitement, mais si elle se poursuit, elle nourrit une « mégalomanie insidieuse » chez l'analyste, génère « zèle thérapeutique » et a un effet d'analyse interminable (1967, pp. 180-181). Herbert Rosenfeld reliait la tendance des analystes à adopter des « rôles directifs » et à promouvoir des « expériences thérapeutiques correctives » à leur désir narcissique d'avoir un patient gratifiant (1987, pp. 46-49). Bion mettait en garde contre les désirs mais aussi les théories de l'analyste : ils sont des obstacles, empêchent d'écouter les patients (1983, pp. 23-25). Pour ne citer qu'eux.

Si la psychanalyse en tant qu'idéal suppose de laisser parler les patients et de se retenir de toute influence, ce serait illusoire de croire que dans la réalité du travail clinique les choses se passent ainsi. Écoutons comment Bion, par exemple, répond à une question concernant ce point dans sa façon concrète de travailler :

> J'aurais aimé pouvoir dire que je n'oriente pas les patients, mais ce n'est pas vrai. Un analyste commet une grande erreur en imaginant le contraire. Théoriquement, vous laissez aux patients suffisamment d'espace pour qu'ils racontent tout ce qu'ils veulent. Or, à vrai dire, votre simple présence déforme l'essentiel de la situation. Ils n'ont qu'à vous jeter un coup d'œil pour décider s'ils sont prêts à vous parler, ou s'ils ne le feront jamais, quelles que soient les circonstances (1978, p. 28).

Par ailleurs, des aménagements sont toujours nécessaires, même dans la psychanalyse la plus pure et la plus stricte. Donald Meltzer, par exemple, qui était très rigoureux quant aux conditions de la pratique psychanalytique, considérait qu'un aménagement souple était indispensable, au début du traitement, et particulièrement avec les enfants, et préconisait une élaboration graduelle de ces aménagements, de façon à libérer le processus des aspects rigides qui apparaissent toujours aux yeux des patients comme arbitraires et foncièrement hostiles (1967, p. 80). Je peux illustrer cette idée par l'exemple d'une patiente qui consultait plusieurs analystes avant de s'engager et qui parlait du contrat que lui proposaient certains de ces analystes comme d'un « contrat sadomasochiste ».

On ne peut donc pas différencier psychothérapie et psychanalyse en fonction du degré d'influence utilisé par le thérapeute. La cure ou psychothérapie psychanalytique confronte à la nécessité de toujours observer l'effet que l'on fait au patient et repérer si on l'accompagne dans son propre processus d'appropriation de son expérience ou bien si on agit sur lui et si donc on empêche ce processus.

Le *setting*, la technique

La ligne de démarcation entre psychanalyse et psychothérapie (éventuellement psychanalytique) passe pour certains par les aspects formels de *setting* et de technique. La psychanalyse concernerait obligatoirement et seulement un travail sur le divan, à quatre séances par semaine (ou à la limite trois selon les sensibilités locales) et/ou un travail exclusif d'analyse du transfert.

Le risque dans une telle conception est de réduire la psychanalyse à une technique, à une *praxis*. Il suffirait de « faire » le psychanalyste pour « être » psychanalyste. Le travail psychanalytique ne peut se réduire aux – et se confondre avec les – conditions de sa mise en œuvre, et notamment la situation concrète qui en assure son déploiement. Ce n'est qu'après-coup, comme le souligne Roland Gori (2008), qu'on peut en constater les effets et en délimiter la portée. Il ne suffit pas de faire le psychanalyste pour que se déploie un processus psychanalytique.

J'évoquais les nécessaires aménagements, en début de traitement notamment, mais cela est valable pour toute situation analytique. Que serait une psychanalyse qui ne s'ajusterait pas aux problématiques des patients ? La « psychothérapie psychanalytique » n'est rien d'autre qu'une manière de nommer le fait que la psychanalyse doit s'ajuster aux patients, à leur problématique telle qu'elle se manifeste dans la rencontre clinique. « C'est un acte authentiquement analytique d'en tenir compte. [...] Ce serait une nouvelle violence que d'essayer à tout prix [de] conformer nos patients [à un protocole], et donc anti-analytique », précise Roland Gori (2008, p. 46). Et il ajoute : la spécificité de la méthode analytique, c'est de « tenir compte plus que tout autre des conditions de sa genèse et de sa mise en œuvre » (p. 47).

Concernant les conditions spatiales (faut-il ou pas être obligatoirement allongé ?), il suffit de relire « Sur l'engagement du traitement » (Freud, 1913), où Freud explique que le divan est un vestige de la méthode hypnotique et donne comme première raison (pas la seule mais la première) pour avoir conservé et imposé ce *setting* un motif personnel : il ne supportait pas d'être regardé (1913, p. 174). Il montre par ailleurs très bien la manière dont il traite le matériel hors cadre strict comme du véritable matériel : lorsque les patients conversent, avant ou après la séance allongée, il note ce qui est dit et s'empresse de l'utiliser à la première occasion (p. 180). Le matériel psychanalytique, ou qui sera travaillé psychanalytiquement, n'est donc pas seulement issu du divan.

Depuis la création de la psychanalyse « originaire », le travail auprès des psychotiques, des états limites, des familles, des groupes a démenti l'idée que la psychanalyse était réservée à la situation divan-fauteuil. À moins de considérer que toutes ces pratiques sont définitivement exclues du champ de la psychanalyse.

Un modèle qui impose un protocole formel, immuable et standard conserve-t-il l'essence de la psychanalyse, qui suppose un travail au cas par cas, au plus près de la singularité de chaque sujet, ou bien sert-il une idéalisation ? Comme le dit René Roussillon, « penser qu'au sein d'un même dispositif tous les aspects de la vie psychique peuvent être abordés relève de l'utopie ou de l'idéologie, et donc d'une méconnaissance des limites inévitables de tout dispositif » (2008, p. 74).

Bion disait : « Bien que la littérature psychanalytique soit vaste, l'ensemble de la vision psychanalytique est trop limité. Le spectre n'est pas assez large pour embrasser le monde de l'esprit humain » (1974-1977, pp. 40-41). Il donne plusieurs fois l'exemple d'un patient, musicien, qui n'arrivait pas à exprimer ce qu'il pensait et qui lui dit : « Si seulement vous aviez un piano, je pourrais vous le jouer. » « Si je comprenais la musique, j'aurais été tout à fait disposé à ce qu'il le fasse », ajoute Bion (1997, p. 66). « Mais mon esprit était fermé, emprisonné dans des préjugés qui valorisaient une activité humaine très limitée : la parole » (1974-1977, p. 40). Et Bion insiste sur le fait que le cadre psychanalytique concerne avant tout et essentiellement les conditions minimum qui permettent à l'analyste d'exercer la psychanalyse ; « c'est la seule raison pour l'introduction d'une certaine discipline » (1997, p. 66). Et chaque psychanalyste doit connaître ses propres limites, doit connaître les conditions qui lui sont propres pour pouvoir mener à bien son travail de psychanalyste. Nous le verrons plus loin, les limites, les indications, ne sont pas chez le patient, elles sont toujours chez le psychanalyste.

La psychanalyse doit donc s'adapter aux contextes cliniques, s'ajuster. À moins de ne traiter que le type de patient compatible avec les exigences de la cure-type. La « psychothérapie psychanalytique » n'est que le nom de la « psychanalyse ajustée aux patients » (Gori, 2008, p. 45). Et j'ajouterai : ajustée aussi aux limites des possibles chez l'analyste. L'ajustement concerne à la fois le patient et l'analyste, les limites de ce qui est possible pour le patient tout comme pour l'analyste.

Psychanalyse et « déliaison », psychothérapie et « liaison »

Une autre manière de distinguer psychanalyse et psychothérapie consiste à dire que la psychanalyse est une méthode de « déliaison » et que les psychothérapies sont des méthodes de « liaison ». C'est notamment la position de Jean Laplanche (2006), qui ajoute que le travail psychanalytique lui-même suppose ces deux mouvements.

Dans toute psychanalyse alternent des temps d'« analyse » et des temps de « psychothérapie ». Les temps d'« analyse » proprement dite sont rares. Ils correspondent au travail de déliaison, de déstructuration. La méthode associative est en fait une méthode « associative-dissociative ». Les temps de « psychothérapie » représentent la majeure part de l'expérience et du processus psychanalytiques. Ils correspondent au travail de liaison, de reconstruction, d'« auto-historisation », d'« historisation renouvelée ». Le temps psychothérapique consiste à remettre en forme et en histoire ce que l'analyse a découvert. La psychothérapie concerne donc non pas l'« analyse » mais la « synthèse ». Et il est fait essentiellement par le patient lui-même. C'est lui le « psychothérapeute ».

La dialectique psychanalyse/psychothérapie est donc intrinsèque au travail psychanalytique lui-même. Et les psychanalyses sont de simples psychothérapies lorsqu'elles ne mobilisent que le travail d'auto-structuration, d'auto-historisation. C'est le point de vue et l'argumentation défendus par Laplanche.

Certes Freud (1918) expliquait que la psychanalyse consiste à démonter, « décomposer », tout comme le fait le chimiste avec les substances qu'il analyse. Les éléments de cette composition sont des « motions pulsionnelles » qu'il faut retrouver car elles sont responsables des symptômes. La synthèse, la « psychosynthèse », vient ensuite du patient lui-même. Les tendances « analysées » se regroupent, se recomposent autour du moi. La psychosynthèse s'effectue « automatiquement » et « inéluctablement ».

Cette définition de la psychothérapie réduite à un mouvement de synthèse, de structuration, de liaison, et cette conception d'une oscillation entre « analyse » et « synthèse », entre psychanalyse et psychothérapie à l'intérieur même du travail psychanalytique sont intéressantes et séduisantes. Elles vont dans le sens d'une indistinction de fond entre la psychanalyse, en tant que méthode de traitement, et la psychothérapie psychanalytique, point de vue que je défends.

Outre le fait que ces propositions de Laplanche disqualifient toute forme de psychothérapie « non psychanalytique », qui ne contiennent pas d'« acte psychanalytique », qui seul possède la capacité de « sonder l'inconscient » – idée que l'on peut partager si on précise bien que l'inconscient est toujours là même si on a l'illusion de ne « travailler » qu'au niveau du conscient, et que toute forme de psychothérapie comme toute relation humaine a toujours affaire avec l'inconscient –, un point me paraît mériter discussion dans cette modélisation. Il concerne la « déliaison ». De quoi est-il question ?

Laplanche compare ce travail de déliaison au travail de la pulsion de mort. Il la compare même à la pensée psychotique, qui délie, qui a du mal à lier. Ce qui lui fait poser la question de l'indication de la psychanalyse pour les états *borderline* et psychotiques. Ces derniers ne pourraient bénéficier que de « psychothérapies », que d'un travail de « liaison ». Et il laisse entendre que si des psychanalystes ont des résultats avec des patients psychotiques ou *borderline*, ils n'ont évidemment fait que de la psychothérapie, et ils se sont tellement impliqués que probablement il s'agit de cas « uniques » auxquels les thérapeutes ont consacré tout leur temps, et que, s'il y a eu psychanalyse, ça ne peut être que la « part névrotique refoulée » du patient qui a été analysée, et que cette analyse précautionneuse a pu avoir un « effet d'entraînement sur l'ensemble de la personne, y compris sa part psychotique » (2006, p. 273). Cela est tout à fait étonnant. Si sa représentation pouvait être jusque-là convaincante, on peut difficilement le suivre sur ce point. Il balaie d'un revers de main des années de travail de nombreux psychanalystes qui ont consacré leur vie à la psychanalyse et à la théorisation de la psychanalyse avec la psychose et les états limites.

Si on dit qu'analyser c'est « délier », de quelle déliaison s'agit-il ?

S'agit-il bien de délier une représentation, une angoisse, des associations qui la piègent, la maintiennent énigmatique, ou maintiennent énigmatique son pouvoir toxique, sa production de souffrance ? S'agit-il bien de faire ainsi afin de retrouver et traiter autrement le conflit inconscient, le désir, la motion pulsionnelle qui avait justifié sa liaison ?

Si la « liaison » consiste en une « mise en forme et en histoire », autrement dit en un travail d'appropriation, de subjectivation, de production de sens, la déliaison ci-dessus décrite a bien un effet de production de sens ? Quel rapport y a-t-il là avec la pensée psychotique ? Quel rapport qui justifierait que les sujets tourmentés par des souffrances limites ou psychotiques seraient exclus du travail possible d'approche de la complexité de leur vie émotionnelle, inconsciente ?

Conclusion

En conclusion de ce premier point, la psychanalyse, en tant que traitement de la souffrance psychique, et la psychothérapie psychanalytique désignent l'une et l'autre la même chose. L'inconscient ne se laisse pas convoquer par un expert ni en théorie, ni en technique, ni en *setting*, ni en indication, mais l'expert psychanalyste, où qu'il soit, va toujours tenter de le repérer, d'en repérer les logiques, les manœuvres, afin d'aider le patient à améliorer le contact avec sa propre vie subjective, émotionnelle, sa propre réalité interne, inconsciente.

Comme le dit aussi Didier Anzieu, « l'inconscient ne répond pas nécessairement aux convocations régulières d'heure et de lieu », il surgit partout, et notamment « partout où un sujet peut manifester ses angoisses, ses fantasmes, ses failles à quelqu'un supposé les entendre et apte à lui en rendre compte » (1999, p. 199).

AUX FONDEMENTS DE LA POSITION CLINIQUE

Ce rapport psychanalyse/psychothérapie quelque peu éclairé, je vais m'intéresser aux fondements de la position clinique (Ciccone, 2014*a*), que je considère comme psychanalytique, dans les pratiques de soin psychique conduites par des psychanalystes, que ce soit dans des cures-types, dans des dispositifs aménagés ou dans des dispositifs spécifiques. Qu'est-ce qui caractérise, identifie, préside le travail, l'observation, l'écoute, la parole du psychanalyste (tel que je me le représente) ? Qu'est-ce qui fait qu'une pratique psychothérapique *est* psychanalytique ?

Je n'insiste pas sur les points évidents (même si les évidences méritent toujours d'être questionnées) : l'objet du psychanalyste est la réalité psychique, sous toutes ses formes, dans toutes ses modalités d'expression ; son écoute concerne l'inconscient, l'infantile (ce qui d'une certaine manière est la même chose : « L'inconscient est l'infantile », disait Freud – 1909, p. 154), dans leurs différentes manifestations ; son travail consiste, pour une part, en la prise en compte et l'analyse des phénomènes transférentiels.

Voyons quelques autres principes au fondement de la position clinique psychanalytique, quel que soit le contexte praxique du psychanalyste.

L'intersubjectivité comme lieu de l'analyse

Tout d'abord le lieu de l'analyse. L'idée s'impose de plus en plus, me semble-t-il, que le travail d'exploration psychanalytique concerne essentiellement un lieu topique que l'on peut désigner comme « intersubjectif ».

On doit un tel modèle intersubjectif du soin psychanalytique en particulier à Bion (mais aussi à ses successeurs et à d'autres encore). Son modèle de la fonction alpha (1962*ab*), élaboré d'abord pour rendre compte des processus de naissance et de développement de la pensée, est un modèle profondément intersubjectif.

> Examinez la césure, disait Bion, non pas l'analyste et l'analysant, l'inconscient et le conscient, la santé mentale et la folie, mais la césure, le lien, la synapse [...] (1975, p. 258).
>
> La relation entre deux personnes est une affaire à double sens, et, pour autant qu'on se soucie d'en rendre compte, le problème n'est pas de discourir sur l'analyste et sur l'analysant, mais de se référer à quelque chose qui se trouve *entre* ces deux personnes (1978, p. 28).

L'attention est toujours portée à ce point de contact, de rencontre, et l'analyse concerne la rencontre elle-même : « Il n'y a pas de sémiologie et de psychanalyse du patient, il y a une sémiologie et une psychanalyse de la rencontre », comme le dit aussi Salomon Resnik (1999, p. 87), élève de Bion – un de ses livres s'intitule d'ailleurs *Sémiologie de la rencontre* (Resnik *et al*, 1982).

Le travail de soin est ainsi un co-travail, une co-construction. Le patient est un collaborateur, c'est même le seul vrai collaborateur, disait Bion (1980, 1983), car lui seul sait ce que cela signifie d'être lui-même, comment on se sent quand on a des idées comme les siennes. C'est donc le seul vrai allié. Bien sûr, c'est par définition un collaborateur bien peu fiable. Plus il est empêtré dans la psychose et moins il pourra aider son analyste. Mais un patient plus limite, plus névrotique, pourra aider le thérapeute, corriger une interprétation approximative, lui permettre d'être « à côté de la plaque », il va même « lui remettre les plaques là où il faut », disait Bion (1978, p. 65).

Ce modèle intersubjectif, avec le principe de la fonction alpha, soutient l'idée que le cœur du travail de soin, de ce qui soigne dans le soin, est le travail de contenance et de transformation (Ciccone, 2012). Ce qui soigne est l'expérience selon laquelle la vie émotionnelle troublée, perturbée, douloureuse, trouve un espace dans lequel elle puisse être reçue, contenue et transformée. Ce n'est pas seulement de voir l'inconscient dévoilé qui soigne, c'est surtout de penser ce qui n'a jamais pu être pensé. Ce qui dans l'analyse et chez l'analyste soigne le patient, c'est la capacité à contenir et transformer les émotions, les pensées que le moi du patient ne peut tolérer et penser tout seul.

C'est la psychanalyse des enfants, mais aussi des patients psychotiques, *borderline*, qui est à l'origine d'une telle mutation dans la théorie de la pratique.

Le cadre interne

La position clinique s'appuie avant tout sur un cadre interne, et non pas sur le cadre externe. C'est ce qui fait la différence entre « être psychanalyste » et « faire le psychanalyste ».

L'intériorisation de la posture clinique suppose d'être soi-même sans chercher à imiter un autre. « Développez votre propre style », dit Salomon Resnik (1999, 2005), par exemple. Chercher à imiter un autre conduit à l'imposture. Bion (1983) insistait sur la nécessité qu'il y a pour l'analyste – mais on peut dire cela de tout soignant – d'oser penser et sentir ce qu'il pense et ce qu'il sent, quel que soit l'avis de sa société, de ses collègues, et quel que soit son propre avis sur ce que lui-même pense.

Ce n'est pas la *praxis*, le cadre, le dispositif, qui fait qu'on est psychanalyste. C'est la position subjective interne, qui va permettre l'écoute, la rencontre.

Une telle position apparaît avec plus d'évidence dans les pratiques limites, extrêmes, hors les cadres orthodoxes. Ces pratiques obligent à inventer des dispositifs, repenser les théories du soin, et obligent à construire avec beaucoup de rigueur un cadre interne, d'autant plus si le cadre externe est mouvant, peu fiable.

Le travail de pensée

Le travail de pensée caractérise la pratique clinique. Mais la parole n'est pas le représentant exclusif du travail de pensée.

On oppose souvent l'acte à la pensée. La pensée est noble, l'acte est disqualifié. En fait, l'acte n'est pas opposable à la pensée. La question qui se pose est celle de savoir comment l'acte est réalisé. Il y a des manières d'agir qui produisent de la pensée, et des manières d'agir qui évitent la pensée

Il en est de même pour la parole : la parole peut soutenir une activité de symbolisation ou bien empêcher la symbolisation. La parole peut construire des pensées, transmettre des pensées ; elle peut tout aussi bien n'être qu'un acte visant à évacuer des non-pensées, à se débarrasser d'un embarras.

Donc l'agir, tout comme la parole, peut soutenir les processus de symbolisation, mais peut aussi éviter la symbolisation. De ce fait une activité de soin psychique ne suppose pas une stricte abstinence corporelle au profit d'une relation de parole. La psychanalyse des enfants, comme celle des patients psychotiques ou *borderline*, ne peut pas promouvoir une absence totale d'interaction comportementale : le psychanalyste s'engage corporellement dans la relation, dans les interactions, dans les jeux, même s'il le fait avec circonspection et réflexion. L'activité de soin psychique suppose le maintien d'une *activité de pensée* quelle que soit la forme praxique de la pratique.

Il est vrai cependant que lorsque la pratique freine l'engagement corporel, lorsqu'elle retient un « trop de corps », l'activité de pensée potentielle s'en trouve facilitée. Mais la retenue du corps ne suffit pas pour que la pensée se déploie. L'activité de pensée suppose un en-creux, un vide, une dépressivité, une disponibilité à l'expérience, afin de pouvoir se laisser toucher, et développer une compréhension de l'expérience. L'agir tout comme la parole peuvent venir défensivement boucher ce trou, opacifier cet espace d'attente et d'attention, et de ce fait éteindre toute possibilité de mise en pensées, autrement dit de création psychique.

L'engagement, l'implication

La pratique et la position cliniques supposent et reposent sur l'engagement, l'implication.

Je reprends la distinction que souligne Dominique Thouret (2004), se référant à Maldiney (1973, 1991), entre l'« implication » et l'« explication ». S'*im*-pliquer c'est être dans le pli, dans le rythme de l'autre. *Ex*-pliquer c'est être hors du pli, hors de la rencontre. Seule l'implication permet de comprendre, et un sujet qui ne se sent pas compris d'un autre ne peut pas en apprendre quelque chose. On ne peut rien apprendre de quelqu'un qui ne nous comprend pas, même s'il sait très bien tout nous expliquer.

« Une idolâtrie contemporaine soutient que le psychanalyste se doit d'être familier de l'inconscient et étranger à son patient », écrit Didier Anzieu (1999, p. 200). Et il ajoute : « Le destin des sujets ainsi traités est curieux à observer : beaucoup se dépriment ; d'autres [...] expriment [leur violence] par des passages à l'acte dans les séances ou dans la vie ; quelques-uns enfin aspirent à devenir psychanalystes, pour infliger à d'autres le traitement subi par eux » (*ibid.*).

L'élaboration du contre-transfert

Il est classique de dire que le travail clinique repose sur l'élaboration du contre-transfert.

Pour certains, le contre-transfert concerne des éprouvés du clinicien qui font obstacle au travail clinique. Il est donc nécessaire de l'analyser pour le maîtriser et l'empêcher de troubler la relation thérapeutique. Pour d'autres, le contre-transfert est composé en partie de projections du patient. Il est alors un précieux outil d'analyse qui renseigne sur la subjectivité du patient, et il convient de l'analyser pour s'approcher des éléments subjectifs non représentables par le patient lui-même.

Dans les deux cas, s'impose la nécessité de neutraliser ce qui de soi s'interpose entre soi et l'autre et empêche la rencontre, la compréhension. C'est cela la « neutralité bienveillante ».

Et dans l'expression « neutralité bienveillante », c'est le terme « bienveillante » qui est important. Il ne s'agit pas d'être neutre au sens d'« indifférent » et « impartial ». La « neutralité » concerne simplement la nécessité de neutraliser les éléments contre-transférentiels qui font obstacle à la rencontre. Mais la présence et la position d'écoute se doivent d'être actives et bienveillantes.

Il est donc nécessaire, et difficile, de faire le tri entre ce qui concerne le patient et ce qui concerne le soignant. Tout ce travail de tri, de discernement, est difficile à faire car le patient ne projette jamais « dans le vague », comme le dit Freud (1922, p. 91). Il faut que l'analyste examine et reconnaisse la manière dont se produisent les éprouvés, les affects contre-transférentiels. Il n'y a que de cette façon, comme le souligne Winnicott à propos de la haine dans le contre-transfert, qu'on peut « espérer éviter que la thérapie soit adaptée aux besoins du thérapeute plutôt qu'aux besoins du patient » (1947, p. 58).

On peut parfois répondre, interpréter moins en fonction des besoins du patient qu'en réaction à ce qu'il vient de provoquer, pour faire taire, apaiser, soulager ce que le patient dépose en nous, provoque en nous.

Les manques d'élaboration contre-transférentielle sont ainsi susceptibles de produire de la violence dans le soin, soit parce que le thérapeute exerce inconsciemment une rétorsion, soit parce qu'il est inconsciemment en attente et en demande devant le patient (Rosenfeld, 1987 ; Ciccone, 2014*b*).

Tout ce qui vient du patient est du matériel

Autre principe de l'écoute clinique : tout ce que le patient montre ou dit parle de lui.

On ne va pas écouter seulement ce que dit le patient, on va toujours écouter ce qui, dans ce qu'il dit, parle de lui, en quoi ce qu'il apporte dans la séance – quel que soit le matériel, quel que soit ce dont il parle – parle de lui, et est adressé au soignant. On écoutera, entre autres, la fonction métaphorique des énoncés du patient. Ceux-ci sont considérés comme porteurs de messages parlant du sujet et adressés au soignant.

En ce sens, tout est toujours du matériel. Le matériel, quel qu'il soit, n'est jamais mauvais, ne doit jamais être disqualifié. Le patient peut apporter ce qu'il veut, c'est notre écoute qui va l'organiser comme matériel, car elle va se centrer sur, elle va écouter ce qui parle du sujet. Par exemple, si un patient parle de la météo, on écoutera en quoi son discours parle de sa climatologie interne. Un patient, qui vient à vélo et a affronté une intense circulation, me dit : « C'est dangereux de venir chez vous ! » ; il ne parle pas uniquement de la circulation, il parle du danger qu'il y a à s'approcher de son monde interne, et à livrer ses fantasmes à son psychanalyste.

Ainsi, le travail interprétatif consistera-t-il pour une grande part à métaphoriser le matériel. Ce que dit ou montre un patient est à entendre comme une métaphore de ses éprouvés subjectifs, émotionnels de l'instant, et ce que l'analyste traduira et restituera répondra à la tentative de métaphoriser ce matériel, ces expressions.

Les objets réels, l'espace

Non seulement toute manifestation est entendue dans ce qu'elle contient comme message parlant du sujet, mais le rapport aux objets réels ainsi qu'à l'espace est observé en tant que témoin du rapport aux objets internes ou au corps du soignant comme du sujet lui-même. L'espace du bureau de consultation représente tantôt l'espace corporel ou psychique du thérapeute, de l'analyste, tantôt l'espace corporel ou psychique du sujet lui-même, ou d'un objet interne. Les objets concrets situés dans l'espace représentent des supports de projection des objets internes du patient, ou de certains de leurs aspects.

La mise en suspens du savoir

Il est classique de dire que la position d'écoute clinique doit suspendre tout savoir. Chaque fois qu'on a un savoir sur l'autre, on lui fait violence, on ne l'écoute pas.

On peut dire que la position d'écoute suppose un retournement de la position de savant ou d'expert. L'expert n'est pas le thérapeute mais le patient. C'est lui qui a les réponses à ses questions, mais il ne sait pas qu'il les a. Le travail clinique consiste à accompagner le patient dans la trouvaille ou la construction de ses propres réponses.

Le savoir mis en suspens concerne aussi tout savoir théorique, tout savoir convenu. Bion (1983) disait que lorsque nous formulons une idée ou que nous élaborons une théorie nous produisons simultanément de la matière calcaire, nous nous calcifions. On peut dire que lorsque les pensées sont systématisées, elles deviennent une prison plus qu'une force libératrice. C'est pourquoi Bion prônait une attitude qu'il définissait comme « sans désir et sans mémoire ». Il faut pouvoir rencontrer chaque fois le patient comme si c'était la première fois qu'on le voyait, et oublier nos théories, faire taire nos attentes. Les hypothèses, les théories sur les maladies mentales, sur les déficiences, sur les troubles, peuvent faire tellement de bruit qu'on ne peut plus entendre ce que disent le corps et le psychisme du patient.

Les théories du patient

Il est important non seulement de faire taire les savoirs et les théories préconçus, mais aussi de prendre en compte les « théories du patient » lui-même : théorie qu'il s'est construite de sa pathologie, de son mal-être, de sa souffrance, et théorie qu'il a du soin, de ce qui pourrait l'aider. Ces théories, lorsqu'elles sont conscientes, énoncées, entreront éventuellement en concurrence avec les constructions ou les modèles du soignant. Les théories inconscientes du patient, théorie de sa pathologie et théorie du soin, qui œuvrent à son insu, rejoignent ou s'articulent aux différentes théories infantiles concernant l'origine.

L'humilité, le doute

La position clinique est une position d'humilité et de doute.

Le terme clinique fait en général référence à la maladie, à un sujet qui souffre, et à l'approche du sujet au chevet de son lit, car c'est un sujet « incliné », en position de fragilité (le verbe « *klino* » en grec signifie « changer de position, incliner, coucher, appuyer une chose contre une autre… »). Mais la position « inclinée » est aussi et surtout celle du clinicien lui-même. Le clinicien qui se penche sur le sujet en souffrance, s'approche de sa subjectivité, et qui se trouve de ce fait dans une position d'humilité, et aussi d'instabilité, d'inconfort. Ce qui me conduit à dire que la position clinique est d'abord une position d'humilité.

Cela est vrai d'ailleurs pour tout savant, tout scientifique, tout chercheur, tout expert. Ce que connaît d'abord et avant tout un expert, un savant, un scientifique quel qu'il soit, c'est l'étendue de son ignorance. La position clinique est donc une position de doute, d'incertitude.

Un éminent professeur d'éthique définissait l'éthique comme la « culture du doute ». Eh bien on peut dire que la position clinique est une position éthique. Bion (1974-1977) d'ailleurs considérait l'attitude psychanalytique comme une attitude de doute philosophique.

Les indications

Il n'y a jamais de contre-indication de soin psychanalytique.

Ce sont les hypothèses, les théories préétablies, les certitudes et savoirs préconçus qui conduisent aussi à considérer qu'il y aurait des contre-indications à la psychanalyse ou à la psychothérapie psychanalytique, en tant que « psychanalyse ajustée ». Je défends pour ma part l'idée qu'il n'y a jamais de contre-indication, pas plus que d'indication pour un soin psychanalytique. Tout le monde est une indication dans la mesure où tout le monde mérite que quelqu'un s'intéresse à sa vie mentale, à sa subjectivité, à sa souffrance psychique. Tous les psychanalystes ne sont évidemment pas destinés à aider tout le monde. Chacun a parfaitement le droit de n'être intéressé, de n'être compétent que pour certains contextes et pas d'autres. Mais cela ne signifie pas qu'un sujet n'est pas une indication, il n'est pas une indication *pour untel*, mais il est toujours une indication de psychanalyse, ajustée à sa problématique. Aucun patient n'est jamais une indication en soi, il est toujours une indication pour quelqu'un. Il n'y a pas d'indication en soi, indépendante du soignant censé dispenser le soin.

Il ne peut par ailleurs y avoir d'indication de soin en soi, indépendamment du dispositif dans lequel évolue le praticien, le soignant prêt à s'engager dans le soin. Un enfant n'est jamais, par exemple, une indication de thérapie individuelle, de thérapie de groupe, de thérapie familiale. Il est une indication *pour tel thérapeute* qui est à son aise par exemple dans un contexte de thérapie familiale, et qui rendra bien plus service à l'enfant dans ce cadre-là que dans un dispositif de psychothérapie individuelle. Et l'enfant pourra par contre être bien plus aidé dans un cadre de thérapie individuelle si le soignant prêt à s'engager ne supporte pas d'être face à un groupe d'enfants ou à un groupe familial, mais est au mieux de ses performances dans un travail individuel. L'« ajustement » concerne ainsi à la fois la problématique du patient et les limites du praticien.

Par ailleurs, concernant tout soin qui repose sur un engagement authentique du soignant, avec la responsabilité que suppose un tel engagement, je défends l'idée que personne d'autre que le soignant lui-même ne peut poser une indication, car personne d'autre que lui ne peut dire s'il est prêt ou pas à s'engager avec tel patient, telle famille, tel groupe. L'indication, la prescription, ne peut donc être au bout du compte véritablement faite que par celui qui réalisera le soin, et pas par un autre.

Pour conclure

Voilà quelques principes (il y en a d'autres évidemment) qui caractérisent, me semble-t-il, le « psychanalytique » des psychothérapies, quelle qu'en soit la forme, cure-type ou dispositifs autres.

Si un dispositif est ajusté, au patient comme aux possibles du psychanalyste, il reste une psychanalyse ou une psychothérapie psychanalytique. Si le dispositif est spécifique, il porte le nom de cette spécificité (psychodrame ou autres, par exemple) et le psychanalyste reste psychanalyste, si sa formation, son expérience, ses modalités de travail – avec ses patients, ses groupes de pairs, ses superviseurs et autres – assurent les fondements de sa position clinique.

Résumé

Dans la première partie de cet article, l'auteur déconstruit l'opposition entre « psychanalyse » et « psychothérapie psychanalytique », à partir notamment des textes freudiens. La « psychothérapie psychanalytique » ne désigne rien d'autre que la psychanalyse « en tant que traitement », ce qui correspond à l'un des axes de la définition que donne Freud de la psychanalyse. D'ailleurs Freud lui-même emploie indifféremment les termes « psychanalyse » et « psychothérapie psychanalytique ».

Un premier argument pour soutenir que la psychanalyse ne serait pas une « psychothérapie » concerne la question de la guérison qui serait étrangère à la psychanalyse. Or, Freud n'a jamais renoncé à l'idée de la guérison. Un deuxième argument concerne la suggestion qui serait antagoniste à la psychanalyse. Or, les textes techniques de Freud montrent qu'il utilisait abondamment cette dernière. Un troisième argument concerne le *setting*. Or, celui-ci a été adopté par Freud pour des raisons essentiellement personnelles. Par ailleurs que serait une psychanalyse qui ne s'adapterait pas aux contextes cliniques et aux patients ? La « psychothérapie psychanalytique » n'est que le nom de la psychanalyse qui peut s'ajuster aux patients ainsi qu'aux limites de l'analyste. Un quatrième argument concerne la différence entre « liaison » (qui relèverait de la psychothérapie) et « déliaison » (qui relèverait de la psychanalyse). Or, tout travail psychanalytique contient inévitablement ces deux processus.

On ne peut pas opposer « psychothérapie psychanalytique » et « psychanalyse », par contre on peut éclairer ce qui fait qu'une psychothérapie *est* psychanalytique, et détailler les fondements de la position clinique. L'auteur s'attache à décrire ces fondements dans la deuxième partie. Ils concernent l'écoute et l'observation de la réalité psychique, de l'inconscient, de l'infantile, des phénomènes transférentiels, l'importance de l'intersubjectivité, du cadre interne, le travail de pensée, l'engagement et l'implication de l'analyste, le travail d'élaboration contre-transférentielle, la considération du discours et de l'expressivité, quels qu'ils soient, comme matériel, l'observation du rapport aux objets réels et à l'espace, la mise en suspens du savoir, la prise en compte des « théories » du patient (de sa souffrance, du soin), la position d'humilité et de doute, la conviction qu'il n'y a jamais de contre-indication de soin psychanalytique.

Ces principes (il y en a d'autres) caractérisent le « psychanalytique » des psychothérapies, quelle qu'en soit la forme, cure-type ou dispositifs autres.

Mots-clés : psychanalyse, psychothérapie, psychothérapie psychanalytique, position clinique.

Summary

In the first part of this article, the author unpacks the opposition between "psychoanalysis" and "psychoanalytic psychotherapy", especially from Freud's texts. The "psychoanalytic psychotherapy" designs nothing else the psychoanalysis "as the treatment", which corresponds to one of the axes of the psychoanalysis' definition giving by Freud. Besides, Freud himself uses the terms "psychoanalysis" and "psychoanalytic psychotherapy" interchangeably.

A first argument to maintain that the psychoanalysis wouldn't be a "psychotherapy", concerns the question of the curing which would be strange to the psychoanalysis. However, Freud has never given up the idea of curing. A second argument concerns the suggestion which would be antagonist to the psychoanalysis. However, the technical texts' Freud show he used the latter extensively. A third argument concerns the setting. However, this one had been adopted by Freud for essentially personal reasons. Moreover, what would be a psychoanalysis which wouldn't adapt clinical contexts and patients? The "psychoanalytic psychotherapy" is only the name of the psychoanalysis which can fit to the patients as well as the limits of the analyst. A fourth argument concerns the difference between "binding" (which would depends on the psychotherapy) and "unbinding" (which would depends on the psychoanalysis). However, all psychoanalytic work inevitably contains those two process.

We can't oppose "psychoanalytic psychotherapy" and "psychoanalysis". By contrast, we can enlighten what makes that a psychotherapy is psychoanalytic, and detail the foundations of clinical stance. The author endeavours to describe these foundations in the second part. They concern the listening and the observation of the psychic reality, the unconscious, the infantile, the transference phenomena, the importance of the subjectivity, the internal setting, the thought process, the engagement and the implication of the analyst, the work of counter-transference elaboration, the consideration about speech and expressiveness, whatever they are, as material, the observation of real objects and space link, the knowledge abeyance, the consideration of patient's "theory" (his pain, the treatment), the humility and doubt stance, the conviction that there is never contraindication of psychoanalytic treatment.

These principles (there are others) characterize the "psychoanalytic" of psychotherapy, whatever the form, standard cure or others settings.

Keywords: psychoanalysis, psychotherapy, psychanalytic psychotherapy, clinical stance.

BIBLIOGRAPHIE

Anzieu D. (1999), Être psychanalyste, *in* Martens F. (dir.), *Psychanalyse, que reste-t-il de nos amours ?*, Bruxelles, Complexe, 2000, pp. 199-202.

Bion W.R. (1962*a*), Une théorie de l'activité de pensée, trad. fr., *Réflexion faite*, Paris Puf, 1983, pp. 125-135.

Bion W.R. (1962*b*), *Aux sources de l'expérience*, trad. fr., Paris, Puf, 1979.

Bion W.R. (1974-1977), *Entretiens psychanalytiques*, trad. fr., Paris, Gallimard, 1980.

Bion W.R. (1975), Césure, trad. fr., *Entretiens psychanalytiques*, Paris, Gallimard, 1980, pp. 241-259.

Bion W.R. (1978), *Quatre discussions avec Bion*, trad. fr., Paris, Ithaque, 2006.

Bion W.R. (1980), *Bion à New York et São Paulo*, trad. fr., Paris, Ithaque, 2006.

Bion W.R. (1983), *Séminaires italiens. Bion à Rome*, trad. fr, Paris, In Press, 2005.

Bion W.R. (1997), *Pensée sauvage, Pensée apprivoisée*, trad. fr., Larmor-Plage, Éditions du Hublot, 1998.

Ciccone A. (2012), Contenance, enveloppe psychique et parentalité interne soignante, *Journal de la psychanalyse de l'enfant*, nouvelle série, n° 2, vol. II, pp. 397-433.

Ciccone A. (2014*a*), *La Psychanalyse à l'épreuve du bébé. Fondements de la position clinique*, Paris, Dunod, nouvelle édition augmentée.

Ciccone A. (2014*b*), Formes et sources de la violence dans le soin, *in* Ciccone A. (dir.), *La Violence dans le soin*, Paris, Dunod, pp. 13-71.
Freud S. (1896), Sur l'étiologie de l'hystérie, trad. fr., *OCF-P*, vol. III, Paris, Puf, 1989, pp. 147-180.
Freud S. (1905*a*), Fragment d'une analyse d'hystérie, trad. fr., *OCF-P*, vol. VI, Paris, Puf, 2006, pp. 183-301.
Freud S. (1905*b*), De la psychothérapie, trad. fr., *OCF-P*, vol. VI, Paris, Puf, 2006, pp. 47-58.
Freud S. (1909), Remarques sur un cas de névrose de contrainte, *OCF-P*, vol. IX, Paris, Puf, 1998, pp. 135-214.
Freud S. (1910), Les chances d'avenir de la thérapie psychanalytique, trad. fr., *OCF-P*, vol. X, Paris, Puf, 1993, pp.63-73.
Freud S. (1912), Conseils au médecin dans le traitement psychanalytique, trad. fr., *OCF-P*, vol. XI, Paris, Puf, 1998, pp. 143-154.
Freud S. (1913), Sur l'engagement du traitement, trad. fr., *OCF-P*, vol. XII, Paris, Puf, 2005, pp. 163-184.
Freud S. (1918), Les voies de la thérapie psychanalytique, trad. fr., *OCF-P*, vol. XV, Paris, Puf, 1996, pp. 99-108.
Freud S. (1922), De quelques mécanismes névrotiques dans la jalousie, la paranoïa et l'homosexualité, trad. fr., *OCF-P*, vol. XVI, Paris, Puf, 1991, pp. 87-97.
Freud S. (1923), « Psychanalyse » et « Théorie de la libido », trad. fr., *OCF-P*, vol. XVI, Paris, Puf, 1991, pp. 183-208.
Freud S. (1937), L'analyse finie et l'analyse infinie, trad. fr., *OCF-P*, vol. XX, Paris, Puf, 2010, pp. 17-55.
Freud S. (1938), Abrégé de psychanalyse, trad. fr., *OCF-P*, vol. XX, Paris, Puf, 2010, pp. 229-305.
Freud S. et Breuer J. (1895), *Études sur l'hystérie*, trad. fr., *OCF-P*, vol. II, Paris, Puf, 2009, pp. 17-332.
Gori R. (2008), Psychothérapie : un mot-girouette ?, *in* Widlöcher D. (dir.), *Psychanalyse et Psychothérapie*, Toulouse, Érès, pp. 41-50.
Laplanche J. (2006), Psychanalyse et psychothérapie, *Sexual. La sexualité élargie au sens freudien*, Paris, Puf, 2007, pp. 269-274.
Maldiney H. (1973), *Regard, Parole, Espace*, Lausanne, L'Âge d'Homme.
Maldiney H. (1991), *Penser l'homme et la folie*, Grenoble, Éditions Jérôme Millon.
Meltzer D. (1967), *Le Processus psychanalytique*, trad. fr., Paris, Payot, 1971.
Resnik S. (1999), *Le Temps des glaciations. Voyage dans le monde de la folie*, Toulouse, Érès.
Resnik S. (2005), *Culture, fantasme et folie. Rencontre avec Salomon Resnik*, proposé par Pierre Delion, Toulouse, Érès.
Resnik S. *et al.* (1982), *Semiologia dell'incontro*, Rome, Il Pensiero Scientifico.
Rosenfeld H. (1987), *Impasse et Interprétation*, trad. fr., Paris, Puf, 1990.
Roussillon R. (2008), Sur l'opposition psychothérapie/psychanalyse, *in* Widlöcher D. (dir.), *Psychanalyse et Psychothérapie*, Toulouse, Érès, pp. 65-73.
Thouret D. (2004), *La Parentalité à l'épreuve du développement de l'enfant*, Toulouse, Érès.
Winnicott D.W. (1947), La haine dans le contre-transfert, trad. fr., *De la pédiatrie à la psychanalyse*, Paris, Payot, 1976, pp. 48-58.
Winnicott D.W. (1971), *Jeu et Réalité*, trad. fr., Paris, Gallimard, 1975.

À QUOI TENONS-NOUS ? ESSAI SUR QUELQUES ENJEUX CONTEMPORAINS DE L'ANALYSE D'ENFANT

Catherine Dupuis-Gauthier*, Jean-Claude Guillaume**

> Je me couchais sur un divan,
> Et me mis à raconter ma vie,
> Ce que je croyais être ma vie,
> Ma vie, qu'est-ce que j'en connaissais ?
> Et ta vie, toi, qu'est-ce que tu en connais ?
> Et lui, là, est-ce qu'il la connaît,
> Sa vie[1] ?

À quoi tenons-nous de la psychanalyse dans la période de crise qu'elle traverse actuellement ? Qu'il s'agisse de la posture, de la gratuité ou du paiement, de l'organisation du cadre, quels sont les enjeux de ces règles dans le processus psychanalytique avec l'enfant aujourd'hui ?

Cette question renvoie en premier lieu à l'origine de cette thérapeutique mais aussi à son éthique et aux spécificités techniques qui la fondent. La période dorée, où les clés freudiennes semblaient avoir acquis leurs lettres de noblesse dans le champ de la santé mentale, a laissé place depuis quelques décennies à une époque beaucoup plus critique, voire franchement hostile. Telle « l'enfant mal accueilli » (Ferenczi, 1982, pp. 76-81), la psychanalyse, saisie dans l'étau de la critique, serait-elle confrontée à « sa pulsion de mort » ? Quelle que soit la pertinence de cette hypothèse, il ne peut être question de s'enfermer dans une défense de principe, stérile et sans issue, mortifère en soi.

* Psychologue, psychanalyste, MCF-HDR université de Lille-III – CRPMS Paris-Diderot.
** Pédopsychiatre, psychanalyste.

1. Queneau R. (1969), *Chêne et chien*, Paris, Gallimard, « NRF », p. 79.

Journal de la psychanalyse de l'enfant, vol. 7, nº 1, 2017, p. 45-61

Ce à quoi nous tenons, précisément, c'est à la qualité thérapeutique et humaine de la clinique, quand l'éprouvé devient pensée, que la croissance psychique éloigne la souffrance et le symptôme, que la pulsion de vie est à l'œuvre. Ce projet engage aussi la responsabilité des analystes tenus alors de repenser certaines postures, de revisiter, à la lumière du quotidien, de l'évolution des pratiques et de la culture, la théorie, la technique, le cadre, afin de leur redonner crédibilité et efficience.

L'HISTOIRE

En référence à son histoire (Nakov, 2011 ; Houzel, 2014), on constate d'abord les difficultés qu'a toujours eues la psychanalyse à faire valoir son identité et ses principes. Avec le cas du « petit Hans » (Freud, 1909), se pose d'emblée la question des conditions de la pratique. Dans le rôle de superviseur de Max Graff, analysant son fils Hans, Freud excelle à confirmer ses théories sur la vie sexuelle infantile et à démentir les objections contre la valeur thérapeutique et la pertinence métapsychologique de cette analyse qu'il considère, *in fine*, comme le modèle de la névrose infantile (*ibid.*, p. 197). En infirmant le caractère suggestif des interventions du père, il se livre à un subtil réquisitoire en faveur de la probité et de la richesse du psychisme infantile (*ibid.*, p. 166), mais il induit également un véritable scepticisme à l'endroit du « transfert » et de l'« interprétation » dans la psychanalyse de l'enfant. Plus de cent ans après, il n'est pas exclu que les réticences actuelles, envers ce type de traitement, fassent encore écho à ces conditions premières d'émergence que renforce le manque d'intérêt à l'égard des propositions théoriques innovantes qui l'ont traversé depuis lors.

Le contexte actuel

Aujourd'hui, l'environnement social, la place de l'inconscient, les modifications profondes de la structure familiale, nous amènent à la fois à réfléchir à notre engagement pour la psychanalyse, mais aussi à le reconsidérer à partir d'une origine culturelle qui a profondément marqué la réflexion et la pratique. Même si bien des choses ont changé depuis Freud, le mythe judéo-chrétien du père fondateur omnipotent, confisquant au féminin et au maternel sa réalité créatrice, marque encore profondément l'inconscient collectif. Si, pour Freud, la sexualité féminine faisait figure de « continent noir » (Freud, 1926), que dire des difficultés des femmes, justement, à devenir analystes ? Il existe, bien sûr, des noms célèbres, mais difficile de ne pas penser à Emma Eckstein, à Sabina Spielrein, participant à la société viennoise de psychanalyse dès 1911 mais dont les travaux sur la destructivité par exemple n'ont été « exhumés » qu'en 1978 ! Que dire encore d'Hermine Von Hug Hellmuth, première psychanalyste d'enfant et de son destin tragique ? Mais aussi de la tendance à prendre en analyse ses propres enfants, ou à les confier à un thérapeute dont le parent était aussi l'analyste ! Au demeurant, le groupe viennois semblait en partie favorable à l'émancipation des femmes, posture notable dans cette société bourgeoise du début du XXe siècle ! Dorénavant, nous avons donc à prendre en compte ces conditions originelles, à en interroger les errances mais aussi l'extraordinaire créativité et à les considérer à la lumière de leurs paradoxes à la fois historiques et actuels.

QUELQUES ÉCUEILS NOTABLES

Comment comprendre, par exemple, malgré l'évidence de la pratique, l'idée encore persistante, que seul l'infantile dans l'adulte peut faire l'objet de la psychanalyse ? Ne faut-il pas voir là une résistance projetée sur l'enfant réel et sur ses parents, comme si la famille, en tant qu'entité sociale, ne pouvait entrer dans le mouvement transféro-contre-transférentiel proposé par l'analyse et restait nécessairement en marge d'un travail centré sur l'inconscient ? La non-prise en compte des mouvements psychiques à l'œuvre dans l'espace familial se retrouve aussi dans le champ social. La fonction parentale, gênée par le manque de temps et de disponibilité, peine à trouver ses repères identificatoires dans une expérience partagée. Elle s'organise, de façon souterraine pour les jeunes parents, dans un contexte de reprises professionnelles trop précoces et de sevrages traumatiques, en dépit des besoins de proximité intime du nourrisson, sans que les conséquences psychiques ne soient réellement prises en compte. Souvent plongé dans un collectif inapte à répondre à son besoin d'attachement et de contenance, le bébé affronte la souffrance d'une attente première insatisfaite. Plus tard, les dérives institutionnelles liées au manque de moyens face à des demandes trop nombreuses – délais d'attente, prise en charge individuelles trop rapides, espacement des séances – répètent entre attente insatisfaite, arrachement et réponses quantitativement insuffisantes, les moments traumatiques déjà subis, mettant en péril la dimension soignante dès les premiers entretiens…

Trop souvent encore, la « parole » psychanalytique, langue disputée entre les « fils » pour demeurer l'unique porteur de l'héritage freudien, s'installe au-devant de la scène en déniant alors le travail de la cure et ses aléas transféro-contre-transférentiels. Dans cette perspective, comment articuler d'un côté, l'origine – une parole volontiers omnipotente qui ne sait comment entendre les parents et l'enfant dans leur réalité psychique et existentielle – et de l'autre, l'immense travail accompli pour prendre en compte la souffrance des enfants et des familles, dans les institutions, dans les cabinets de consultation, et les travaux théoriques remarquables qu'il a permis d'initier ?

ENTRE THÉORIE ET PRATIQUE

Confronté à ces paradoxes, chaque analyste construit une réponse psychothérapique singulière, à l'aune d'un intérêt épistémologique commun pour la mise en lumière de la part d'humanité inconsciente – la moins manifeste et la plus fragile – qui résonne dans l'interface du champ analytique et de l'univers psychique des patients. C'est à ce niveau émotionnel (Bion, 1962 ; Ogden, 2016), que se conceptualisent essentiellement les relations susceptibles de permettre une transformation dans l'analyse et d'accéder à un mode de connaissance du monde interne presque inaccessible autrement.

Si théorie et pratique analytiques restent indéniablement structurées autour des concepts fondamentaux de « pulsion », de « sexualité infantile », de « complexe d'Œdipe », d'« inconscient » et de « transfert », il devient essentiel d'en intégrer d'autres tels que ceux d'« archaïque », de « relation d'objet », d'« environnement », de « fonction contenante » et de « rêverie » qui ouvrent de nouvelles perspectives pour la compréhension de la construction psychique à partir des spécificités de la relation du bébé avec ses différents objets d'investissement libidinal. L'histoire et la clinique actuelles nous invitent à réinterroger cadre, contre-transfert, rapport avec les parents, espaces de vie extérieurs, place de la théorie, pour proposer des réajustements techniques permanents. En portant une attention particulière à ce qu'il est courant d'appeler le contre-transfert par exemple, ou en s'attachant à la notion de « champ dynamique » (Baranger, 1969), le travail d'analyse en collaboration avec les parents se centre aujourd'hui davantage sur l'espace entre l'analysant et l'analyste où se développe une « rêverie partagée » favorisant la co-construction d'une compréhension possible des souffrances psychiques.

Par ailleurs, nous savons qu'au cours du XXe siècle, la pratique psychanalytique s'est largement répandue au point de représenter le modèle de soin psychique le plus présent dans les établissements jusque dans les années 1970-1980 où d'autres approches considérées, à tort de notre point de vue, comme plus accessibles et plus économiques se sont développées de manière assez fulgurante ! Ceci a conduit à une fragilisation de la place et de la fonction de la psychanalyse dans les soins, fâcheuse et injuste pour tous ceux qui expérimentent quotidiennement la fécondité de cette pratique. Mais en contrepartie, ces bouleversements remettent en perspective l'épineux problème des liens entre psychanalyse et société à travers le passage du modèle de la « cure type » individuelle, considéré comme classique, à celui d'une psychanalyse en expansion, inscrite au sein d'un collectif. En septembre 1918 déjà, au cinquième congrès psychanalytique de Budapest, Freud posait la question des aménagements techniques nécessaires pour permettre au plus grand nombre de bénéficier de ce « secours psychique ». « Tout porte à croire que, vu l'application massive de notre thérapeutique, nous serons obligés de mêler à l'or pur de l'analyse une quantité considérable du cuivre de la suggestion directe » (Freud, 1918, p. 141). La pratique psychanalytique en établissement a très tôt soulevé de nombreuses questions et résistances, notamment parce qu'elle bouleverse l'organisation habituelle et conduit à interroger les alliances conscientes et inconscientes au sein du collectif soignant (Kaës, 2009). L'instauration d'un cadre analytique est toujours problématique en raison de ses exigences en terme d'horaire et de fréquence notamment, mais aussi des liens de rivalité, voire d'envie, qu'il génère au sein des équipes de soins.

L'histoire d'A., présenté ci-dessous, illustrera le genre de pratique qu'il est possible de réaliser aujourd'hui à partir des conditions de temporalité, des liens avec les partenaires et de la place à donner aux parents.

HISTOIRE D'A.

Lors du premier entretien, A. est reçu avec sa mère, très désemparée par ce garçon de 6 ans qui explose à la moindre frustration, en particulier quand elle s'éloigne, et qui, malgré une évidente vivacité, ne rentre pas dans les apprentissages scolaires. A. s'exprime correctement, répond de manière adaptée aux questions, mais bascule très vite dans une position régressive dès qu'une activité lui est proposée, en particulier graphique. Toute sa posture change alors, il se replie, se met à parler bébé, met son pouce dans sa bouche. La mère raconte une naissance difficile et une hospitalisation précoce vécues de façon dramatique. Avec une émotion où pointe la colère, elle évoque ce moment où le médecin se saisit de son fils, l'éloigne de manière autoritaire, sans explication, la laissant les bras ballants, suivant des yeux une infirmière qui emmène son enfant. L'hospitalisation durera environ un mois, dans des conditions manifestement très conflictuelles avec le corps médical.

D'emblée, l'impact traumatique d'arrachement est très perceptible, l'émotion qui s'associe à son évocation laisse supposer que mère et fils en souffrent toujours et que l'aspect clivé d'A., oscillant entre deux âges, en est le témoignage. Au cours des quelques consultations qui suivront, A. manifeste le besoin de vivre dans une permanence sensorielle, le « lâcher » provoque en lui une angoisse et une confusion extrêmes, évidemment en cause dans les difficultés scolaires. Pourtant, l'insertion groupale est plutôt bonne, l'école étant le lieu des copains et d'activités physiques où A. excelle et qui le restaurent narcissiquement. La mère exprime sa détresse, la violence qu'elle ressent quand elle doit partir au travail. Actuellement, elle exerce le métier d'infirmière, ce qui n'était pas le cas à la naissance de son fils. Sa fille, plus âgée qu'A., ne pose pas de problème particulier.

Les colères, signes de la persistance de difficultés de contenance renvoyant à des angoisses premières d'individuation non résolues, les difficultés cognitives, les vécus douloureux de la première enfance sont des éléments cliniques fréquents dans une consultation, et nous retrouvons là l'émergence des paramètres socioculturels dans la pathologie. Le cadre posé se doit donc logiquement d'inclure les facteurs qui, dans le temps fragmenté du quotidien, participent à la contenance psychique de l'enfant, les parents et l'école en particulier. Attentifs à la souffrance de la mère de se voir dépossédée de son fils, nous proposons d'emblée, avec l'accord de l'enfant et de la famille, une psychothérapie et des rencontres régulières avec l'école, l'enseignante, l'auxiliaire de vie scolaire et la directrice.

Toutefois, la colère exprimée à l'égard du corps médical n'a sans doute pas été suffisamment prise en compte mais plutôt évacuée sur le service de pédiatrie, espace tiers de projection partagée, permettant au médecin consultant de rester en relation empathique avec la mère. Ce mouvement de latéralisation des charges émotionnelles lors des tout premiers entretiens est assez courant mais l'évolution de la situation clinique va nous montrer que, pour autant, elle n'est pas sans conséquences. Les premières séances associant les parents (surtout la mère, le père n'étant venu qu'une seule fois) et l'enfant, montrent une situation qui n'évolue guère, une scolarité très difficile, une énurésie primaire persistante, et une mère souffrant d'une impuissance à modifier les choses.

La réflexion en équipe, liée à ce sentiment de stagnation, conclut malgré le risque d'éloignement de la mère à l'intérêt d'une prise en charge individuelle de l'enfant accompagnée d'un suivi parental régulier, qui, de fait, ne concernera que la mère. Le travail en partenariat avec l'école est maintenu avec participation du médecin consultant. Il paraît nécessaire en effet que les différents temps de vie de ce jeune patient soient liés par un contenant de pensée cohérent et unifié pour que ses enveloppes psychiques se construisent dans les meilleures conditions possibles.

Dans un tel dispositif, si le traumatisme de séparation est bien pris en compte, l'affect qui « colle » A. à sa mère ouvre sur une charge émotionnelle violente, résultant de l'arrachement, projetée sur une figure médicale. Inconsciemment, ce mouvement a probablement renforcé les défenses du médecin au moment d'opérer un choix thérapeutique.

Quelques mois plus tard, la situation n'a guère évolué, sauf au niveau scolaire. En effet, l'enseignante et l'auxiliaire de vie, désormais conscientes des difficultés d'abstraction majeures d'A. grâce au travail de liaison, ne considèrent plus ce problème comme une déficience mnésique ou intellectuelle. Elles ont pu mettre en place des stratégies qui permettent à l'enfant de s'impliquer davantage. La mère et l'enfant viennent régulièrement aux séances. Toutefois, ni la mère ni l'enfant ne laissent de prise à leur monde interne, et l'impression se fait jour que tous les deux glissent entre nos mains comme des « savonnettes »…

Lors d'un entretien avec la mère, qui dit justement ne pas savoir comment faire pour se saisir de son fils, nous lui faisons part de cette image « d'un enfant qui glisse comme une savonnette ». Pour la première fois, nous la sentons touchée émotionnellement de ce partage d'impuissance. Quelques jours plus tard, dans le cadre scolaire, elle se met en colère : « Ça ne va pas à l'école, et personne n'est capable d'apporter une aide, les médecins sont nuls. » Cette violente attaque contre les « soignants » renvoie à cette violence traumatique que le médecin consultant a contribué à projeter sur un service extérieur. Et c'est bien dans le « troisième domaine » scolaire, en dehors du CMPP que l'affect fait retour. Ce qui est « évacué » dans un extérieur à la relation réapparaît dans un autre champ, extérieur lui aussi…

À la consultation suivante, cette colère peut être interprétée dans ses liens avec le sentiment d'impuissance que nous ressentons, et avec cette violence subie, par la mère et l'enfant, sans qu'elle ait pu trouver de destinataire. En réaction, la mère s'effondre, évoquant la solitude et la douleur ressenties dans le temps, pourtant lointain, de cette hospitalisation. Sa décision de devenir infirmière, sans doute pour passer de l'autre côté de cette barrière, qui au moment de la naissance, l'avait séparée de son fils, prend là tout son sens.

Très rapidement les choses changent : A. commence à entrer en relation avec son thérapeute et la mère à participer à une réflexion commune. A. n'a jamais eu d'objet transitionnel et il est proposé à la mère d'introduire, près de son enfant qui refuse de s'endormir sans elle à ses côtés le soir, quelque chose lui appartenant. Elle lui donne un foulard. A., un peu surpris, s'en empare. Mais deux ou trois nuits plus tard, la mère retrouve son foulard imprégné d'urine, jeté hors du lit. Ce refus de l'objet de substitution ouvre malgré tout un champ nouveau d'expériences sensorielles : A. va parfois dans la salle de bain sentir et explorer les parfums de sa mère. Commence désormais un véritable travail sur la séparation et sur les résistances d'A. pour s'en protéger. Cette maman, tout à fait pertinente, entre désormais dans une phase d'élaboration où elle peut évoquer avec son fils les raisons de sa souffrance, les partager avec lui. En classe, la situation progresse. Le graphisme, l'expression écrite, la capacité de retenir des textes s'améliore. Et, dans le même temps, le père commence à faire des activités avec son fils. Les entretiens avec la mère sont des moments forts, où elle cherche à comprendre, à ajuster ses positions, comme si elle pouvait considérer désormais son fils comme un enfant séparé, objet de son souci et de sa capacité à penser ; le rapport au sensoriel devient lieu d'expériences, de tentatives, s'emparer des parfums de sa mère, ou autres menus objets...

Aujourd'hui, deux ans plus tard, la mère, tout en continuant à venir aux consultations, a décidé de faire un travail personnel avec un analyste extérieur. A. est entré au collège en SEGPA et se développe comme un adolescent de son âge, même si les apprentissages cèdent volontiers le pas, dans la gamme de ses intérêts, aux activités sportives où il continue d'exceller.

La psychanalyse d'enfants et d'adolescents aujourd'hui suppose le travail avec les parents et la prise en compte des arriérés émotionnels contemporains d'arrachements traumatiques. D'ailleurs, leur réémergence dans le transfert, envahissent d'emblée le champ de la rencontre. La nécessité d'entendre, dans le lieu où l'enfant est pris en charge, la souffrance du parent, et de ne pas la rabattre d'emblée sur celle de l'adulte qu'il est par ailleurs, devient un point technique essentiel. C'est quand le parent est entendu dans sa souffrance que l'enfant en lui peut chercher, dans un autre espace qui lui est propre, l'écoute nécessaire. Ce type de réponse réinterroge la notion de « modèle » au bénéfice d'un ajustement « à la carte » garant de la spécificité de l'action engagée. Mais la nécessaire adaptation aux contraintes multiples, de l'institution, du travail des parents et de leurs résistances, et surtout des enjeux contemporains du traitement psychique, suppose une réponse technique qui interpelle directement la notion de cadre.

Comment repenser cette question à partir de l'actualité de la clinique ? La psychanalyse de l'enfant et de l'adolescent s'inscrit toujours dans un « cadre élargi » qui intègre nécessairement les parents, la famille et les espaces institutionnels. Négliger cette particularité conduit généralement à une impasse dans le traitement.

LA PROBLÉMATIQUE DU CADRE

Bien sûr, dans l'histoire de la psychanalyse, les résistances qui ont freiné l'intérêt heuristique pour la notion de cadre sont nombreuses. S'agissant de Freud, il fallait probablement qu'il garde précieusement l'idée d'un développement spontané du transfert, se démarquant ainsi résolument de la suggestion et de l'hypnose, pour valider la pertinence, la spécificité et l'originalité du processus psychanalytique (Macalpine, 1950).

Plus tard, c'est dans l'élaboration d'une nouvelle conception du *cadre* qu'un certain nombre d'auteurs s'engageront à partir des années 1950 (Grundberger, 1956 ; Nacht, 1963). Ils chercheront à en dégager la spécificité des effets sur le processus psychanalytique. Ces développements conceptuels permettront de le penser comme outil créateur de « névrose de transfert "analysable", c'est-à-dire dont le sens (la pluralité des sens historiques) pourra être trouvé/créé dans le processus élaboratif » (Mannoni, 1979, p. 29).

Cet élargissement de la fonction du cadre aura des effets sur la conception même du processus analytique conçu, dès lors, à partir des effets articulés du cadre et de la subjectivité de l'analyste. C'est cette association qui crée le sens, sans que l'histoire du patient soit au premier plan et que l'analyste puisse se dissimuler derrière elle. Il n'est d'autre vérité que celle construite en commun dans l'analyse à partir notamment des aspects transféro-contre-transférentiels de la relation analysant analysé. L'idée d'une interdépendance entre le cadre et l'analyste devient nécessaire à la compréhension du processus lui-même et les conditions du *setting* commencent à être mises au travail, au sein du mouvement psychanalytique, dans les années 1950. Cette évolution sera articulée à l'intérêt pour la notion d'identification projective (Klein, 1946 ; Bion, 1962 ; Rosenfeld, 1976) qui se développera parallèlement.

Dès lors, il est possible de concevoir le cadre, le dispositif et l'environnement psychanalytiques comme « inducteurs » d'un état psychique conditionnant le développement du processus psychanalytique. « Le transfert est produit par le dispositif-cadre de la psychanalyse » (Mannoni, 1979, p. 24), et cette hypothèse fut considérée comme une découverte, reconnue par des psychanalystes renommés (J. Laplanche). S'engageait alors une recherche « déculpabilisée » sur les différents facteurs qui participent à l'organisation d'une névrose de transfert où se logeait un intérêt pour la distinction entre cadre externe et cadre interne. La prise en compte du contre-transfert, en tant qu'acteur agissant sur l'inconscient de l'analyste devenait alors partie intégrante du travail d'élaboration. Ce point reste pourtant sensible, en témoigne le temps écoulé pour que soient connus les travaux de Racker (1957) et son concept de névrose du contre-transfert... Mais ne faut-il pas entendre, à ce niveau, ce point crucial de l'engagement qui fait de la cure une aventure partagée, unique, au « risque » de l'autre ?

La psychanalyse du cadre psychanalytique (Bleger, 1976), dans la seconde partie du XXe siècle, devint un nouvel axe de recherche qui se développa notamment à partir de la pratique en institution. C'est de l'analyse de celle-ci que se dégagea, nous dit José Bleger, la *fonction du cadre*, qui se distingue du *processus* dont il permet le déploiement :

> Winnicott définit le *setting* comme la somme de tous les détails de la technique psychanalytique. Nous suggérons, pour des raisons qui s'éclairciront par la suite, d'appliquer le terme de *situation psychanalytique* à l'ensemble des phénomènes inclus dans la *relation thérapeutique* entre l'analyste et le patient. Cette situation comprend des phénomènes qui constituent un *processus*, lequel est l'objet d'étude, d'analyse et d'interprétation ; mais elle comprend également un *cadre*, c'est-à-dire un « non-processus » en ce sens qu'il est fait de constantes, à l'intérieur duquel le processus lui-même a lieu (*ibid.*, p. 255).

Le cadre psychanalytique, qu'il assimile à une « stratégie » plutôt qu'à une technique, est constitué du « rôle de l'analyste, l'ensemble des facteurs affectant l'espace (ambiance) et le temps, et la part de la technique (y compris les problèmes afférents aux horaires, la ponctualité, le paiement, les interruptions, etc.) » (*ibid.*, p. 255). Le cadre correspond aux *constantes* d'une méthode dont le processus est défini par ses *variables*. C'est à partir de sa stabilité, du respect par l'analysant de la règle fondamentale (*ibid.*, p. 287) que le cadre devient le réceptacle de la symbiose, du fonctionnement le plus archaïque du patient, c'est-à-dire de la relation la plus primitive qui existe entre le bébé et l'objet maternel dont le prototype est la relation symbiotique constituée in utero.

> Dans les cas où le cadre *est respecté,* c'est lui qui devient dépositaire de la symbiose qui *ne se trouve pas alors dans le processus.* La symbiose avec la mère (immobilisation du non-moi) permet à l'enfant de développer son moi ; le cadre psychanalytique à la même fonction : il sert de soutien, de châssis mais nous ne pouvons le voir – sur le moment – que lorsqu'il se modifie ou se rompt. Le « bastion » le plus persistant, le plus tenace et le moins apparent est donc celui qui est déposé dans le cadre (Bleger, 1981, p. 287).

Dans le travail analytique avec l'enfant et l'adolescent, le cadre a la fonction essentielle de soutenir le développement du moi et d'être le réceptacle des parties les moins organisées et totalement inconscientes de la personnalité. Son non-respect déstabilise l'évolution clinique comme si *presque tout ce que le patient possède,* c'est-à-dire le « méta-moi », se désorganisait alors (*ibid.*, p. 289). La pratique analytique suppose une attention spécifique quant aux liens avec la famille, les pairs, l'école et l'environnement élargi, parce qu'elle conditionne le développement du processus d'une part et que ce dispositif fonctionne toujours à des degrés divers « comme les limites du schéma corporel et du noyau fondamental de l'identité » (*ibid.*, p. 285).

La relation du cadre analytique à l'environnement n'est donc pas faite que d'opposition, il pourrait s'agir d'un rapport de contenance qui supposerait que la famille, par exemple, puisse penser (« rêver ») les effets du cadre pour lui donner plus de chance de se développer, de s'intégrer en son sein. L'espace de soins fonctionne toujours comme « méta-cadre », qu'il s'agisse du cadre individuel ou du cadre institutionnel, il est « le monde fantôme, celui de l'organisation la plus primitive et la moins différenciée » (*ibid.*, p. 256).

Nous souhaiterions soutenir l'hypothèse de l'interdépendance consubstantielle des cadres psychanalytique et institutionnel, qui suppose de penser les liens entre eux pour permettre l'analyse des aspects archaïques du fonctionnement psychique. Ce rapport d'emboîtement, pour qu'un processus de soins et de croissance psychique puisse exister dans la cure, montre bien comment le mouvement psychanalytique fait appel à deux composantes complémentaires : la première, le cadre et son appui institutionnel, objets combinés d'arrière-plan, assure la base contenante de la psyché de l'analyste. La seconde, la capacité négative, en rapport avec l'insaturé, mobilisée par l'impact déstabilisant des projections du patient et des parents, ouvre sur la pensée. Les turbulences engendrées par l'une ne peuvent s'élaborer que si l'autre assure une permanence évitant à l'analyste bousculé par le transfert de se replier sur une posture défensive. Le processus analytique s'inscrit dans cette oscillation entre le « saturé » du cadre et « l'insaturé » des émergences transférentielles. Il convient donc de veiller à ce que le cadre externe, pour être vraiment contenant des mouvements psychiques, ne se rigidifie pas autour des modèles et des théories (Bion, 1979, pp. 9-10). Il s'agit bien davantage, pour chaque analyste, d'avoir dans sa propre psyché un arrière-plan moins déformable, son cadre interne, capable d'évoluer au rythme de son expérience, mais capable de contenir les turbulences émotionnelles et de les penser, clé de la croissance psychique corollaire de l'amélioration clinique.

Si la psychothérapie institutionnelle, telle qu'elle a pris corps au milieu du siècle dernier, peut difficilement s'exercer en tant que telle dans les structures de soin d'aujourd'hui, précisément en raison d'une dérive donnant priorité à la gestion plus qu'à la dimension réflexive et soignante, la valeur donnée à la contenance groupale se retrouve maintenant dans la conception du cadre. La difficulté des parents à s'inscrire dans leur fonction, la fragmentation des temps de vie de l'enfant multipliant dans son quotidien des relations à l'adulte souvent divergentes imposent, la plupart du temps, un modèle groupal de prise en charge, associant famille, psychothérapeutes, intervenants extérieurs. Le temps de rencontre institué permet alors une mise en cohérence des transferts multiples permettant à l'enfant, confronté à des espaces de vie différents, de saisir un fil unificateur de sa psyché. Si les cliniciens et les analystes persévèrent dans leur ambition d'accueillir la souffrance psychique et les symptômes qui y sont généralement associés, c'est qu'ils sont convaincus de l'efficacité des modèles de soins psychanalytiques, ce dont les récentes recherches se font d'ailleurs l'écho (Bukerman, 2016). L'exercice analytique montre régulièrement que la psychothérapie psychanalytique aide de nombreux enfants et leur famille à dénouer des problématiques et des symptômes complexes et ceci dans un temps qui peut être relativement court. Existe-t-il des personnes ou des symptômes contre-indiqués pour la psychanalyse ou plutôt des analystes qui résistent à faire évoluer leur modèle pour l'ajuster aux spécificités des fonctionnements psychiques actuels ?

En réalité, c'est d'abord la formation à la psychanalyse qui contribuera le plus à la représenter efficacement et à laisser ouvert cet « atelier de l'inconscient » impliquant à la fois patient et analyste. C'est dans cet espace de mouvance psychique que se repensent les modèles. Cette adaptabilité réfléchie, en appui sur l'évolution sociale, sur l'observation au sens psychanalytique du terme et sur une fonction de penser active, stimule la créativité de l'enfant et de son entourage, facteurs décisifs de l'amélioration clinique. À ce niveau, rappelons combien l'observation des bébés est fondamentale pour la formation à la psychanalyse, car c'est la connaissance de l'enfant qui permet la compréhension de l'infantile en chacun de nous.

Enfin, il est urgent de renforcer la psychanalyse dans des liens étroits avec le social pour continuer de rendre le traitement psychanalytique accessible au plus grand nombre et de favoriser des espaces potentiels de pratique, de formation et de recherche ouverts à tous ceux que cet exercice intéresse. Si la voie de l'inconscient ouvre à l'évidence sur le soin, elle engage aussi un choix éthique et philosophique beaucoup plus large : donner à la *psyché* la possibilité de se libérer des verrouillages émotionnels qui entravent sa croissance, et accepter un peu plus, la précarité mais aussi la richesse de notre condition humaine. C'est sans doute à cela que nous tenons le plus.

Résumé

Qu'en est-il de la psychanalyse d'enfant aujourd'hui ? En appui sur l'histoire, les théories, la clinique, nous interrogeons les modalités d'un exercice complexe influencé, depuis son origine, au début du siècle dernier, par les évolutions sociétales. Le traitement psychanalytique d'un garçon de 6 ans et de sa famille nous amène à repenser le cadre dans un dispositif institutionnel de soin. En conclusion, nous insistons sur les aspects de la psychanalyse auxquels nous tenons, et qui permettent de soutenir, face aux critiques, un engagement éthique et thérapeutique, à la fois éclairé et lucide, au plus près des mouvances de la vie psychique.

Mots-clés : cadre, culture, éthique, évolution, histoire, psychanalyse, soin, technique.

Summary

What about child psychoanalysis today? Sustained by history, theories and clinic, we consider the modes of a complex exercise which has been influenced since its origin, that is the beginning of our previous century, by societal evolutions. The psychoanalytical treatment of a 6-year-old boy and of his family, has led us to rethink the framework in an institutional care system. We conclude by insisting on the aspects of psychoanalysis we are attached to and which, when confronted to criticisms, allow a support for an ethical and therapeutic commitment, which is both informed and lucid, as well as close to the fluctuations of psychical life.

Key-words: care, culture, ethics, evolution, framework, history. psychoanalysis, technique.

BIBLIOGRAPHIE

Baranger M. et W. (1969), La situation analytique comme champ dynamique, trad. fr., *Revue française de psychanalyse*, 1985, 6, pp. 1543-1571.

Bion W.R. (1962), *Aux sources de l'expérience*, Paris, Puf, « Bibliothèque de psychanalyse », 1979.

Bion W.R. (1963), *Éléments de psychanalyse*, Paris Puf, « Bibliothèque de psychanalyse », 1979

Bleger J. (1976), Psychanalyse du cadre psychanalytique, *Crise, rupture et dépassement*, Paris, Dunod, 1967, pp. 255-285.

Bleger J. (1981), *Symbiose et Ambiguïté*, Paris, Puf, « Le fil rouge », 1967.

Bukerman O. (2016), Therapy Wars: the Revenge of Freud, *The Guardian*, 7 janvier 2016.

Ferenczi S. (1929), L'enfant mal accueilli et sa pulsion de mort, *Psychanalyse IV*, Paris, Payot, 1982.

Freud S. (1909), Analyse d'une phobie chez un garçon de 5 ans, *Cinq psychanalyses*, Paris, Puf, 1985, pp. 93-198.

Freud S. (1916), La question de l'analyse profane, *OCF-P*, vol. XVIII, Paris, Puf, 1994, p. 36.

Freud S., Ferenczi S. et Abraham K. (1918), *Sur les névroses de guerre*, trad. fr. O. Mannoni, I. Barande, J. Dupont et M. Viliker, Paris, Payot, « Petite bibliothèque », 2010.

Freud S. (1926), La question de l'analyse profane, *OCF-P*, vol. XVIII, Puf, 1994.

Grunberger B. (1957), Essai sur la situation analytique et le processus de guérison, *Revue française de psychanalyse*, n° 3.

Houzel D. (2014), L'histoire d'une phobie : L'enfant dans la psychanalyse, *Journal de la psychanalyse de l'enfant*, vol. IV, n° 2, pp. 163-184.

Kaës R. (2009), *Les Alliances inconscientes*, Paris, Dunod.

Klein M. (1946), Notes sur quelques mécanismes schizoïdes, *in* Klein M. *et al.*, *Développements de le psychanalyse*, Paris, Puf, 1966, pp. 274-300.

Macalpine I. (1950). The Development of Transference, *Psychoanalytic Quaterly*, vol. XIX, n° 4, pp. 501-539.

Mannoni M. (1979), *La Théorie comme fiction*, Paris, Seuil.

Nacht S. (1963), Le transfert, *Guérir avec Freud*, Paris, Payot, « Petite bibliothèque », 1971.

Nakov A. (2011), L'histoire malheureuse de l'enfant dans la psychanalyse, *Journal de la psychanalyse de l'enfant*, vol. I, n° 1, pp. 5-24.

Ogden T.-H. (2012), *Cet art qu'est la psychanalyse. Rêver des rêves inrêvés et des cris interrompus*, Paris, Les Éditions d'Ithaque, « Psychanalyse ».

Queneau R. (1969), *Chêne et chien,* Paris, Gallimard, « NRF ».

Racker H. (1957), The Meanings and Uses of Countertransference, *The Psychoanalytic Quarterly*, n° 26, pp. 303-357.

Rosenfeld H.A. (1976), *États psychotiques : essais psychanalytiques*, Paris, Puf.

L'INTUITION DU PSYCHANALYSTE DANS L'ANALYSE D'ENFANT ET D'ADOLESCENT

Carla Marisa Cruz

INTRODUCTION

Hanna Segal, dans un entretien avec Jean-Miguel Quinodoz, dit :

> Bien, vous amenez un concept psychanalytique important qui est l'intuition. Parce que des gens médiocres qui connaissent leur théorie par cœur ou qui installent un cadre parfait n'ont pas nécessairement d'intuition psychanalytique. S'ils savent quelque chose, ils l'appliquent. Mais si vous êtes confrontés à trois manières différentes de regarder le matériel au cours d'une séance, vous n'avez pas le temps de réfléchir et de choisir quelle interprétation vous allez donner : c'est ça l'intuition psychanalytique. Cela dépend de la personne. J'ai eu un supervisé qui avait beaucoup investi sa supervision et tout le reste, mais il était totalement dénué d'intuition. Je pense que l'intuition psychanalytique est un peu semblable à ce que j'ai décrit sur le contre-transfert : être dans un état mental dans lequel les pensées qui viennent à votre esprit sont les pensées qu'il convient de transmettre (2008, p. 119).

Les résultats thérapeutiques seront d'autant plus riches et stables que nous aurons plongé profondément dans notre inconscient. Hanna Segal déclare dans cet entretien qu'il faut faire une analyse, ajoutant : « Nous sommes alors à l'aise avec notre inconscient et naturellement, plus vous avez d'expérience, plus vous faites confiance à votre intuition ! » (Quinodoz, 2008, p. 119).

Hanna Segal définit l'intuition comme un concept psychanalytique important. Selon cette perspective nous allons procéder à une révision de la littérature de façon à essayer de comprendre pourquoi ce concept est si peu

Journal de la psychanalyse de l'enfant, vol. 7, n° 1, 2017, p. 63-82

mentionné dans la théorie psychanalytique et pourrait-on dire n'est même pas considéré comme un concept psychanalytique.

On constate qu'il est surtout approfondi par les philosophes, parmi lesquels Descartes (1628), Kant (1781), Fichte (1800), Schopenhauer (1819), Nietzsche (1872), Bergson (1903). En 1904, Freud se préoccupait surtout de développer la psychanalyse comme une méthode thérapeutique, c'est alors que surgit la définition de la psychanalyse comme une méthode qui consiste à amener au conscient du patient des éléments psychiques refoulés.

Le terme intuition est rarement mentionné dans l'œuvre de Freud, on le trouve dans « Au-delà du principe du plaisir » :

> Dans ces deux derniers cas, nous n'avons fait que donner une traduction théorique de l'observation, traduction qui pouvait bien être entachée d'erreurs, lesquelles, dans une certaine mesure, ne dépassent pas celle qui s'observe dans la moyenne des cas. [...] Dans les travaux de ce genre je ne me fie pas beaucoup à ce qu'on appelle l'intuition ; pour autant que je puisse juger, l'intuition m'apparaît plutôt comme l'effet d'une certaine impartialité de l'intellect. Malheureusement, on n'est pas souvent impartial, lorsqu'on se trouve en présence des choses dernières, des grands problèmes de la science et de la vie (1965, p. 75).

Plus tard, en 1927 dans « L'avenir d'une illusion », Freud ajoute :

> Les énigmes du monde ne se dévoilent que lentement à notre recherche ; la science, aujourd'hui encore, ne peut pas apporter de réponse à nombre de questions. Mais le travail scientifique est pour nous la seule voie qui puisse mener à la connaissance de la réalité extérieure à nous. Une fois encore, c'est pure illusion que d'attendre quoi que ce soit de l'intuition et de la plongée en soi-même ; elles ne peuvent rien nous apporter, sinon des révélations – difficilement interprétables – sur notre propre vie d'âme, jamais d'information sur les questions auxquelles la doctrine religieuse donne si facilement réponse (1994, p. 172).

En 1933, Freud mentionne encore l'intuition dans « XXXVe Leçon : d'une vision du monde » :

> La psychanalyse a un droit particulier à être ici le porte-parole de la vision du monde scientifique, parce qu'on ne peut pas lui faire reproche d'avoir négligé l'animique dans l'image du monde. Sa contribution à la science consiste justement dans l'extension de la recherche au domaine animique. Sans une telle psychologie, la science serait, il est vrai, très incomplète. Mais si l'on inclut dans la science l'exploration des fonctions intellectuelles et émotionnelles de l'homme (et des animaux), il appert que rien n'est modifié dans la position d'ensemble de la science, il ne se dégage aucune nouvelle source de savoir aucune nouvelle méthode de recherche. C'est précisément ce que seraient l'intuition et la divination, si elles existaient, mais on peut en toute tranquillité les mettre au compte des illusions, des accomplissements de motions de souhait. [...] La philosophie n'est pas l'opposé de la science, elle se comporte elle-même comme une science. [...] Méthodologiquement, elle s'égare en surestimant la valeur de connaissance de nos opérations logiques et en reconnaissant, par exemple, encore d'autres sources de savoir, telles que l'intuition. Et bien souvent, on estime que la raillerie du poète [H. Heine] n'est pas sans fondement, quand il dit du philosophe : « Avec ses bonnets de nuit et sa robe de chambre en guenilles, Il bouche les trous de l'édifice du monde » (1995, p. 243).

Nous pouvons affirmer que Freud prétend différencier la psychanalyse de la philosophie et renvoie le concept d'intuition aux philosophes.

Plus tard cependant, Bion (1962) reprend l'idée de l'esprit pur décrit par les philosophes, et déclare : « Supposons que le psychanalyste ait été capable de parvenir à un état dans lequel il est ce type de "personne" capable d'intuition (psychanalytique) » (Bion, 2005, p. 291).

Pour Bion, « la seule chose qui compte dans une séance, c'est l'inconnu et rien ne doit distraire le psychanalyste de cette intuition » (1989, p. 1450).

> Nous pouvons ainsi dire du psychanalyste :
> Avec ses bonnets de nuit et sa robe de chambre en guenilles,
> Il bouche les trous, l'inconnu et l'inconscient du patient.

Distinction entre empathie et intuition

Dans la littérature les concepts d'intuition et d'empathie semblent interchangeables. Par exemple, le dictionnaire Larousse définit l'empathie comme une faculté intuitive de se mettre à la place d'autrui, de percevoir ce qu'il ressent.

L'intuition, elle, est définie comme la connaissance immédiate de la vérité sans l'aide du raisonnement. Elle se trouve liée à la capacité de prévoir, de deviner, d'avoir un pressentiment.

T. Ogden (1992) précise que la grande différence tient dans le fait que l'empathie ne peut exister si l'enfant n'a pas connu un milieu affectif où le partage émotionnel était présent. Cependant, certains bébés développent une intuition des états émotionnels de leur mère quand celle-ci présente des fluctuations de l'humeur importantes et imprévisibles. Le bébé est attentif à l'humeur maternelle pour adapter son comportement.

Dans ce qui suit, je me propose d'illustrer à travers un cas clinique ce à quoi je viens de faire référence : si l'enfant n'a pas connu un milieu affectif de partage, ses capacités empathiques ne peuvent exister, en contrepartie ses capacités intuitives se trouvent potentialisées et développées.

Cas clinique

Tiago est un enfant abandonné et il a vécu dans une institution jusqu'à l'âge de 2 ans avant d'être adopté.

Je l'ai vu pour la première fois quand il avait 6 ans, Tiago se trouvait alors dans un état déficitaire, avec une organisation défensive psychotique où l'angoisse subjacente ne pouvait même pas être pensée.

Les séances ont été le théâtre de grandes agitations psychomotrices, comme si les mots prononcés avaient une fonction de décharge de la tension musculaire. Du point de vue du contre-transfert ces années ont été difficiles parce qu'il était extrêmement compliqué de contenir des angoisses si primitives et si destructives.

À ce propos Bion affirme :

> Quand les patients souffrent d'une fonction alpha déficiente, ils peuvent avoir une représentation d'eux-mêmes mais ils ne peuvent avoir conscience de certaines expériences émotionnelles parce qu'ils n'arrivent pas à les digérer. Ces expériences persistent sous la forme de faits qui ne peuvent être digérés mais seulement évacués (2013, p. 26).

Cette difficulté à connecter et digérer ses expériences émotionnelles compromet les capacités empathiques. Tiago se montrait incapable de se mettre à la place de l'autre, ce qui peut être illustré par les extraits de deux séances.

Au cours d'une séance Tiago retire des animaux d'une boîte, il les place ensuite les uns derrière les autres et frappe le premier animal, un éléphant. Il raye une feuille de papier, déclare que c'est une nourriture pour l'éléphant et recommence à le frapper. Ensuite il frappe les autres animaux.

L'analyste : « Pourquoi ces animaux doivent-ils être frappés ? »

Tiago : « Parce que la nourriture est seulement pour moi. »

Au-delà de manifester son omnipotence en frappant l'éléphant, Tiago veut toute l'alimentation pour lui, ce qui nous induit à penser à la forte carence affective de cet enfant.

Quelques jours plus tard, au cours d'une autre séance les animaux sont de nouveau impliqués dans une lutte mais cette fois-ci sur la table, et il les fait tomber les uns à la suite des autres.

L'analyste accompagne la chute des animaux avec des gémissements de souffrance et des petits commentaires : « la brebis s'est cassé la patte », « la poule s'est fait mal au bec », « aïe... aïe... quelle douleur ! ».

Quand tous les animaux sont tombés Tiago s'exclame : « Je suis bien content d'être seul ! »

Ces deux extraits de séances illustrent comment, à la place de l'empathie, Tiago éprouvait un plaisir sadique envers les animaux. L'omnipotence et le sadisme apparaissent à la place de l'empathie pour la souffrance de l'autre.

Au lieu de développer des capacités de partage émotionnel, Tiago a développé des capacités de perspicacité et d'attention. Par exemple, c'est toujours Tiago qui annonce la fin de la séance, comme s'il était extrêmement attentif aux mouvements subliminaires non-verbaux et au climat de la séance. En effet, si Tiago n'est pas capable d'empathie, il est en revanche capable de capter les changements qui se produisent dans son environnement, par exemple la lumière, les gestes, le ton de la voix, le temps qui passe, ce qui lui permet de percevoir (*intuit*) la fin de la séance.

Au cours d'une séance ultérieure, les animaux sont de nouveau impliqués dans une bataille. Au bout de quarante minutes il déclare : « C'est fini ! Nous allons ranger tous les jouets et nous allons finir. »

L'analyste : « Nous allons les laisser dormir et ainsi nous pourrons dessiner la fin de la séance. »

Tiago : « Ça c'est toi, ça c'est moi, nous nous tenons par la main. Tu sais lire ça ? » (Il me tend le dessin.)

Dessin n°1

L'analyste : « C'est l'heure de se quitter. Tu rentres chez toi, nous nous séparons mais nous restons main dans la main parce que quand tu penses à moi tu restes près de moi, et chaque fois que je pense à toi je reste près de toi. »

Il retourne la feuille et me demande : « Tu sais dessiner un poste de télévision ? » (Il commence tout de suite à dessiner le poste.)

L'analyste : « Qu'est-ce qu'on passe à la télé ? »

Tiago : « Rien ! Elle est débranchée. »

L'analyste : « Mais ici, nous sommes branchés pour aider Tiago à grandir, à penser et à rêver. »

Ensuite, Tiago et l'analyste dessinent ensemble le chemin vers la maison : Tiago a indiqué une série de points que l'analyste relie.

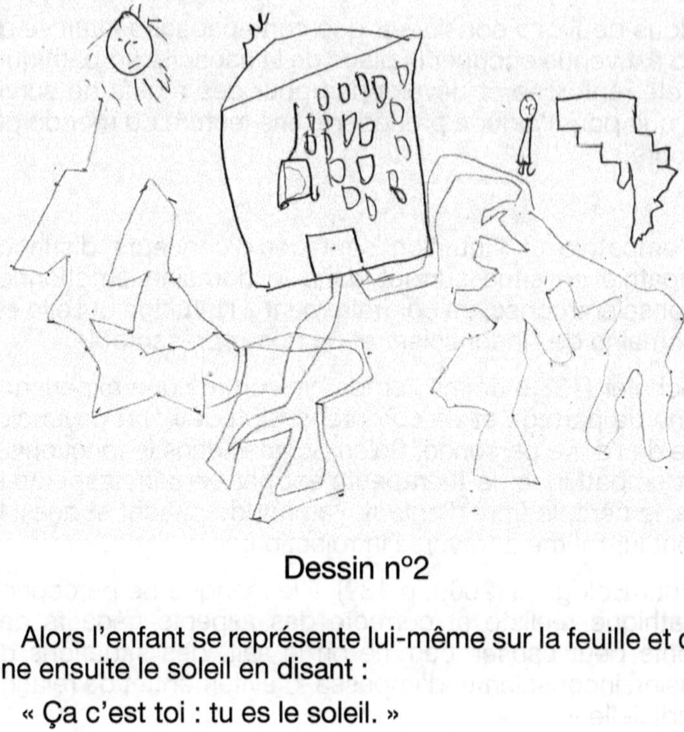

Dessin n°2

Alors l'enfant se représente lui-même sur la feuille et dessine ensuite le soleil en disant :

« Ça c'est toi : tu es le soleil. »

Les parents adoptifs ont toujours été très soucieux des résultats scolaires, en effet Tiago présente un retard cognitif qui se reflète dans l'apprentissage scolaire. Dans ce contexte, les séances d'analyse et l'analyste elle-même ont surgi comme un rayon de soleil qui illuminait et réchauffait les affects.

Deux ans plus tard, Tiago commence une séance en disant : « Où est ta voiture ? »

L'analyste a été surprise car ce jour-là elle avait eu un accident de la circulation et la voiture était inutilisable.

Tiago connaissait la voiture, habituellement garée en face du cabinet. Nous pouvons poser comme hypothèse que ce jour-là il avait remarqué son absence, ce qui cependant n'avait rien d'exceptionnel. Mais, étrangement, ce jour-là seulement il a posé la question !

Nous pouvons considérer que cette capacité intuitive de Tiago est venue occuper la place de la capacité empathique, et a été renforcée et développée pour des motifs de survie ainsi que pour l'aider à procéder à une lecture du monde qui l'entoure.

***

L'empathie et l'intuition sont deux concepts distincts. L'empathie se situe surtout dans le domaine émotionnel, préconscient/conscient contrairement à l'intuition qui elle est du domaine de l'inconscient et du non-représentable.

Schafer (1983) définit l'empathie comme une expérience interne de partage et de compréhension de l'état psychologique de l'autre personne. Selon Schafer, dans le fonctionnement empathique, le thérapeute est par certains aspects la mère, le père, le frère, l'enfant, l'amant du patient et aussi le patient lui-même à travers l'introjection.

Pour Bolognini (2006, p 139), « le manque de perception empathique réaliste et correcte des aspects négatifs des patients peut causer, comme on le sait, des situations de collusion inconsciente, d'impasse, d'évitement et de relation superficielle ».

Si l'analyste est dépourvu d'empathie, il ne peut ni recevoir ni accueillir les éléments dont il a besoin, mais, si l'analyste ne va pas au-delà de l'empathie, il ne peut trouver d'explication à certains éléments observés. La capacité intuitive de l'analyste captera certains phénomènes du patient qui vont au-delà de l'empathie.

Si pour Bolognini (2006, p. 39) l'empathie devient une condition *sine qua non* de l'analyse, nécessaire à l'instauration du transfert positif et à l'accès à l'interprétation, pour Bion (1965) une intuition analytique enrichit la signification pour compléter notre compréhension de ce qui se passe.

Selon Grotstein (2007, p. 211), pour Bion, le langage intuitif est une émergence spontanée de l'inconscient.

Comme ajoute Bion :

> À chaque séance, le psychanalyste devrait tenter de se mettre dans l'état d'esprit qui serait le sien s'il n'avait jamais vu son patient auparavant. S'il en est autrement, il est en train de se tromper de patient.
> Cette façon de procéder est extrêmement efficace ; le psychanalyste doit donc s'efforcer d'exclure constamment mémoire et désir et ne pas trop s'inquiéter si les premiers résultats semblent alarmants. Il s'y habituera ; sa consolation sera de construire sa technique psychanalytique sur le solide fondement de la compréhension intuitive d'une évolution et non sur les sables mouvants d'une expérience incomplète et mal assimilée qui cède vite la place à l'expérience mais entraîne sur le plan neurologique un certain délabrement des capacités mentales. On ne peut se tromper sur la qualité d'une séance évolutive et l'intuition qu'on en a ne se détériore pas. Pourvu qu'on lui fasse confiance, l'intuition commence tôt et se dégrade lentement (Bion, 1989, p. 1450).

Bion explique que quand l'analysant parle :

> L'intensité exprimée est proportionnelle à la violence du mouvement musculaire. L'expression verbale est accessoire pour le trait central, qui est le changement de musculature dont témoignent la langue et les cordes vocales en mouvement ; pour cette raison on ne peut pas interpréter un bégaiement sans une référence aux mouvements musculaires qui produisent les sons. Les sons, pour importants qu'ils soient,

> sont secondaires aux mouvements de la langue, des lèvres et des cordes vocales.
> Pour cette raison, l'analyste est bien inspiré lorsqu'il essaye de faire une interprétation à celui qui bégaye, d'intuiter[1] (*to intuit*) le mouvement musculaire impliqué et de se demander ce qu'il prépare : il ne devrait pas se laisser égarer par les sons faits pour polariser son attention exclusive sur eux (2005, p. 152).

Bion explique que tout comme le physicien utilise la vue, le toucher, l'odorat et l'ouïe, le psychanalyste utilise son intuition pour reconnaître l'anxiété qui n'a ni goût ni odeur mais qui doit être observée. Aussi, l'empathie est-elle une condition *sine qua non* pour que s'instaure un transfert positif et qu'une interprétation soit possible, mais par son intuition l'analyste enrichit sa compréhension de la situation.

Dans ce travail nous considérons la capacité du psychanalyste d'« intuiter » (*to intuit*) comme le résultat de l'intersubjectivité du couple, l'intuition est une façon spécifique d'identification projective qui donne à l'analyste la possibilité de capter l'expérience émotionnelle du patient. Des moments intuitifs semblables se retrouvent dans la relation maternelle, ce sont les moments où la mère est capable de désintoxiquer les anxiétés préverbales de son bébé.

Ainsi, l'intuition du psychanalyste se situe au niveau du contre-transfert et de l'identification projective résultant de la dialectique du couple analyste/analysant. Lorsque le contre-transfert fonctionne de façon adéquate, l'intuition du psychanalyste permet de capter l'expérience inconsciente du patient, contribuant à la création d'une expérience potentiellement nouvelle.

Dans le processus psychanalytique, Grotstein (2007) mentionne Bion quand il recommande à l'analyste l'usage de deux formes d'observation : émotionnelle et objective, c'est-à-dire l'intuition et l'attention.

1. « Je préfère ce terme à ceux de "vu", "a entendu" ou "observé" parce qu'il n'est porteur d'aucune pénombre d'associations sensorielles » (*Réflexion faite*, Paris, Puf, 1983, p. 152).

Ogden (2012, p. 187) ajoute : « Au cours de la première séance la pratique analytique se déroule entre le prédit et le non-prédit, la discipline et le spontané, le méthodologique et l'intuitif. »

Je me souviens d'une première séance : quand Miguel, âgé de 10 ans, est entré dans mon cabinet, au premier regard j'ai soudain pensé à un singe.

Il vient en consultation parce qu'il n'a pas d'amis, qu'il a beaucoup de difficultés relationnelles, et qu'il aime surtout être à son ordinateur.

Durant la séance il me confie qu'on se moque de lui à l'école : on le traite de « singe ».

L'analyste a capté le signifiant « singe » bien avant que le mot ne soit verbalisé par Miguel, comme si l'analyste avait « *intuit* » la problématique du patient, ce qui a probablement fasciné et enthousiasmé Miguel, et l'a encouragé à revenir et à commencer une analyse.

L'intuition psychanalytique est une activité mentale inconsciente qui, à son tour, capte le non-représentable du patient afin qu'il puisse être pensé.

Curieusement ce visage de « singe » a disparu au bout de quelques séances, ce qui m'a fait penser à une tension musculaire qui rigidifiait les traits.

Selon S. Resnik :

> La réalité psychique de chaque patient, pendant le rêve, le délire ou le discours quotidien, utilise des instruments symboliques. La recherche exploratoire et thérapeutique du psychanalyste consiste en un exercice herméneutique certainement non rationnel mais affectivement lié à l'intuition sensorielle et perceptive (2006, p. 30).

Identification projective et intuition psychanalytique

Quand Melanie Klein (1946) décrit pour la première fois l'identification projective, elle explique qu'il s'agit d'un fantasme d'intrusion tout-puissant dans le corps et dans le psychisme de l'objet externe, ayant pour conséquence une altération délirante du sentiment de l'identité.

Ce n'est que plus tard que Bion décrira l'utilisation non pathologique de l'identification projective comme une forme primitive de communication intersubjective.

Bion (1962) a suggéré que le patient, comme le bébé, externalise par l'identification projective une situation interne d'une partie du soi en détresse.

Meltzer ajoute :

> Cette partie est ensuite ressentie comme renvoyée au sujet, dépouillée de la souffrance qui lui était attachée grâce au processus de compréhension. Pour assumer cette fonction, l'analyste doit, c'est évident, recevoir vraiment cette identification projective avec sa souffrance sans être dominé ni poussé à l'acte par elle. L'attitude de l'analyste, fait de réceptivité, d'introjection, de contrôle de soi et, par-dessus tout, du désir de comprendre, ne peut être contrefaite. Je ne mettrai pas ici l'accent sur l'exactitude de l'interprétation, car on peut recevoir les projections et être capable de les comprendre, longtemps avant d'être en mesure de les verbaliser correctement. Mais il ne fait pas de doute pour moi que le caractère exploratoire du processus interprétatif soit essentiel pour permettre à l'analyste de donner forme à cette compréhension intuitive de la dynamique (transférentielle) (1971, p. 58).

Houzel, dans son travail sur le concept d'enveloppe psychique, mentionne :

> Bion fait l'hypothèse que la mère, objet contenant par excellence, transforme les projections de son enfant grâce à un mode de pensée intuitive qu'il a baptisé *capacité de rêverie*. On a parfois fait un contresens sur cette expression. Bion ne veut pas désigner par là une attention relâchée, ni une anticipation maternelle qui viendrait, grâce à l'imagination de la mère, mettre du sens sur des expressions du bébé, qui en seraient à l'origine dépourvues. Il suppose qu'un germe de sens est déjà présent dans les expressions d'enfant, correspondant à ce qu'il appelle des préconceptions, mais que ce germe de sens, pour pouvoir se déployer et se stabiliser, a besoin d'être reçu par la mère et transformé par une activité de pensée fondée sur l'intuition, plongeant ses racines dans le préconscient, voire

dans l'inconscient. C'est bien une attention soutenue que le bébé réclame, mais une attention non sélective, qui laisse place à l'inattendu. Il faut que la mère mette à son service une intense activité de pensée, d'une pensée qui ne soit pas rationnelle, secondarisée, consciente, mais aussi intuitive, en processus primaires, préconsciente. Il utilisera fréquemment ce modèle pour décrire la relation entre l'analysant et l'analyste dans la séance (2005, p. 70).

Lorsque l'analyste est véritablement influencé par les identifications projectives du patient, cette influence recouvre une évocation de l'intrapsychique de l'analyste ; celui-ci grâce à son intuition, sa rêverie, son empathie et son bon sens renvoie au patient la projection digérée.

L'identification projective de l'analyste fonctionne comme un instrument analytique intuitif. De cette façon l'intuition surgit de l'intersubjectivité du couple. Comme ajoute O. Fialho (2004, conférence non publiée) :

> Nous pourrions dire que l'intra-subjectif est et n'est pas, dans la mesure où il existe, de façon permanente, une dialectique entre le monde chaotique intrapsychique et le monde interne organisé. De la même façon qu'il existe aussi une dialectique permanente entre l'intra-subjectif et l'intersubjectif.
>
> C'est ce que nous montre Thomas Ogden quand il nous dit que la relation d'objet interne peut, plus tard, être extériorisée de nouveau face à la projection – identification projective – sur une borne interpersonnelle, créant ainsi les phénomènes de transfert et de contre-transfert dans l'analyse, et toutes les autres interactions interpersonnelles.

Ainsi à propos des relations de l'objet interne, Ogden dit :

> La théorie des relations d'objet, considérée fréquemment de façon erronée comme une théorie exclusivement interpersonnelle qui écarte l'attention de l'inconscient, est en réalité, fondamentalement, une théorie des relations inconscientes d'objet interne en interaction dynamique avec les expériences interpersonnelles concrètes (1989, p. 107).

Dans ce sens, l'intuition psychanalytique surgit de la projection de l'analysé vers l'analyste et engendre par identification projective de nouveaux éléments dans le psychisme de l'analyste : idées, sensations et interprétations.

Une intuition peut être définie comme une brèche qui s'ouvre soudain dans le conscient en direction de l'inconscient. Ainsi, l'intuition, tout comme la rêverie de l'analyste, constitue une voie indispensable pour la compréhension et l'interprétation du transfert et du contre-transfert.

À ce propos Grotstein dit :

> Le contre-transfert est la contrepartie obligatoire du transfert et comporte toute la gamme du répertoire complet des sentiments et des émotions de l'analyste dans la situation analytique. De son côté, la rêverie désigne strictement l'état psychique de l'analyste qui « abandonne la mémoire et le désir » afin d'être complètement intuitif et réceptif de son propre inconscient en relation à l'inconscient du patient.
>
> Quand l'analyste semble s'identifier à une image créée par le patient cette image est peut-être une tentative d'identification ou une identification partielle, fonctionnant comme un instrument analytique intuitif (2007, p. 187).

Pour l'auteur, l'identification totale correspond au contre-transfert, et l'identification partielle à la rêverie.

La fonction psychanalytique de la personnalité est une idée fondamentale de la pensée de Bion, et l'intuition est quelque chose qui fait partie de la fonction psycho-analytique de l'analyste. Comme l'affirme Ogden :

> En interprétant, l'analyste symbolise verbalement son intuition de ce qui est vrai au regard de l'expérience inconsciente du patient, et ce fait même modifie ce qui est vrai et contribue à la création d'une expérience potentiellement nouvelle, grâce à laquelle la paire analytique pourra s'engager dans le travail psychique (2012, p. 50).

Cas clinique

Rui a 14 ans quand il dit à ses parents qu'il a besoin d'aide, en effet il évite de sortir de la maison parce qu'il a peur d'être pris de panique.

Rui explique : « Cette année en novembre j'ai commencé à me sentir anxieux, j'ai la sensation d'être déprimé. J'ai recherché les symptômes sur Internet et plusieurs idées me sont venues à la fois, j'ai peur d'avoir tout ce que j'ai vu sur Internet. J'ai aussi changé de chemin pour aller à l'école, et je n'écoute plus la musique de peur que ça me perturbe.

Je suis allé chez le médecin, j'ai entendu le mot bipolaire, et j'ai eu peur d'être bipolaire. Je suis comme ça : si j'entends le mot dépression, je me sens déprimé, si j'entends le mot bipolaire, je me sens bipolaire.

Durant la consultation le médecin m'a demandé si j'avais déjà pensé au suicide et cette idée m'a poursuivi. C'est-à-dire que depuis ce moment je demande que l'on ferme les fenêtres. Voir une fenêtre ouverte, c'est pouvoir me jeter dans le vide (il habite au deuxième étage d'un l'immeuble très haut).

Je n'ai pas envie de me tuer, mais je crains de ne pas être capable de me contrôler. J'ai toujours les fenêtres fermées.

Au collège je me sens bien, par contre à la maison je manque d'espace, tout est plein mais moi je me sens vide ; je me sens mal comme si je ne pouvais pas fuir. »

L'analyste : « Ici nous allons avoir de l'espace pour pouvoir penser et donner un nom à ce vide. »

Contrairement au sentiment de vide éprouvé par le patient, l'analyste s'est senti plein d'angoisse, comme si par identification projective l'analyste avait « *intuit* » l'expérience émotionnelle du patient.

Rui verbalise ses difficultés pour trouver des sorties/ fuites à ce qu'il décrit comme de la claustrophobie. C'est cependant le symptôme qui l'a conduit à la cure analytique et à la conquête de son autonomie – les fenêtres du monde extérieur doivent être fermées mais Rui désire avec l'analyste ouvrir les fenêtres de son monde intérieur.

Nous avons commencé une analyse.

Rui décrit son sentiment d'être surprotégé : à 12 ans sa mère ne le laissait pas traverser la rue tout seul, elle avait peur qu'il se fasse renverser. Actuellement, malgré ses 14 ans, il dort encore dans la même chambre que sa sœur. Une fois par semaine il va dormir chez sa tante et partage alors le même lit qu'elle (sous prétexte d'un manque d'espace).

Rui n'a aucun espace pour grandir, il n'a d'autre solution que d'effacer toutes ses pensées, en restant dans le vide. Le symptôme « crise de panique » surgit comme la manifestation de l'intensité des émotions qui ne peuvent être pensées.

Rui : « Quand je suis à la maison j'ai toujours l'idée de me jeter par la fenêtre ! Ma mère et ma sœur veulent que j'entre dans une école technique professionnelle. Je ne réponds pas, cela ne vaut pas la peine de dire quoi que ce soit… »

L'analyste : « Il est très inquiétant de laisser les autres décider à notre place ! »

À ce moment-là j'ai pensé que quand il dit : « Je ne réponds pas, cela ne vaut pas la peine », c'est l'expression d'une colère profonde qui s'exprime par « se jeter par la fenêtre », la cible serait les parents et la sœur (l'analyste « *intuit* » la colère du patient).

Tout au long des séances, Rui transforme peu à peu ses angoisses non représentables, il ajoute qu'il ne dort plus dans le même lit que sa tante.

Il déclare que ses rêves lui paraissent plus vivants. Il raconte un rêve : « J'étais dans un restaurant avec ma sœur, elle s'est levée pour aller voir ma tante au premier étage et quand elle est revenue elle a dit : "La tante s'est jetée par la fenêtre." Je me sens déjà mieux, mais j'ai peur que les choses reviennent en arrière. Hier je suis resté dans la salle après le coucher de mes parents, et je me suis senti tellement bien. »

Pour Grotstein (2009, p. 4) : « La production d'un rêve est un événement unique et mystérieux. » En effet nous pouvons constater que durant le travail du rêve, Rui se libère des pensées et des émotions qui lui étaient intolérables – jeter sa tante par la fenêtre c'est prendre conscience de son désir de grandir, de se désinhiber et d'avoir ses propres opinions.

Rui : « Je suis plus sociable, il me semble que j'ai à nouveau l'envie de faire du sport entre autres choses, je suis différent. Mais aujourd'hui quand je venais à la séance je me sentais angoissé. »

L'analyste : « Pourquoi ? »

Rui : « Je ne sais pas, peut-être le changement… »

L'analyste : « Le changement, c'est-à-dire le fait de transformer ton manque d'assurance en confiance ! »

Rui : « Mon problème est la crainte, ma mère et ma sœur décident pour moi et je ne dis jamais rien. Mais cette fois-ci c'est moi qui vais décider, je vais entrer en terminale. »

J'ai pensé que cette angoisse décrite par Rui pouvait être associée au partage du rêve et de la colère contenue dans ce rêve : la tante se jette par la fenêtre et meurt. Dans son rêve Rui tue sa tante (sa survivance psychique était en cause), mais jusqu'à quel point imagine-t-il que je puisse le censurer ?

Cette colère n'a ni goût ni odeur (comme réfère Bion), elle ne peut être observée au cours de la séance, cependant elle a été « *intuit* » par l'analyste. Au cours des séances suivantes, Rui a commencé à exprimer sa rage contre ses parents.

Rui : « Des fois quand je rentre à la maison j'ai envie de me sentir bien et je n'entends parler que de maladies et de problèmes. C'est insupportable… encore aujourd'hui quand je suis arrivé ma mère était en train de parler de ses problèmes, déversant toutes ces saloperies sur moi, je me suis senti complètement recouvert de saloperies. Des fois je mets des écouteurs pour regarder la télé mais je ne supporte plus ma mère qui se plaint, mon père qui se plaint, ma sœur enfin… elle dit qu'elle a un bon emploi. »

Après cette séance l'analyste a dû annuler les deux séances suivantes pour une raison personnelle. Face à cette absence inattendue, Rui décrit des accès de colère : » J'ai été tellement énervé que j'ai pris un Valdispert pour ne rien sentir. Je fais souvent ça pour ne plus avoir d'émotions. »

L'analyste : « Est-ce parce que tu crains l'intensité de ta colère ? Contre qui est dirigée cette colère ? »

Rui : « Je ne sais pas, contre personne ! »

L'analyste : « J'ai dû annuler deux séances. Est-ce que tu imagines que je ne suis pas capable de supporter ta colère et que je vais aussi me fâcher contre toi parce que tu exprimes ce que tu sens en mon absence ? »

Rui éclate de rire et répond : « Je ne voudrais même pas sentir cette rage. »

Ensuite il me parle de son sentiment de rage chaque fois que quelqu'un trouve qu'il ressemble à son père, et chaque fois que sa mère veut le surprotéger.

La capacité de Rui à assumer sa révolte profonde envers ses parents (une mère surprotectrice et un père incapable de le protéger de cette mère) dissipe sa crainte de se jeter par la fenêtre. Cette rage au lieu de se retourner contre lui peut maintenant être verbalisée. Dans cette difficile conquête de son autonomie Rui commence à acquérir la capacité de trouver sa place d'une façon chaque fois plus saine.

À travers ce cas clinique nous prétendons illustrer comment les capacités de contention de l'analyste (intuition, rêverie, empathie et bon sens) rendent possible l'absorption des projections de l'analysant. Par identification projective l'analyste « *intuit* » la colère du patient, et, en la verbalisant, ouvre à celui-ci la possibilité d'exprimer cette colère et de la transformer à travers l'élaboration du rêve.

Résumé

La capacité de l'analyste pour accueillir le non-représentable du patient peut faire naître chez l'analyste des intuitions qui s'imposent sur la forme de constructions et de préfigurations interprétatives. Selon Bion (1963), « La seule chose qui compte dans une séance, c'est l'inconnu et rien ne doit distraire le psychanalyste de cette intuition ».

Au sein de l'intersubjectivité du couple analytique, l'intuition du psychanalyste permet d'avoir accès à certains aspects de la réalité psychique du patient favorisant son développement. Des moments intuitifs semblables se retrouvent dans la relation maternelle, ce sont les moments où la mère est capable de désintoxiquer les anxiétés préverbales de son bébé.

Dans ce travail nous considérons l'intuition psychanalytique comme le résultat de l'intersubjectivité du couple, « les éléments psychiques » surgissent alors dans le conscient de l'analyste, produit des projections du patient.

Ainsi, l'intuition du psychanalyste se situe au niveau du contre-transfert et de l'identification projective résultant de la dialectique du couple analyste/analysé. Lorsque le contre-transfert fonctionne de façon adéquate, l'intuition du psychanalyste permet de capter l'expérience inconsciente du patient contribuant à la création d'une expérience potentiellement nouvelle.

Mots-clés : contre-transfert, identification projective, intuition psychanalytique.

Summary

The analyst's capacity to understand what the patient is not saying can activate the intuitive process in the analyst. According to Bion (1963), "The only thing that accounts in the session is the unknown and nothing should distract the analyst from this intuition".

In the intersubjectivity between analyst and patient this intuitive process can permit the analyst to touch on certain aspects of the psychic reality of the patient, encouraging their development.

In the same way, in the maternal relationship the mother is capable of alleviating the anxieties the baby is unable to verbalize.

In this paper, we are going to consider the intuitive process of the analyst as resulting from the intersubjectivity between the analyst and patient, in which "psychic elements" come to the consciousness of the analyst as a result of the patient's projections.

In this way, psychoanalytical intuition is found at the level of countertransference and the projective identification which results from the analytic relationship. When counter-transference functions properly, intuition allows the psycho-analyst to capture the unconscious experience of the patient, facilitating the creation of a potential new experience.

Keywords: counter-transference, projective identification, psychoanalytic intuition.

BIBLIOGRAPHIE

Bion W.R. (1962), *Learning from Experience*, Londres, Karnac
Bion W.R. (1965), *Transformations*, Paris, Puf.
Bion W.R. (1963), *Éléments de la psychanalyse*, Paris, Puf, 1979.
Bion W.R. (1989), Notes sur la mémoire et le désir, in *Revue française de psychanalyse*, n° 5, pp. 1449-1451
Bion W.R. (2005), *Cogitations*, Paris, In Press
Bion W.R. (2013), Wilfred Bion : la psyché primordial et le travail du négative, *in* Green A. (dir.), *Penser la psychanalyse*, Paris, Ithaque.
Bolognini S. (2006), *L'Empathie psychanalytique*, Ramonville Sain-Agne, Érès
Freud S. (1965), *Essais de psychanalyse*, Paris, Payot.
Freud S. (1994), L'avenir d'une illusion, *OCF-P*, vol. XVIII (1926-1930), Paris, Puf.
Freud S. (1995), XXXe Leçon : D'une vision du monde, *OCF-P*, vol. XIX (1931-1936), Paris, Puf.
Fialho O. (2004), Intersubjectivité, Conférence donnée aux IVes Journées de psychanalyse de la Société portugaise de psychanalyse, Porto, Portugal (non encore publiée).
Grotstein J. (2007), *A Beam of Intense Darkness*, Londres, Karnac.
Grotstein J. (2009), *Who Is the Dreamer Who Dreams the Dream?*, New York, Routledge, 2000.
Houzel D. (2005), *Le Concept d'enveloppe psychique*, Paris, In press.
Klein M. (1980), Notes on some Schizoid Mechanisms, *in* Klein M., *The Writings of Melanie Klein*, vol. III : *Envy and Gratitude and Other Works : 1946-1963* (pp. 1-24), New York, The Hogarth Press.
Meltzer D. (1971), *Le Processus psychanalytique*, Paris, Payot.
Ogden T. (1989), *La matriz de la menté.* Madrid, España Tecnipublicaciones, S.A.
Ogden T. (1992), *The Primitive Edge of Experience*, USA, Aronson.
Ogden T. (2012), Comments on Transference and Countertransference in the Initial Analytic Meeting. Psychoanalitical, *in* Bernard R. *et al.* (dir.) *Initiating Psychoanalysis*, Londres, Routledge, pp. 171-189.
Ogden T. (2012), *Cet Art qu'est la psychanalyse*, Paris, Ithaque.
Quinodoz J.-M. (2008), *À l'écoute d'Hanna Segal*, Paris, Puf.
Resnik S. (2006), *Biographie de l'inconscient*, Paris, Dunod.
Schafer R. (1983), *The Analytic Attitude*, New York, basic books.

DÉTRUIRE OU EFFACER L'OBJET. LES MÉCANISMES AUTISTIQUES ET LEUR IMPACT TRANSFÉRENTIEL ET CONTRE-TRANSFÉRENTIEL[1]

Bernard Golse[2]

INTRODUCTION

Détruire ou effacer l'objet…

Cette invitation à intervenir dans le cadre des « Débats du samedi » me touche et m'honore infiniment, mais elle m'a aussi confronté à une indéniable difficulté.

En effet, j'ai choisi de parler des enjeux transférentiels et contre-transférentiels qui découlent du fonctionnement intime des mécanismes autistiques (dans le cadre des autismes structuraux ou dans d'autres situations psychopathologiques), et ceci, pour moi, ne peut se faire sans prendre en compte un certain nombre de données issues de champs scientifiques non psychanalytiques.

Pour faire comprendre mes hypothèses sur la question de l'effacement de l'objet, je me trouve ainsi conduit à poser une question épistémologique de fond : la psychanalyse peut-elle se laisser féconder utilement par des champs de connaissances qui lui sont extérieurs ?

1. Texte d'une communication donnée dans le cadre des « Débats du samedi » organisés par l'Association psychanalytique de France, fondation Dosne-Thiers, Paris, le 12 décembre 2015.

2. Pr Bernard Golse, Service de pédopsychiatrie, hôpital Necker-Enfants malades, 149 rue de Sèvres, 75015 Paris, bernard.golse@aphp.fr
Membre de l'Association psychanalytique de France, chef du Service de pédopsychiatrie de l'hôpital Necker-Enfants malades (Paris), professeur de psychiatrie de l'enfant et de l'adolescent à l'université René-Descartes (Paris-V) / Inserm, U669, Paris, France / université Paris-Sud et université Paris-Descartes, UMR-S0669, Paris, France / LPCP, EA 4056, université Paris-Descartes / CRPMS, EA 3522, université Paris-Diderot.

Journal de la psychanalyse de l'enfant, vol. 7, n° 1, 2017, p. 83-102

Par ailleurs, en ce qui concerne les enfants autistes, je pense souvent à cette phrase d'A. Breton (1937) dans *L'Amour fou* : « Je m'étais perdu à moi-même et tu es venue me donner de mes nouvelles. »

D'où une autre question difficile qui est celle de savoir si l'on peut donner de ses nouvelles à un enfant qui ne s'est pas encore trouvé, et donc de savoir si la psychanalyse a quelque chose à dire de ces temps originels, voire mythologiques, de ces temps en amont du sujet ?

En dépit de tout, il s'agit, au fond, de mieux comprendre le monde interne de l'enfant autiste, ce qui n'est pas chose aisée, mais ce qui est pourtant essentiel à notre désir de l'aider même si nous ne pouvons assumer l'illusoire objectif de le guérir.

DÉCOUPLAGE ENTRE NAISSANCE PHYSIQUE ET NAISSANCE PSYCHIQUE

« Quand je suis né, je n'étais pas là »

Qui peut, mieux que les enfants autistes eux-mêmes, nous apprendre ce qu'il en est véritablement du vécu autistique ?

De nombreux témoignages d'adultes anciens autistes existent, et l'on sait notamment la richesse de celui de Temple Grandin (1986), mais les témoignages d'enfants sont plus exceptionnels. Peut-on, d'ailleurs, véritablement guérir de l'autisme ?

La question est plus que délicate, car qu'entend-on vraiment sous le terme de « guérison » ? Quoi qu'il en soit, le devenir des enfants autistes – y compris en France ! – a beaucoup changé depuis quelques décennies, et certains enfants autistes, sans se normaliser peut-être totalement, accèdent cependant à la communication et au langage, à une scolarisation authentique, et à une relative autonomisation sociale et professionnelle, même s'ils gardent un certain nombre de « cicatrices » psychiques de cette période si douloureuse de leur histoire précoce.

Je voudrais relater ici le témoignage d'un enfant que j'ai connu personnellement et qui m'a beaucoup donné à penser.

J'ai connu Vincent quand il était âgé d'un peu plus de 2 ans, et il présentait un tableau d'autisme typique, véritablement gravissime.

Je n'ai jamais été son psychothérapeute, mais en tant que consultant de référence, j'ai eu la responsabilité de coordonner le dispositif de sa prise en charge multidimensionnelle qui s'est poursuivie pendant de nombreuses années, associant une scolarisation d'abord en maternelle avec AVS[3], puis en classe primaire adaptée en CLIS[4], une rééducation orthophonique, une psychothérapie individuelle et une guidance parentale fondée sur une très bonne alliance thérapeutique avec les parents.

Je passe ici, bien évidemment, sur le récit de son histoire spécifique, car, ce que je veux dire, c'est qu'au fil des années, j'ai vu Vincent émerger de sa bulle autistique, accéder peu à peu à la communication, à la symbolisation et au langage et devenir – grâce à son énergie propre et grâce aussi à tout le travail effectué par ses parents profondément éprouvés par cette épreuve existentielle – un petit garçon très vivant et très touchant dans son attention au monde qui l'entoure.

Je suis un petit peu perplexe quant au concept de résilience qui est, certes, porteur d'optimisme, mais qui nous pose cependant des questions théorico-cliniques difficiles (Cyrulnik, 2001).

En tout état de cause, quelques enfants comme Vincent me font penser que ce concept recouvre une certaine réalité dans la mesure où ces enfants, qui ont frôlé la mort psychique, ont non seulement survécu mentalement à cette catastrophe, mais semblent avoir acquis une richesse et une sensibilité particulières qu'ils n'auraient sans doute pas mises en place sans cette douloureuse traversée du désert,

3. Auxiliaire de vie scolaire.
4. Classe d'intégration scolaire.

et non plus sans le travail psychique que leurs parents ont dû effectuer pour tenter de les comprendre et pour les aider à arriver parmi nous, en quelque sorte.

Certains d'entre eux acquièrent ainsi un regard quasi-esthétique, artistique[5] et philosophique sur leur environnement, et ils nous impressionnent par le sentiment qu'ils nous donnent d'avoir été initiés à une sorte de mystère, initiation traumatique qu'ils auraient eu à assumer quant à la question des origines de leur vie psychique...

Bien entendu, il y a sans doute une part subjective en nous qui nous fait ressentir ceci, mais quoi qu'il en soit l'épisode que je veux relater est assez illustratif.

Au moment dont je parle, Vincent a donc un petit peu plus de 11 ans, et il est en CM1.

De tout ce cheminement, il garde seulement une voix haut placée, avec un rythme un petit peu lent et monotone, mais il est extrêmement attachant et subtil.

Un jour donc, lors d'une consultation trimestrielle de surveillance de l'évolution des choses, je le reçois d'abord seul sans ses parents.

C'est un samedi matin, et la consultation du service est particulièrement calme, ce qui n'est sans doute pas sans importance.

Soudain, au bout de quelques minutes de conversation, je l'entends me dire, à ma grande surprise : *« Tu te rappelles, quand j'étais petit, j'ai eu des difficultés. »*

Cet accès à une certaine narrativité rétrospective m'émeut infiniment, et n'étant pas son thérapeute mais seulement son consultant, je décide alors de lui faire part de mes sentiments positifs à son égard.

5. Entre « autiste » et « artiste », il n'y a qu'une seule lettre de différence, mais F. Tustin insistait souvent sur l'intensité du travail nécessaire pour passer de l'un à l'autre...

Je lui réponds donc la chose suivante : « Bien entendu, je m'en souviens, et je pense même que c'est aussi à cause de ces difficultés que tu es devenu le petit garçon merveilleux que tu es aujourd'hui. »

Ceci semble le toucher, et je le vois s'absorber dans un mouvement réflexif très intense.

Je décide alors de poursuivre : « Mais avec tes mots d'aujourd'hui, comment pourrais-tu essayer de me parler de tes difficultés d'autrefois ? »

S'ensuit un long silence pendant lequel, je sens Vincent comme rentrer en lui-même et aller chercher une réponse tout au fond de lui, puis, après un temps d'attente assez longue et dense, il me dit cette chose tout à fait extraordinaire : « *Quand je suis né, je n'étais pas là.* »

Que penser de ceci ?

Bien entendu, l'accès au langage remanie en profondeur les souvenirs précoces, et loin de moi l'idée de penser que cette phrase vaut comme le récit direct de son expérience.

Mais ne peut-on penser, en revanche, que cette possibilité de mise en mots de son vécu initial, des années après l'enfermement autistique, est cependant l'un des éléments qui ont permis sa « guérison » et qui en témoignent dans le même temps ?

En tout état de cause, comment mieux dire la différence qui existe entre la naissance physique et la naissance psychique ?

« *Quand je suis né, je n'étais pas là.* » La plupart des enfants naissent à la fois physiquement et psychiquement, tandis que les enfants autistes vivent peut-être un découplage terriblement angoissant de ces deux niveaux de naissance.

Je dois beaucoup à Vincent dans ma prise en compte de ce possible découplage.

Du fait de la néoténie humaine qui fonde la « situation anthropologique fondamentale » chère à J. Laplanche (2002), on sait que si l'on ne s'occupe pas d'un nouveau-né, il meurt physiquement, mais si l'on ne s'occupe pas d'un enfant autiste, il ne naît pas psychiquement.

ACCÉDER À L'INTERSUBJECTIVITÉ OU VIVRE L'OBJET EN EXTÉRIORITÉ

Quelques rappels sont ici nécessaires.

Le concept d'intersubjectivité

Le terme d'intersubjectivité renvoie au processus de différenciation extra-psychique qui permet à chaque individu de se vivre comme séparé de l'autre, tandis que la subjectivation permet à l'enfant de se vivre comme une personne à part entière (capable de parler d'elle à la première personne), et de penser l'autre comme un individu capable de se vivre lui-même comme un sujet distinct, soit comme un « objet-autre-sujet » pour reprendre ici les termes de R. Roussillon dans notre ouvrage commun sur *La Naissance de l'objet* (Golse et Roussillon, 2010).

L'intersubjectivité se joue dans le champ de la réalité externe et du registre interpersonnel, tandis que la subjectivation se joue dans le champ de la réalité interne et du registre intrapsychique.

En tout état de cause, qu'on envisage l'accès à l'intersubjectivité comme un processus graduel et relativement lent à partir d'un état d'indifférenciation primitive (dans l'optique des modélisations psychanalytiques habituelles), qu'on le considère comme le fruit d'une intersubjectivité primaire quasiment donnée d'emblée (dans la perspective des théories actuelles de la psychologie du développement soutenues par D.N. Stern, 1989 ou par C. Trevarthen et coll., 2003), ou qu'on l'appréhende enfin comme le résultat d'un mouvement dialectique à visée stabilisatrice fondé sur un travail d'oscillation entre des noyaux d'intersubjectivité primaire et des moments d'indifférenciation, le processus de subjectivation qui en découle nous offre désormais un champ de travail extrêmement fécond à l'interface de la psychanalyse et des neurosciences.

Ceci étant, on peut toutefois se demander s'il n'y a pas toujours une certaine violence *a minima* qui s'attache au processus de subjectivation, même quand cette dynamique se joue de manière heureuse, ce que des auteurs comme J.-B. Pontalis (1986) et J. Kristeva (1987) ont bien montré à propos de la genèse du langage, l'un en référence à la séparation et l'autre au « deuil » de l'objet primaire, ce que N. Abraham et M. Torok (1972, 1978) ont également pointé en parlant du « passage de la bouche vide de sein à la bouche pleine de mots », ce que J.-M. Quinodoz (1991) souligne aussi quand il différencie les « angoisses de différenciation » des angoisses de séparation proprement dites, et ce que G. Haag (1992) nous invite enfin, elle aussi, à considérer quand elle évoque le phénomène de « démutisation par vocalisation exclusive » de certains autistes qui cherchent, de manière assez pathétique, à entrer dans un langage qui ne soit pas synonyme d'arrachement intersubjectif.

La notion d'écart intersubjectif

Dans le cadre du double mouvement de différenciation inter- et intrasubjective qui permet la croissance et la maturation psychiques de l'enfant ainsi que son accès progressif à l'intersubjectivité, il importe alors de bien distinguer la mise en place des enveloppes (qui se joue en atmosphère monadique), des liens primitifs (qui se jouent en atmosphère binaire) et enfin des relations proprement dites (qui se jouent en atmosphère ternaire ou triangulée).

En tout état de cause, c'est l'instauration d'un écart intersubjectif qui conférera peu à peu à l'enfant le sentiment d'être un individu à part entière, non inclus dans l'autre, non fusionné à lui, préalable évidemment indispensable à la possibilité de penser à l'autre et de pouvoir s'adresser à lui, mais prérequis qui fait, on le sait, si gravement défaut aux enfants autistes ou symbiotiques.

L'établissement des liens préverbaux

En même temps que se creuse l'écart intersubjectif, l'enfant et les adultes qui en prennent soin se doivent, absolument, de tisser des liens préverbaux qui permettent à l'enfant de rester en lien avec l'objet (ou les objets) dont il se différencie.

Certains enfants autistes échouent à creuser l'écart intersubjectif et, pour eux, l'objet demeure, en quelque sorte, une question sans objet (autisme typique), tandis que d'autres, ou les mêmes après un certain temps d'évolution, sont capables de prendre en compte cet écart intersubjectif, mais ne tissent aucun lien préverbal, ce qui les confine dans une grande solitude, de l'autre côté de la rive de l'écart intersubjectif, en quelque sorte.

Les premiers suscitent chez l'autre (parents, équipe ou thérapeute) un contre-transfert extrêmement douloureux fondé sur un sentiment de déni d'existence et sur un vécu d'évacuation à valeur de véritable affront narcissique (d'où l'hyperinvestissement par le thérapeute de l'apparition d'un regard, même extrêmement fugitif, mais qui signe, la sortie de ce stade anobjectal), tandis que les seconds suscitent un contre-transfert paradoxal dans la mesure où leur retrait a malgré tout valeur d'appel, un peu à la manière de ce que l'on peut observer chez les enfants gravement carencés ou dépressifs (ce sont ces enfants dont, dans les équipes, on dit parfois qu'ils sont « loin »).

La mise en jeu de ces liens préverbaux ne s'éteindra pas avec l'avènement du langage verbal qu'ils doubleront, telle une ombre portée, tout au long de la vie.

On sait bien en effet qu'on ne communique pas qu'avec des mots mais avec tout le corps, et dès lors, la communication préverbale n'est pas un précurseur, au sens linéaire du terme, de la communication verbale, mais bien plutôt une condition préalable de celle-ci, comme l'est aussi l'instauration de l'écart intersubjectif que j'évoque aujourd'hui.

Je fais alors à nouveau référence, ici, à J.-B. Pontalis (1986) qui, dans son livre intitulé *L'Amour des commencements* disait : « Si le langage nous touche à ce point-là toute la vie, c'est parce qu'il ne parle que de séparation, il est la séparation même », voulant dire que le langage a ceci de terrible et d'émouvant que même lorsque l'on dit « je t'aime », cela vaut toujours comme constat d'écart intersubjectif puisque la possibilité de parler est fondamentalement liée à l'instauration d'un écart intersubjectif et au deuil de l'objet primaire.

De ce point de vue qui n'a rien de paradoxal, le langage fonctionne donc comme un « objet de perspective » dans le registre interpersonnel vis-à-vis de l'écart intersubjectif, comme le fait l'objet de perspective décrit par G. Rosolato (1985), dans le registre intrapsychique, à propos de la castration féminine, avec une double fonction de marquage et de masquage.

LA SYNCHRONIE POLYSENSORIELLE ET L'EXTÉRIORITÉ DE L'OBJET

La question de la synchronie polysensorielle se trouve aujourd'hui au cœur de toutes les réflexions sur les interactions précoces (Ciccone et Mellier, 2007).

- Un certain nombre de travaux de type cognitif (Streri, 1991 et 2000) nous apprennent aujourd'hui que l'articulation des différents flux sensoriels issus de l'objet est nécessaire pour que le sujet puisse prendre conscience du fait que l'objet concerné lui est bien extérieur.

  Autrement dit, aucun objet ne peut, en effet, être ressenti comme extérieur à soi-même, tant qu'il n'est pas appréhendé simultanément par au moins deux modalités sensorielles à la fois, ce qui met nettement

l'accent sur l'importance de la comodalisation comme agent central de l'accès à l'intersubjectivité.
Il nous semble qu'à leur manière, les cognitivistes rejoignent, là, une position psychodynamique classique selon laquelle la découverte de l'objet est fondamentalement coextensive de la découverte du sujet, et réciproquement dit, même si les travaux cognitivistes font, en réalité, le plus souvent référence à une intersubjectivité primaire d'emblée efficiente chez le bébé.
En effet, repérer l'objet comme extérieur à soi-même suppose, dans le même mouvement, de reconnaître le soi comme l'agent des perceptions en jeu, et pas seulement comme l'agent des actions produites (ce que désigne le terme d'agentivité).

- Vivre l'objet comme extérieur à soi-même, soit le vivre en extériorité, suppose donc, bien évidemment, l'accès à l'intersubjectivité, et l'élaboration du deuil de l'objet primaire qui sous-tend le processus de différenciation extra-psychique.

D'un point de vue psychodynamique, cette possibilité de vivre l'objet en extériorité se trouve éclairée par les concepts de *mantèlement* et de *démantèlement*, notamment au moment de la tétée qui fonctionne selon D. Meltzer comme une situation « d'attraction consensuelle maximum » (Meltzer et coll., 1980), tandis que d'un point de vue cognitiviste, c'est le processus de *comodalisation* des flux sensoriels émanant de l'objet qui se trouve au premier plan des réflexions.

Il y a donc, là, à propos de l'articulation des flux sensoriels, une certaine convergence à signaler entre les deux approches, psychodynamique et cognitive.

Cette convergence entre les deux types d'approche, psychodynamique et cognitive, est suffisamment rare pour qu'on prenne la peine de la souligner, et de considérer qu'elle témoigne, probablement, du fait que ces concepts de mantèlement ou de comodalisation représentent deux approches complémentaires d'un seul et même phénomène développemental, appréhendable selon différents vertex.

Ceci étant, on peut faire l'hypothèse d'un équilibre nécessaire entre d'une part le couple dialectique mantèlement-démantèlement (mécanisme inter-sensoriel) et le phénomène de segmentation des sensations (mécanisme intra-sensoriel), étant entendu qu'il n'y a pas de perception possible sans une mise en rythme des différents flux sensoriels.

Ce travail de comodalisation perceptive ne peut se faire, en effet, que si les différents flux sensoriels s'avèrent mis en rythmes suffisamment compatibles, et si ce travail de comodalisation s'effectue, comme on le pense aujourd'hui, au niveau du sillon temporal supérieur, alors s'ouvre une piste de travail passionnante, dans la mesure où cette zone cérébrale se trouve également être la zone de la reconnaissance du visage de l'autre (et des émotions qui l'animent), de l'analyse des mouvements de l'autre et de la perception de la qualité humaine de la voix.

La voix de la mère, le visage de la mère, le *holding* de la mère apparaissent dès lors comme des facteurs fondamentaux de la facilitation, ou au contraire de l'entrave à la comodalité perceptive du bébé, et donc de son accès à l'intersubjectivité.

Ceci nous montre que les processus de subjectivation se jouent fondamentalement au niveau des interactions précoces, comme une coproduction de la mère et du bébé, coproduction qui doit tenir compte à la fois de l'équipement cérébral de l'enfant, de ses capacités sensorielles, et de la vie fantasmatique inconsciente de l'adulte qui rend performants, ou non, ces divers facilitateurs de la comodalité perceptive.

EFFACER L'OBJET POUR NE PAS RISQUER DE LE PERDRE À NOUVEAU

Angoisse de l'inconnu et « relation d'inconnu » (Rosolato, 1978)

« Un tiens vaut mieux que deux tu ne l'auras peut-être pas... »

Il y a là, on le sait, l'une des racines les plus importantes de notre masochisme foncier, puisque la peur anticipée de toute perte d'objet finit par justifier notre agrippement aux objets douloureux… mais connus !

Jean Giono (2004) disait ainsi que le scandale de la douleur physique, c'est que « même la douleur peut devenir familière ».

Pour autant, la solution masochiste n'est pas la seule possible

- Détruire l'objet que l'on craint de perdre vise ainsi à tenter de se maintenir dans une position active à l'image de ce personnage vieillissant de Molière, une femme dont les pouvoirs de séduction s'émoussant avec l'âge « renonce au monde qui la quitte ».
  Ne faisons-nous pas ainsi, parfois, avec le monde qui change et notre peur du monde qui vient ?
- Mais il existe encore une solution plus radicale, celle qui consiste à effacer, à détruire l'existence même de l'objet, soit son extériorité, par crainte de le perdre ou de le reperdre, car déconstruire l'objet dans la réalité externe, menace aussi son inscription dans la réalité interne.

- C'est ce que font, très fugitivement, les bébés sains à l'aube de leur vie et au titre de leur système pare-excitation.
- C'est ce que font les enfants autistes au sortir de la bulle autistique quand ils découvrent un monde environnant peuplé d'objets qui peuvent leur paraître inquiétants, menaçants ou terrifiants, ce sur quoi je reviendrai dans un instant à propos des stéréotypies sensorielles autistiques.
- C'est ce que font aussi certains bébés qui mettent en place des mécanismes autistiques au sortir de leur mouvement dépressif précoce afin d'éviter de revivre la douleur de la perte. Il ne s'agit alors, là, en rien d'une organisation autistique structurale, mais seulement de

l'indice d'une capacité d'effacement de l'objet en cas de danger de perte d'objet, soit d'une dimension autistique inhérente au vivant psychique.

Dans ces conditions alors, la proclamation de la fréquence d'un enfant autiste sur 60 demeure de l'ordre d'une sinistre plaisanterie, mais, celle d'une dimension autistique humaine à 100 %, de l'ordre d'une réalité existentielle incontournable !

La question se pose alors de savoir ce qui subsiste de l'objet ainsi déconstruit, et ceci fait peut-être écho au processus de l'hallucination négative décrit par A. Green (1983) et de la « structure encadrante » résiduelle.

- C'est ce que peuvent faire enfin certains adultes dans leur vie courante ou, ponctuellement, au sein de la dynamique transféro-contre-transférentielle de leur cure, ce que l'analyste a, alors, à repérer par le biais de l'analyse de son contre-transfert corporel et sensoriel.

Les stéréotypies autistiques entre recherche et évitement de l'objet

À partir de ces considérations, la question des stéréotypies autistiques s'avère dès lors très intéressante à revisiter.

Pendant longtemps, la fonction et le sens de ces stéréotypies sont demeurés fort énigmatiques.

Il a fallu attendre tous les travaux de l'école post-kleinienne – et notamment ceux de F. Tustin (1977, 1982, 1986, 1992) et de D. Meltzer (1980) – pour commencer à comprendre ces stéréotypies comme un accrochage des enfants autistes au processus de démantèlement.

On sait en effet que, chez les enfants sains, ce processus de démantèlement passe beaucoup plus inaperçu, et n'est que très fugitif au cours des premières semaines de la vie pendant lesquelles il se trouve, probablement intégré au système pare-excitation de l'enfant, en lui permettant de se protéger d'un environnement externe sinon trop envahissant.

Chez les enfants autistes, ce démantèlement se fixe et perdure, ce dont témoignent par exemple les classiques accrochages sensoriels dans lesquels ils peuvent durablement s'absorber, et c'est la raison pour laquelle D. Meltzer a pu d'abord découvrir ce démantèlement dans le cadre de ces pathologies dites archaïques, avant qu'il ne puisse, ensuite, être retrouvé également chez les bébés sains.

Quoi qu'il en soit, à la lumière des réflexions précédentes, on peut peut-être aller plus loin, aujourd'hui, dans la compréhension de ces stéréotypies autistiques, et j'aurais presque envie de dire, plus loin dans leur compréhension phénoménologique.

On peut certes considérer que les stéréotypies mono-sensorielles (tapotage ou accrochages visuels par exemple), et ceci dans la perspective de D. Meltzer, auraient une fonction de pare-excitation en privilégiant une modalité sensorielle au détriment des autres – ici, le tact ou la vue – pour cliver la réalité selon l'axe des différentes perceptions sensitivo-sensorielles et protéger ainsi l'enfant, *via* le démantèlement, d'un excès ou d'un surcroît de stimulations qui risqueraient, sinon, d'être perçues par lui comme débordantes, menaçantes et dangereuses.

C'est une première explication qui peut, bien entendu, valoir pour de nombreuses sortes de stéréotypies, et pas seulement tactiles ou visuelles.

Mais, on peut également faire l'hypothèse que ce type de stéréotypies mono-sensorielles vient également sous-tendre un vécu contradictoire (et défensif ?) de l'enfant autiste.

En effet, aller à la rencontre d'un objet par une seule voie sensorielle est tout à fait insuffisant, mais c'est tout de même un premier pas vers la reconnaissance de l'objet.

Si l'enfant était entièrement autiste, il ne pourrait même pas mettre en place de telles modalités de contact mono-sensoriel avec l'objet, car alors, pour lui, il n'y aurait pas d'objet, mais pure anobjectalité (Spitz, 1946), voire pure ab-jection (Kristeva, 2005) dans la mesure où « l'ab-jet » dénie à la fois l'ob-jet et le su-jet.

Tapoter un objet, quand bien même il ne s'agit que d'un tapotement exclusif de toute autre avancée perceptivo-sensorielle vers l'objet, traduit tout de même une acceptation *a minima* de l'existence de l'objet, et, fût-ce une acceptation infiniment réduite, cette ébauche de reconnaissance de l'existence de l'objet vaut quand même mieux que rien, du point de vue de l'émergence autistique potentielle.

Mais nous avons vu également que prendre contact avec un objet par une seule modalité sensorielle à la fois interdit fondamentalement de ressentir cet objet comme extérieur à soi-même.

On comprend alors le dilemme autistique : dans le moment même où l'enfant autiste s'avance vers l'objet, il le fait d'une manière telle qu'il annule la prise en compte de son extériorité.

Certains enfants en cours d'émergence autistique viennent ainsi se coller œil-à-œil au visage de leur thérapeute, comme s'ils cherchaient à annuler son existence en s'accrochant à une perception mono-sensorielle de celui-ci alors même qu'ils sont en train de le découvrir comme « autre-qu'eux-mêmes » dans le champ de leur environnement.

Telle serait ainsi la tragédie autistique, puisque la reconnaissance de l'objet serait, ici, indissociable de son annulation immédiate par le déni de son extériorité.

Peut-être y a-t-il, alors, dans cette vision des choses, une possible piste de réflexion concernant l'autisme proprement dit, mais aussi les états post-autistiques.

Ce couplage entre la reconnaissance de l'objet et son annulation immédiate fait assez justement écho en effet, me semble-t-il, à la description classique de la problématique autistique selon laquelle l'autiste n'aurait en fait le « choix », si choix il y a, qu'entre la fusion avec l'autre dans les autismes symbiotiques ou confusionnels, selon la terminologie de F. Tustin (1977, 1982, 1986, 1992), ou l'évacuation de l'autre dans les autismes à carapace, selon la même terminologie.

Mais par ailleurs, quand on pense à la fréquence des organisations pseudo-obsessionnelles post-autistiques, on se dit que ces organisations séquellaires ou cicatricielles reflètent une double transformation de ce couplage entre reconnaissance et annulation de l'objet, soit d'une part le passage d'un couplage simultané à un couplage différé (avec apparition d'annulations rétroactives et non plus seulement immédiates), et d'autre part le déplacement de ce couplage concernant l'objet sur les pulsions d'investissement (de vie comme de mort).

LES TRAITEMENTS PSYCHANALYTIQUES D'ENFANTS AUTISTES

Pour terminer, et à la lumière des considérations précédentes, je voudrais maintenant évoquer ce que peut apporter la cure psychanalytique d'un enfant autiste, si l'on accepte de prendre en compte la notion de transfert archaïque, apport qui suppose que le thérapeute supporte de se laisser transférentiellement effacer sans pour autant se laisser détruire.

Entre corps biologique et corps érotique, c'est d'un corps co-sensoriel dont il est peut-être question ici, mais nous avons encore beaucoup de travail devant nous pour conceptualiser les choses de manière plus précise.

Deux corps pour une seule dynamique de transfert-contre-transfert sensoriel qui, d'une certaine manière précède, et de loin, le corps co-pensé de la cure avec des sujets plus différenciés.

- Avec un enfant autiste, la question n'est pas tant de trouver et de désigner le coupable de ses difficultés (lequel n'existe d'ailleurs pas en tant que tel), mais de l'aider à être en lien avec son monde interne, de l'aider à lui donner forme et sens, de l'aider à dépasser les entraves émotionnelles qui sont les siennes.
  Le psychanalyste, au sein d'un cadre rigoureux et stable, passera ainsi, par exemple, de longues périodes à mettre des mots sur les affects de l'enfant

(verbalisation des affects) comme l'a si bien montré un auteur comme A. Alvarez (1997).

- Il a aussi à « interpréter » ses angoisses archaïques, c'est-à-dire à proposer un sens aux figurations corporelles ou comportementales que l'enfant met en scène au sein de ses séances.
  De nombreux exemples d'angoisses archaïques pourraient être donnés (angoisses de vidage, de vidange, de liquéfaction...), mais dans tous les cas, il faut admettre d'une part que l'enfant, aussi autiste soit-il, a une sorte d'intention inconsciente de communiquer à l'autre quelque chose de son vécu intime, de ses éprouvés et de ses ressentis affectifs, et, d'autre part, que le psychanalyste d'enfants, par son empathie, par son expérience du transfert et du contre-transfert, est particulièrement bien placé pour décoder les messages que l'enfant lui adresse à son propre insu.
- Enfin, le psychanalyste peut aussi aider l'enfant à édifier ce que G. Haag (1992, 1993) appelle son « moi corporel », c'est-à-dire à lui permettre de se vivre comme un tout unifié, différencié et progressivement plus sécure.
  Il importe notamment de l'aider à vivre sa peau comme une enveloppe corporelle (Bick, 1968) suffisamment contenante et suffisamment limitante, ce que G. Haag, encore, évoque en disant qu'il s'agit d'aider l'enfant à se procurer un « sentiment d'entourance » autre que celui offert par la carapace autistique, enveloppe cutanée qui renvoie au concept de « moi-peau » de D. Anzieu (1985).
  Mais il importe aussi de l'aider à se différencier intracorporellement, à vivre son corps comme suffisamment étanche (sphinctérisation de l'image du corps), et finalement à accepter de substituer des flux relationnels à ses flux sensoriels emprisonnants (Houzel, 2002).
- Tout ceci n'est possible que grâce à la formation du psychanalyste qui lui permet de s'identifier profondément aux vécus corporels et affectifs de l'enfant

autiste pour l'aider à se construire et s'individualiser progressivement, et tout ceci montre bien l'importance de ces approches psychothérapeutiques des enfants autistes qui permettent à l'enfant de ressentir qu'un autre-que-lui existe, un autre qui n'est pas un danger (F. Tustin) et qui peut partager quelque chose de son monde interne.

Il s'agit donc bien, *via* la psychothérapie, d'une aide à l'accès à l'intersubjectivité et à la subjectivation.

Selon le degré de différenciation psychique atteint, le contre-transfert de l'analyste se trouve alors ancré, nous l'avons vu, soit dans un déni d'existence de l'adulte par l'enfant, soit dans un isolement de l'enfant à valeur d'appel.

Mais si l'enfant efface littéralement l'extériorité de l'objet par le biais du démantèlement ou de la décomodalisation sensorielle, alors l'objectif de l'analyste est de résister à l'effacement d'abord douloureusement vécu par lui.

Cette survie de l'objet en termes d'extériorité – grâce au maintien d'une force de synchronisation polysensorielle suffisante – renvoie bien évidemment à la question de l'utilisation de l'objet si bien décrite par D.W. Winnicott (1969), mais dans une perspective ici beaucoup plus radicale et destructive qui engage, on le sent bien, les forces de vie elles-mêmes de l'analyste.

Résumé

Après avoir rappelé que l'accès à l'intersubjectivité nécessite que puissent être rassemblés ou co-modalisés les différents flux sensoriels en provenance de l'objet, l'auteur tente de montrer que si l'objet se trouve bel et bien en construction et déconstruction permanentes dans le cadre de certaines conditions psychopathologiques (stéréotypies autistiques, dépressions précoces du bébé), il l'est également au sein de la vie psychique normale qui comporte en effet une potentialité autistique importante à prendre en considération.

Mots-clés : autisme, bébé, consolidation, dépressions du bébé, destructivité, intersubjectivité, mantèlement, objet, stéréotypies autistiques, synchronisation poly-sensorielle.

Summary

After reminding how the access to inter-subjectivity needs pulling together or co-modalizing the different sensorial fluxes coming out from the object, the author tries to demonstrate that when the object is permanently constructed and deconstructed within the frame of some psychopathological conditions (autistic stereotypes, infant's precocious depression), it is also permanently constructed and deconstructed within a normal psychic life which encompasses, indeed, a strong autistic potentiality to taken in account.

Key words: autism, autistic stereotypes, destructivity, infant, infantile depression, inter-subjectivity, mantling, object, poly-sensorial synchronization.

BIBLIOGRAPHIE

Abraham N. et Torok M. (1972), Introjecter-Incorporer. Deuil ou mélancolie, *Nouvelle revue de psychanalyse*, n° 6, pp. 111-122.
Abraham N. et Torok M. (1978), *L'Écorce et le Noyau*, Paris, Aubier-Montaigne.
Alvarez A. (1997), *Une présence bien vivante (le travail de psychothérapie psychanalytique avec les enfants autistes, borderline, abusés, en grande carence affective)*, Larmor-Plage, Éditions du Hublot – Regards sur les sciences humaines, coll. « Tavistock clinic ».
Anzieu D. (1985), *Le Moi-peau*, Paris, Dunod (1re éd.).
Bick E. (1968), The Experience of the Skin in Early Object-Relations, *International Journal of Psycho-Analysis*, n° 49, pp. 484-486. Traduction française par G. Haag et coll. (1980), *in* Meltzer D. et coll., *Explorations dans le monde de l'autisme*, Paris, Payot, pp. 240-244.
Breton A. (1937), *L'Amour fou*, Paris, Gallimard, coll. « NRF ».
Ciccone A. et Mellier D. (dir.) (2007), *Le Bébé et le temps*, Paris, Dunod, coll. « Inconscient et culture ».
Cyrulnik B. (2001), *Les Vilains Petits Canards*, Paris, Odile Jacob.
Giono J., Dieu, la douleur, la mort, in *Entretiens avec Jean carrière*, Album Jean Giono, Du côté de Manosque, Les Grandes Heures Ina/Radio France, 2004.
Golse B. et Roussillon R. (2010), *La Naissance de l'objet (une co-construction entre le futur sujet et ses objets à venir)*, Paris, Puf, coll. « Le fil rouge ».
Grandin T. (1986), *Ma vie d'autiste*, Paris, Odile Jacob.

Green A. (1983), *Narcissisme de vie, Narcissisme de mort*, Paris, Éditions de Minuit, coll. « Critique ».
Haag G. (1992), L'expérience sensorielle, fondement de l'affect et de la pensée, in *L'Expérience sensorielle de l'enfance* (collectif), Paris, Cahiers du COR, 1992.
Haag G. (1993), Hypothèse d'une structure radiaire de contenance et ses transformations, in *Les Contenants de pensée* (collectif), Paris, Dunod, coll. « Inconscient et culture », pp. 41-59.
Houzel D. (2002), *L'Aube de la vie psychique – Études psychanalytiques*, Paris, ESF, coll. « La vie de l'enfant ».
Kristeva J. (1987), *Soleil noir - Dépression et mélancolie*, Paris, Gallimard.
Kristeva J. (2005), *La Haine et le Pardon*, Paris, Fayard.
Laplanche J. (2002), Entretien avec Jean Laplanche (réalisé par A. Braconnier), *Le Carnet-psy*, n° 70, pp. 26-33.
Meltzer D. et coll. (1980), *Explorations dans le monde de l'autisme*, Paris, Payot.
Pontalis J.-B. (1986), *L'Amour des commencements*, Paris, Gallimard, coll. « NRF ».
Quinodoz J.-M. (1991), *La Solitude apprivoisée*, Paris, Puf, coll. « Le fait psychanalytique » (1re éd.).
Rosolato G. (1978), *La Relation d'inconnu*, Paris, Gallimard, coll. « Connaissance de l'inconscient ».
Rosolato G. (1985), L'objet de perspective dans le rêve et le souvenir, in *Éléments de l'interprétation*, Paris, Gallimard, coll. « Connaissance de l'inconscient », pp. 123-132.
Spitz R. (1946), *De la naissance à la parole – La première année de la vie*, Paris, Puf, coll. « Bibliothèque de psychanalyse », 1979 (6e éd.).
Stern D.N. (1989), *Le Monde interpersonnel du nourrisson – Une perspective psychanalytique et développementale*, Paris, Puf, coll. « Le fil rouge » (1re éd.).
Streri A. (1991), *Voir, atteindre, toucher*, Paris, Puf, coll. « Le psychologue ».
Streri A. et coll. (2000), *Toucher pour connaître*, Paris, Puf, coll. « Psychologie et sciences de la pensée ».
Trevarthen C. et Aitken K.J. (2003), Intersubjectivité chez le nourrisson : recherche, théorie et application clinique, *Devenir*, vol. 15, n° 4, pp. 309-428.
Tustin F. (1977), *Autisme et psychose de l'enfant*, Paris, Le Seuil, coll. « Points », 1982.
Tustin F. (1986), *Les États autistiques chez l'enfant*, Paris, Le Seuil.
Tustin F. (1992), *Autisme et protection*, Paris, Le Seuil, coll. « La couleur des idées ».
Winnicott D.W. (1969), L'utilisation de l'objet et le mode de relation à l'objet au travers des identifications, in *Jeu et Réalité - L'espace potentiel*, Paris, Gallimard, coll. « Connaissance de l'inconscient », pp. 120-131, 1975 (1re éd.).

NOTES SUR LE(S) PROCESSUS À L'ŒUVRE DANS LE TRAITEMENT PSYCHANALYTIQUE D'UN ENFANT POST-AUTISTE

Jérémy TANCRAY[1]

À Geneviève Haag et son inépuisable énergie pour donner une forme pensable aux vécus autistiques

« C'est un peu comme si, d'un coup, on se remettait, comme les médecins de Molière, à reparler latin. C'est ça la psychanalyse pour les enfants autistes, il faut en être conscient [...] j'entends souvent des gens parler de parcours de soin pour les enfants avec autisme, ils n'ont pas besoin de parcours de soin[2]... »

Dans l'atmosphère scientifique contemporaine, évoquer un *après l'autisme* saurait suffire à déclencher de sérieuses polémiques. Statuer si l'autisme est un état définitif ou un processus à l'œuvre a occupé de nombreux débats ces vingt dernières années mais ceux-ci se sont souvent soldés par des ruptures abruptes, le compromis empruntant en ces occasions la figure de la compromission. Étymologiquement liées à la notion de mouvement[3], on comprend que les logiques processuelles s'acoommodent mal de l'immuabilité des manœuvres autistiques mais une pensée clinique attentive aux (micro-)changements est largement en mesure d'y déceler une dimension dynamique, si discrète soit-elle. La génération de psychothérapeutes à laquelle j'appartiens doit à Geneviève Haag et à ses collaborateurs une *grille de*

1. Psychologue clinicien, psychothérapeute.
2. Déclaration de Ségolène Neuville, Secrétaire d'État chargée des personnes handicapées, dans l'émission *Ça vous regarde* (chaîne parlementaire LCP), le 1er avril 2016.
3. Et c'est encore le latin, dont il est issu, qui nous enseigne que le mot processus se décompose en *pro* « vers l'avant » et *cedere* « aller ».

Journal de la psychanalyse de l'enfant, vol. 7, n° 1, 2017, p. 103-130

repérage (Haag, 1995) qui a su croiser les données développementales – considérablement enrichies par la méthode d'observation du nourrisson dans sa famille proposée par Esther Bick – avec les matériels et hypothèses théorico-cliniques tirés du travail avec les enfants autistes d'analystes français et britanniques comme Frances Tustin ou Donald Meltzer. Ces travaux vivants et rigoureux, prolongés par des recherches récentes[4], ne peuvent intégrer l'immobilisme du néo-structuralisme ambiant qui ironise, à l'envi, sur la possibilité d'un dégagement des états autistiques. Pourtant, s'il veut installer une démarche de soin compréhensible dans la pluridisciplinarité qui prend place *autour* de l'enfant autiste, le psychothérapeute psychanalytique devra clarifier – théoriquement et cliniquement – ce qu'il considère être une sortie du retrait autistique et étudier plus avant les redéploiements psychopathologiques qui s'observent une fois dépassé *l'état mental autistique proprement dit* (Meltzer, 1975, p. 23). Dans ce travail, je souhaite proposer une contribution au problème du post-autisme en revisitant les paysages psychiques qui se sont offerts au traitement d'un enfant annoncé autiste et suivre, pas à pas, l'émergence du processus thérapeutique dans un champ analytique stérilisé par la pulsion de mort.

POINT DE BASCULE DE L'AUTISME *PROPREMENT DIT* AU POST-AUTISME

Engageons notre réflexion avec une question élémentaire : que désigne-t-on, cliniquement, par « autisme » lorsqu'on accueille en thérapie un patient supposé en être affecté ? Sesto-Marcello Passone propose une réponse singulière lorsqu'il déclare que « d'une manière ou d'une autre, la plupart des fois nous avons affaire avec les effets variés de ce qu'est l'après autisme » (Passone, 2013, p. 23). Poser si franchement le problème du post-autisme a le mérite de

4. On pense là aux travaux d'Hélène Suarez-Labat sur les processus de changement dans l'autisme et plus particulièrement sa thèse de doctorat soutenue en 2011 à Paris-VII.

révéler que, parmi l'imposante littérature clinique élaborée ces trente dernières années sur le sujet, peu de contributions ont pris la peine de différencier les fonctionnements autistiques radicalement à l'œuvre et les symptomatologies résiduelles issues d'un état autistique dépassé. On pourrait se formuler autrement le même constat en remarquant que malgré l'existence de travaux cliniques qui détaillent les étapes évolutives des états autistiques et de leurs traitements (Haag, 1995 ; Suarez-Labat 2011, 2013), on ne trouve que très rarement – pour ne pas dire jamais, sinon de manière allusive – le repère psychopathologique du post-autisme. Bien que ces considérations classificatoires n'impactent pas fondamentalement la technique du psychothérapeute en séance, l'élaboration du matériel hors-séance gagnerait en profondeur si le clinicien pouvait discriminer s'il travaille au dégagement d'un état autistique résolument à l'œuvre ou à la transformation d'éléments post-autistiques hérités d'une position autistique dépassée. Avertis des enseignements de D.W. Winnicott sur les agonies primitives et « la crainte d'un effondrement qui a déjà été éprouvé » (Winnicott, 1975, p. 38), il pourrait s'avérer utile que, lorsque nous nous occupons d'« autistes », nous puissions penser quelque chose de l'*actualité* de leur état autistique. En termes quantitatifs, cette sortie se caractérise par la baisse – en fréquence et en intensité – des activités stéréotypiques, des agrippements sensoriels, des crises de rage, des moments de repli et, proportionnellement, par la hausse – fréquence et intensité – des moments relationnels authentiques, de l'utilisation du langage verbal, de la diversification des centres d'intérêt, etc. Ces éléments sont d'une importance capitale en psychopathologie mais ils ne doivent pas nous dissuader d'explorer les repères *qualitatifs* qui témoignent, cliniquement, du dégagement d'un état autistique.

Pour affiner notre approche, reprenons la première étape de la grille de Geneviève Haag intitulée : *état autistique « réussi »*[5]. Les auteurs y peignent un tableau clinique

5. Dans la nouvelle version de la grille, les auteurs ont préféré l'appellation d'autisme sévère pour qualifier la radicalité mortifère de la défense autistique observée à cette étape et lever l'ambiguïté qui pouvait s'induire avec le terme de « réussi ».

où domine un retrait quasi continu sur des autostimulations stéréotypiques, avec des crises de *Temper Tantrum* (Tustin, 1972) comme unique manifestation (proto)émotionnelle, un regard absent – fuyant ou traversant –, un langage inexistant ou écholalique, une non-réactivité à la douleur et un état immunitaire quasiment à toute épreuve. Le lecteur trouvera dans le corps de l'article des précisions cliniques sur cette phase qui, décrite ainsi, fait largement penser aux observations faites par Léo Kanner dans son article princeps (Kanner, 1943). Bien que l'état autistique « réussi » soit en réalité une asymptote théorique – les auteurs préviennent qu'une réussite si parfaite est difficilement compatible avec la survie de l'enfant –, il n'en demeure pas moins le témoin d'un achoppement radical de l'intersubjectivité primaire qui se retrouve chez un nombre très limité d'enfants diagnostiqués *trouble du spectre autistique* (TSA) par le DSM V. Qu'on n'en déduise pas que je discute l'existence des états autistiques graves mais, pour amorcer une réflexion utile sur le post-autisme, il nous faut admettre qu'un thérapeute rencontre très rarement – aujourd'hui du moins – des enfants engagés dans les constellations qu'on nomme autisme réussi, autisme de Kanner ou autisme sévère. D'ailleurs, une psychothérapie ne semble pas toujours possible lorsque l'enfant est aux prises avec de tels troubles du lien mais, si ce devait être le cas, ce n'est qu'armé d'un tact incommensurable que le thérapeute pourra entrer en contact avec son patient et ranimer à « dose homéopathique » les noyaux de son intersubjectivité primaire. Nous ne nous étendrons pas sur ce travail fastidieux – est-il d'ailleurs possible d'en donner la teneur en des termes généraux ? – qui repose sur une synchronie relationnelle intense visant à reconstruire, dans le transfert, la sécurité d'une indifférenciation à partir de laquelle pourront s'interpréter les angoisses et les défenses archaïques à l'œuvre chez l'enfant. Une fois cette position dépassée – et je maintiens que les enfants arrivent la plupart du temps en thérapie *après* cette position autistique radicale – s'augure, dans la grille, l'« étape de récupération de la première peau / premier sentiment d'enveloppe circulaire ». On y trouve alors une « reprise du contact corporel de dos activement cherché par l'enfant », une « diminution du retrait et des stéréotypies, au moins sur les temps relationnels » (Haag, 1995, p. 107) et une volonté de plonger dans le regard de l'autre. Ces petits « pas » de reprise relationnelle – qui font un peu penser à la déclaration lunaire de Neil Armstrong – constituent sans doute la première charnière vers le post-autisme dans le sens où la réussite de l'état autistique se compromet suffisamment pour que l'objet externe, même mal différencié et très partiellement investi, émerge à la vie psychique. Est-il, pour autant, justifié de considérer la sortie de cet autisme originaire comme une sortie de l'état autistique proprement dit ? Ce serait une position hasardeuse à tenir dans la mesure où, à (re)lire les étapes ultérieures du dégagement de la spirale autistique, les défenses qui lui sont attachées enraidissent très significativement le déploiement de l'intersubjectivité, jusqu'à ce que les auteurs parlent d'une « étape d'individuation », en toute fin de grille. On trouve alors une quasi-disparition des stéréotypies, l'apparition des jeux symboliques, une mutualité possible et une recherche d'échanges qui laissent deviner la possibilité d'investir un objet total. C'est ce réamorçage des mouvements projectifs, introjectifs et représentationnels de la psyché qui me semble annoncer le véritable tournant du post-autisme, entendu alors comme carrefour psychodynamique capital – comme peut l'être le moment pubertaire dans le développement du préadolescent – et non plus seulement comme séquelle d'un état autistique dépassé. Pourtant, et sans remettre au goût du jour le concept d'*autisme primaire normal* sur lequel Frances Tustin elle-même est revenue (Tustin, 1981, p. 15), chaque psychisme émerge finalement d'une période où la conscience de la séparation d'avec l'objet est très oscillatoire, et, si l'on veut comprendre un peu les spécificités du post-autisme, nous devons poursuivre nos efforts pour essayer de le situer et, si possible, l'articuler avec l'état autistique proprement dit.

Dans ses *Explorations*, Donald Meltzer pose le problème qui nous préoccupe en évoquant la « complexité [qui] réside dans la séparation que nous essayons de faire entre l'état mental autistique proprement dit et les qualités mentales en général qui apparaissent chez ces enfants dans le cours de leur développement et qui sont en un sens en dehors de l'autisme proprement dit – ce que nous considérons comme les séquelles de l'autisme » (Meltzer, 1975, p. 23). La frontière entre les deux états mentaux apparait ténue et poreuse à Meltzer qui y observe une propension commune au *démantèlement*, cette capacité à « dissocier leurs modalités sensorielles » (p. 44) pour perdre la fonction consensuelle de l'appareil perceptuel et, ainsi, se protéger de l'hyper-intensité émotionnelle de la rencontre avec l'objet. Pour lui, le sujet post-autistique conserverait une capacité à revenir à l'état mental autistique qui vise une *suspension* de sa vie mentale en utilisant le démantèlement de ses consensualités, mais il semblerait qu'il puisse le faire à un degré modulable et, surtout, être capable d'en ressortir pour réintégrer une position intersubjective une fois « l'orage » hyper-émotionnel passé ; c'est là la grande différence avec un sujet engagé dans un état autistique strict, et on comprend que cette volatilité de l'attache intersubjective ait pu compliquer le repérage d'un point de bascule de l'autisme vers le post-autisme et, partant, créer une pseudo-équivalence entre les deux réalités psychopathologiques. Ce qui ne fait aucun doute, en revanche, pour Meltzer est l'émergence de deux couples métapsychologiques inédits dans le cours du développement post-autistique : le clivage-idéalisation et le sadisme-persécution. Cet enrichissement de l'économie pulsionnelle signe la reprise d'un commerce passionnel avec l'objet qui est proscrite de l'économie autistique proprement dite où trônent un « sadisme minimal et en conséquence [une] persécution minimale » (p. 28). Dans le même ordre d'idée, Meltzer évoque un désaxage obsessionnel des relations d'objet et, concomitamment, une dépendance à l'objet « vraiment très proche de celle du nouveau-né » (p. 42). Ces repères cliniques sont extrêmement précieux pour le clinicien car ils sont autant de témoins du réamorçage de la « pompe » intersubjective dans un contexte de réappropriation énigmatique, maladroite, démesurée et parfois tyrannique de l'objet.

Dans un article sur l'apport des tests projectifs à la compréhension de l'après-autisme, Nicole Jeammet observe que « dans les post-autismes [...] le sujet garde la contrainte autistique d'une radicale séparation d'avec l'objet – on pourrait peut-être parler d'une phobie basale envers l'objet » (Jeammet, 1991, p. 140). Il paraît bien difficile d'intégrer, théoriquement du moins, la réappropriation adhésive de l'objet avec son caractère fondamentalement phobogène mais ne dévoile-t-on pas là les deux facettes du *conflit esthétique* qui sera formulé par Meltzer dans la suite de ses études sur l'autisme ? La clinique nous enseigne en effet que la reprise du commerce relationnel prend des figures différentes selon les cas, et la difficulté de l'enfant à contenir l'hyper-intensité émotionnelle des retrouvailles va bien souvent induire un évitement – en tout ou en partie – de la rencontre avec l'objet, ce qui n'aura pas exactement la même teneur psychopathologique que le retrait autistique inaugural. Le matériel clinique qui sera présenté plus loin donnera la mesure de ce que peut être une réappropriation passionnelle de l'objet dans laquelle s'aperçoit, pourtant, une empreinte phobique difficile à élaborer.

Mais poursuivons encore un peu nos prospections avec Hélène Suarez-Labat qui aperçoit, pour sa part, le virage post-autistique lorsque se stabilisent suffisamment les vertiges du moi corporel (Haag, 2002) et « que les enfants [en] tirent beaucoup de satisfaction partagée du fait de l'accès aux processus de symbolisation » (Suarez-Labat, 2013, p. 60). Ces premiers balbutiements de la transitionnalité constituent un cap à ne pas rater dans le traitement, le succès de cette intégration pouvant soutenir très significativement les processus maturatifs de la psyché. L'auteur présente, dans cet article, le matériel de la thérapie du petit Félix et évoque un « projet identificatoire » (p. 59) qui me semble être une balise clinique importante à prendre en compte dans le repérage des post-autismes. Car, une fois tempérées les évidences fragiles et les violentes voltefaces identitaires de la position autistique (« je ne suis rien, je suis tout »), le projet identificatoire n'est-il pas le fondement-même du travail de récupération – adhésif puis projectif – de l'objet une fois que celui-ci est (re)découvert ? Permettre que s'élabore dans le transfert cette quête du « devenir quelqu'un » étayé sur un autre, après un temps plus ou moins long, plus ou moins ancien, passé dans l'autisme (temps perdu pour la maturation disait D. Meltzer), voilà qui pourrait bien être la feuille de route des « parcours de soin » dans le post-autisme. C'est, en tout cas, à cet endroit de ces préoccupations que je vais rencontrer Guido, un enfant présenté comme autiste par ses parents et par l'intersecteur qui l'accompagne depuis des années. C'est par la crainte obsédante d'être un mort que cet enfant exprimera les réminiscences de son passage par l'autisme qui, bien que dépassé au strict plan de son développement, continuera longtemps à saturer ses processus de pensée.

DES PROCESSUS À L'ŒUVRE DANS LE CHAMP ANALYTIQUE

« De l'être sans destin, le sujet qui a connu l'état autistique déploie dans l'investissement du transfert un paysage constellé de sensations, d'émotions qui devient son arrière-pays avec ses inscriptions, ses couleurs, ses espaces : une géographie intérieure des affects est en devenir pour enfin accéder à un au-delà de la projection où l'associativité peut se développer » (p. 60) a écrit Hélène Suarez-Labat. Utilisons cette jolie formule pour introduire nos chroniques d'une *aventure pulsionnelle* dans le post-autisme et suivre au plus près le processus thérapeutique dans le traitement de Guido. Pourtant, à peine esquissée, l'idée de rendre compte du processus analytique dans un traitement de quatre ans devient un projet hypercomplexe, la quantité de matériel accumulé compromettant toute recherche d'exhaustivité. Ainsi, davantage que *du* processus, il a fallu choisir (au sens du *fait choisi* de W.R. Bion) trois chantiers processuels qui ont joué un rôle fondamental dans la transformation des éléments post-autistiques avec cet enfant et qui peuvent être résumés comme :

1/ l'introjection d'un contenant de pensée utilisable : de l'adhésivité aux premières tridimensionnalités,

2/ les mutations successives d'un *personnage de la séance* (Ferro, 2014) : Coluche,

3/ la vitalisation du processus interprétatif qui, lui-même, fut pris dans le méta-processus d'un cursus de formation pour le psychothérapeute.

Je propose d'emprunter ces chemins de traverse avec, en arrière-plan théorique, le concept de *champ analytique* tel qu'il a été présenté par Madeleine et Willy Baranger (1961) – et prolongé, très récemment, dans un ouvrage collectif (Ferro et Basile, 2015) – car il me semble très utile pour rendre compte d'une processualité dans le travail de la séance. Les approches de la théorie du champ sont plurielles mais elles ont en commun de soutenir qu'un patient et son thérapeute créent, par l'événement même de leur rencontre, un champ dynamique animé du jeu de leurs projections croisées et de leurs influences mutuelles. Parcourue des bouillonnements du processus transférentiel, la *gestalt* ainsi formée se restructure en permanence, d'une séance à l'autre bien sûr mais aussi dans le cours d'une même séance, au gré des séquences interactives qui s'y succèdent. Dans ce modèle de travail, l'analyste explore avec un soin particulier les éléments qui peuplent le champ, qu'ils soient conscients, préconscients ou inconscients – par nature inaccessibles sauf par une analyse poussée du contre-transfert – sans vraiment s'inquiéter qu'ils aient pris forme chez l'un ou l'autre des membres de la paire analytique. Le monde intrapsychique du patient cesse, dès lors, d'être le seul objet d'étude du thérapeute qui portera une attention au moins équivalente à sa propre vie mentale dans le travail avec son patient. L'insaturabilité de ce modèle de travail est particulièrement adaptée aux patients qui souffrent de troubles de l'intersubjectivité car il considère comme un acquis l'existence d'une processualité – et ce malgré la systématisation des évitements relationnels – même si elle se limite, dans un premier temps, au « seul » travail de transformation des vécus contre-transférentiels dans la psyché du thérapeute. Le traitement de Guido s'est justement engagé sur une ère transférentielle « glaciaire » de ce type où un violent désespoir m'avait été projeté en dépit de la surchauffe rythmique des échanges. L'enjeu principal de ce début de thérapie fût alors de repérer les processus des changements qui s'étaient évanouis dans le brouillard des répétitions transférentielles.

Mais entrons plus avant dans le matériel en revenant sur les particularités de ma première rencontre avec Guido – avec une partie de lui du moins – puisque nous avions convenu que ses parents viendraient sans lui à notre premier rendez-vous. C'est donc à partir des représentations parentales que le travail débutera, et je considère utile, pour la compréhension générale du cas, de reprendre les quelques éléments anamnestiques qui s'y sont dévoilés.

Guido (7 ans) est le fils aîné d'une fratrie de trois garçons dont les puînés sont alors âgés de 6 et 2 ans. Les parents décrivent une cohabitation éprouvante à la maison avec un enfant qui s'isole systématiquement du reste de la famille. L'investissement de l'espace frappe d'emblée chez Guido, avec des besoins qui alternent entre le confinement – il reste *cloîtré* dans sa chambre pendant de longues heures – et la fuite irrépressible vers l'extérieur pour y déambuler et s'y exciter, sans but précis. À l'endroit où je suspecterais des angoisses claustrophobiques, les parents interpréteront, avec une grande tristesse, que leur fils ne semble heureux que lorsqu'il est loin d'eux. Plutôt qu'heureux, il m'a semblé que Guido tentait de contenir des vertiges spatiaux dans une surexcitation maniaque dont il me sera donné, par la suite, d'apprécier l'intensité en séance.

Madame parle d'un développement plutôt normal jusqu'à la naissance de son frère ; Guido avait alors un an. En creusant un peu, on découvre pourtant un bébé au regard fuyant, qui a toujours eu des difficultés d'endormissement, jamais de doudou ni d'accroche particulière pour les histoires, les jeux ou les comptines. S'il peut s'entrapercevoir par petites touches, il est très difficile aux parents de caractériser l'état autistique *proprement dit* de leur enfant, de le situer dans le fil de son développement et dans la temporalité familiale. Pourtant, ils le nommeront à plusieurs reprises et considèreront, reprenant en cela les propos du CMP, leur enfant comme autiste. Une scène émerge finalement de l'écran de fumée et frappe par sa valeur symbolique : à 2 ans, Guido ne « renvoie plus le ballon » alors qu'il le faisait avant. Une association d'idée du père nous fera apparaître que c'est aux abords des premières autonomisations du premier puiné (alors au début de sa deuxième année) que les choses se sont gâtées pour Guido.

La famille élargie – grands-parents, oncles et tantes – pense que Guido souffre d'une jalousie excessive, due à la naissance de ce premier frère. Sans être retenu comme facteur unique du repli autistique de leur enfant, les parents ont l'intuition que cet événement eut un rôle capital dans l'inflation de ses troubles. Un deuil traumatique émerge, enfin, puisqu'à l'époque où nous nous rencontrons, le grand-père paternel est fraîchement décédé alors qu'il était en séjour au domicile des parents. Un départ en ambulance avec le nez du papy qui saigne est une scène qui obsède Guido à cette période. Le père, engagé dans une profession médicale, semble en porter une douloureuse culpabilité.

Je rencontre Guido (seul) quelque temps plus tard et suis tout de suite impressionné par ses capacités langagières qui me semblent avoir été épargnées par la morbidité autistique. Il est assez craintif et de légers déséquilibres spatiaux – desquels il se rattrape par une petite « danse » stéréotypique où il saute d'un pied sur l'autre, d'avant en arrière – émailleront nos premiers échanges. Son regard vient rarement se planter dans le mien mais, quand c'est le cas, il est adressé et non traversant. Je lui réexplique qui je suis, ce qu'on peut se raconter ici et les règles du jeu psychothérapeutique ; il écoute ces informations avec attention.

Guido ouvre les échanges autour de la mort et parle d'« aller au ciel, dans la maison des oiseaux » et de... « manger des pies »[6]. Il évoque ensuite ses angoisses à l'endormissement et le fait qu'il dorme sur le canapé. Contre-transférentiellement, je ne reçois pas un vide énorme dans le contact avec cet enfant mais l'expression « marcher sur des œufs » trouve en moi toute sa consistance, tant notre fil communicationnel semble fin et prêt à se rompre, à tout moment. Je me contrains à un silence de moine, un peu sidéré par cet enfant énigmatique et à cause de cette impression que mes paroles pourraient « casser » notre

6. L'oiseau, pas les pâtisseries anglaises.

début de relation. Il me pose alors un flot de questions sur les choses qui existent ou qui n'existent pas en vrai. Il me parle de Coluche (une obsession, d'après les parents), mais aussi de Moïse, des pharaons. Il me demande quels autres enfants je prends en thérapie. À ma proposition qu'il aimerait peut-être être tout seul à venir travailler avec moi, Guido donne corps aux pressentiments contre-transférentiels qui m'étaient parvenus : il se détourne, sombre un long moment dans un monde barricadé où je ne suis pas le bienvenu. Il acceptera de revenir vers moi mais à la seule condition de l'adhésivité et débitera une inépuisable série de questions-agrippements sur ma vie personnelle sans jamais accepter de les approfondir.

Les cinq premiers mois de thérapie sont éprouvants et j'en ressors très déprimé, à chaque séance. J'ai l'impression de ne pas y arriver, de ne pas dire les bonnes choses comme si mes mots étaient trop faibles pour figurer les désespoirs archaïques transposés dans le champ de nos séances. Je suis psychiquement travaillé, bien sûr, par son activité projective, mais l'élaboration est très pauvre au niveau manifeste, bousculée par cet interrogatoire sans épaisseur qui alterne, au fil du temps, avec une recherche obstinée de co-excitation. La moindre tentative de transformation des contenus mentaux se solde par une coupure relationnelle terrifiante ou une flambée excitatoire visant à la dénier. En définitive, Guido me confronte à un dilemme insoluble : choisir entre le « trop chaud » d'un lien gémellaire qui excite fort et le « trop froid » d'une banquise relationnelle où lui et moi sommes renvoyés à nos solitudes et à nos incompréhensions.

Avant de suivre nos chantiers processuels au fil de trois restructurations successives du champ analytique, il importe de préciser quelques caractéristiques de l'« autisme » chez cet enfant. Le clinicien habitué à travailler avec des enfants autistes conviendra sans peine que les capacités langagières et attentionnelles de Guido, associées à une certaine appétence relationnelle, ne se rencontrent pas, en tout cas pas d'emblée, dans cette clinique. Pourtant, l'extrême fragilité du lien et l'omniprésence de la mort renvoient, dans le transfert, à de profonds vécus d'isolement, de désespoir d'être compris et de sidération qui sont des projections habituelles dans le travail avec ces enfants. Aussi, bien qu'il soit sorti d'un état autistique *proprement dit* – et je pense qu'il peut en être reconnaissant à ses parents qui, soutenus par le suivi mensuel de l'intersecteur, ne l'ont jamais lâché malgré la systématisation de ses refus interactionnels –, Guido reste aux prises avec des angoisses corporelles massives qui saturent sa vie mentale et empêchent l'établissement de toute forme de transitionnalité mais aussi d'un projet identificatoire viable. Le travail thérapeutique avec cet enfant « suspendu » entre son extrême dépendance à l'objet, ses tentatives de réappropriation excitatoire et ses fuites dans le démantèle consistera donc, en premier lieu, à construire un contenant de pensée pour élaborer ces éléments post-autistiques et acquérir, selon l'expression de Cléopâtre Athanassiou-Popesco (2015), la *troisième dimension psychique*.

ACTE PREMIER : « *THE WALKING DEAD* » OU L'INVASION DES MORTS DANS LE CHAMP

Il entre et me demande de dessiner un hippopotame. À cette étape du traitement, il dessine peu mais j'ai réussi à instaurer qu'il me dicte au moins les traits des dessins qu'il veut me faire entreprendre. J'exécute donc, sous sa dictée, un hippopotame dont il colorie l'intérieur de la bouche.

Guido : « C'est pas un animal un hippopotame ? »

Thérapeute : « Si, c'est bien un animal. »

Guido : « Ça mord pas un hippopotame ? »

Thérapeute : « En vrai, un hippopotame ça peut mordre avec ses dents mais celui-là est en faux, il ne peut pas mordre en vrai. Mais on pourrait raconter qu'il mord. »

Sa figure trahit de l'angoisse, il s'agite un peu sur sa chaise.

Thérapeute, théâtralisant : « Olala, mais ça fait peur qu'il nous croque en vrai cet hippopotame-là ! »

Il se détourne et j'ai le désagréable sentiment d'être dans une perpétuelle dys-synchronie avec cet enfant.

Guido : « Tu dessines la moto de Coluche, c'est pas un clown Coluche ? C'est pas un personnage ? »

Thérapeute : « Oui, c'est un personnage Coluche. Et M. Tancray alors, il est vivant ou il est comme un personnage-Coluche ? »

Là encore, je suis sidéré par ces questions dont je ne sais quoi faire. Il les pose en rafales. Le passage à l'écrit ne rend pas bien compte de cette cadence qui sidère ma pensée. Coluche est à la fois un personnage, un clown, une terreur, mais aussi un vrai monsieur qu'il a vu dans des films ou à la télévision. Je me sens englué dans sa pensée, incapable de réfléchir ou, au moins, de faire un pas de côté.

Guido : « Dessine l'hélicoptère de Daniel Balavoine. »

Thérapeute : « Tu veux beaucoup parler de la moto de Coluche et de l'hélicoptère de Daniel Balavoine. Tu as dû entendre que Coluche et Balavoine s'étaient tués avec ça, qu'ils étaient morts dans un accident. C'est vraiment terrible ces histoires-là ! »

Cette piste tombe à plat ; il prend le large et découpe l'hélicoptère. Je me demande comment et pourquoi Guido est attiré par cette culture des années quatre-vingt qui me semble être davantage celle de ses parents. Il dessine une sorte de croissant et je lui demande ce que c'est. Comme je n'ai pas de réponse, je propose une lune. Il répète « une lune » et la colorie. Je parle du fait d'être dans la lune, que c'est une expression qu'il a peut-être déjà entendue, que ça veut dire être dans ses idées, dans les histoires de sa tête. Il ne me répond toujours pas.

Il dessine alors une grosse figure circulaire en jaune. Je lui demande ce que c'est. Sans réponse, je propose un soleil. Il répète : « Un soleil. »

Je regarde furtivement ma montre, il le remarque :

Guido : « On ne va pas s'arrêter ? »

Je le renseigne sur le temps qui reste. Il dit qu'il va au sport après et demande si Francis est mort (le professeur d'EPS[7], arrêté pour maladie). Je demande si, pour lui, quand les gens ne sont pas là c'est parce qu'ils sont morts ? Il ne répond pas à ma question mais évoque le nom d'un chanteur bien vivant : Laurent Voulzy. Je pense, en le quittant, à la solitude et à l'isolement de Belle-Ile-En-Mer, comme dans la chanson.

Commentaires

On remarque que l'urgence à transformer les éléments proto-émotionnels les plus impérieux du champ emballe très vite le tempo des séances et pousse chacun des protagonistes à s'agripper à ce qu'il peut : le thérapeute à sa conviction que Guido possède un monde interne partageable et Guido au dévidage d'un état hallucinatoire d'essence autistique dont les limites avec le réel sont évanescentes. On se rend compte, dans l'après-coup, à quel point le thérapeute *anticipe* chez son patient la constitution du symbole (reposant sur le triptyque moi-symbole-objet symbolisé) alors que ce dernier oscille, pour le moment, entre des formes de collage – le recours aux questions-agrippement – et des moments de démantèlement où l'activité mentale du couple est suspendue. On a affaire ici à un écrasement des contenants de pensée qui rend impossible la distance entre soi et l'autre et, partant, entre la réalité et le fantasme : c'est le règne de la bi-dimensionnalité où les projections de la paire analytique se croisent faute d'un lieu pour se rencontrer. Cette absence cruelle d'un espace pour exister – une problématique centrale dans l'autisme ! –, Guido l'exprime sans arrêt par l'état d'irréalité qui est le sien et son enferrement dans les tourments du jugement d'existence dont la lancinante énigme revient en boucle : « Existe-t-on vraiment ? » Si un mouvement projectif en direction du thérapeute est bien décelable, il semble encore trop faible pour expulser l'angoisse de mort vers l'extérieur et installer le premier clivage organisateur de l'investissement objectal : « bon,

7. Éducation physique et sportive.

à avaler ; mauvais, à recracher » (Freud, 1925 ; Guignard, 2015) ; Guido en demeure suspendu dans les limbes : pas tout à fait vivant dans un monde pas tout à fait réel.

C'est par le négatif d'un personnage « pas tout à fait mort » qu'il métabolisera dans le champ les vicissitudes de son jugement d'existence. On remarque la grande attention qu'il porte à la brutalité des changements d'état de Coluche : son passage de clown à monstre, de personnage fictif à personne réelle mais surtout de vivant à mort. Car c'est bien la dimension traumatique de l'accident de Coluche (doublée par la non moins traumatique mort de Balavoine) qui est ramenée sans relâche et celle-ci traîne derrière elle le spectre d'une mort qui hante chaque séparation. Bien que cela n'apparaisse pas dans la séquence proposée plus haut, le Coluche qui fascine Guido est le Coluche mélancolique, celui qui porte une moustache triste dans *Ciao Pantin* – Guido dessinera cette moustache comme une deuxième bouche mauvaise et cassée – et qui donne corps à la figure du clown déprimé. Combien d'enfants nés au XXIe siècle s'intéressent encore à Coluche et, quand c'est le cas, au côté obscur qu'il explore dans ce film noir ? On aperçoit ici la mélancolie qui préfigure la défense autistique, et la mort – toute terrifiante qu'elle est – endosse manifestement une dimension rassurante car elle fige tout changement, sans compromis. Notre champ analytique se trouve donc, à cette étape du traitement, assiégé par l'armée des morts et celle-ci veille attentivement à sauvegarder l'état de stérilité qui assure son immuabilité.

Garante de la mutativité du travail thérapeutique, l'activité interprétative est frappée de plein fouet par ces assauts de la pulsion de mort. La dys-synchronie qui caractérise ce début de thérapie condamne le thérapeute à un certain « plaquage » interprétatif qui se rapproche de ce que Florence Guignard a nommé l'interprétation-bouchon[8] (Guignard, 2015, p. 224). Si l'on peut, légitimement, constater une précarité des processus projectifs chez Guido, on doit aussi

8. Les interprétations-bouchon sont des interventions pseudo-associatives du thérapeute qui visent à juguler l'anxiété face à l'inconnu et l'hémorragie libidinale qui ne peut se contenir autrement.

interroger les capacités du thérapeute à accueillir les projections psychiques de son patient. La suite du travail se déroulera, nous l'avons dit, sous l'égide d'une écoute tierce qui offrira au thérapeute un espace pour œuvrer à la construction d'un contenant de pensée utilisable par Guido. Bien que ce travail de titan ne semble pas encore à l'œuvre dans la concrétude de cette séance, il est pourtant bien en marche, et les sentiments contre-transférentiels mêlant épuisement, rage, désespoir, vide et nullité qui assaillent le thérapeute permettent d'en apercevoir les premiers remous. Les interprétations-bouchons qui préfigurent ce travail interprétatif semblent avoir peu de valeur « psychanalytique » mais je les conçois maintenant comme les échauffements indispensables avant une course d'endurance ; elles eurent le mérite de structurer – faute de mieux – la temporalité de nos rencontres et de poser les bases de la méthode pour que Guido comprenne que le matériel de la séance était écouté avec soin et que mon travail consistait à lui rendre ses projections psychiques avec la plus-value d'une idée, d'une pensée ou, pour le moins, d'une mise en mots.

ACTE II : LES *RESTOS DU CŒUR* OU LA (RE)VITALISATION DE L'OBJET MORT

Cette séance fait suite à une période très pénible du traitement où Guido avait repris très fort ses tentatives de co-excitation. Il avait mis en place des défenses maniaques particulièrement tenaces pour se sentir vivant face à la consolidation des processus de changement : frottements masturbatoires, mise en scène dévalorisante où il se/me couvrait de « sale », fugues intempestives en dehors de la salle de consultation amenant d'importantes flambées excitatoires. Cette période exténuante pour nous deux commençait à s'atténuer et annonçait, comme généralement, le franchissement d'un nouveau palier intégratif.

En raison d'un problème d'organisation institutionnelle, je vais chercher Guido dans son groupe. Cela n'arrive jamais et il en est visiblement ravi. Pendant tout le chemin, il me parle.

Il me dit qu'il était à côté d'Alexandre, son copain et qu'il reviendra jouer plus tard dans la salle d'activités.

Il va chercher l'ambulance et la pose sur la table. Je m'étonne, à voix haute, de la présence de cette ambulance, et quand je perçois que la piste refroidit, je me risque à entonner un « pin-pon, pin-pon ». Il reprend mon « pin-pon ». Je demande s'il y a quelqu'un là-dedans, il dit « oui, un blessé, le sang de papy Giuseppe, il est mort ». Et il ramène d'autres morts : un enseignant de la structure récemment décédé, un autre qui a « changé d'établissement » selon ses mots. Concernant l'enseignant décédé, il me dit qu'il était avec moi. Je réponds, alors, que je n'ai pas réussi à le sauver et qu'on peut se demander si je suis un bon psychologue. Je pense, à cet instant, au père « paramédical » qui n'a pas pu, lui non plus, sauver le grand-père.

Puis il me parle de Paris, que Paris c'est une ville et qu'on ne peut pas y aller pour travailler. Je lui évoque sa crainte possible que j'aille travailler ailleurs et que nous ne puissions plus nous voir. Il me dit que je suis venu le chercher tout à l'heure, qu'il était à côté d'Alexandre pour indiquer, je pense, qu'il ne se sent plus tout à fait abandonné entre les séances.

Il claque des doigts et fait comme s'il parlait à Alexandre : « T'as appris à faire ça », il joue l'adulte à ce moment-là. Un adulte qui questionne et s'adresse à un enfant : moi. Soudain l'adulte se durcit : « Ferme ta bouche, je vais te massacrer ! » Il explique, toujours très didactique, que « Ferme ta bouche, ça veut dire tais-toi ».

Il me parle de Sacha (un ancien camarade) qui est dans une autre école. Je demande s'il a très peur d'y aller aussi ? Il me répond qu'il est trop petit pour y aller. À ce moment-là, il est en observation diagnostique dans un hôpital, ce qui excite ses craintes de devoir changer de thérapeute. Il me dit que, demain, il n'y a pas d'école et parle des gros mots, des doigts d'honneur, des majeurs.

Il veut ensuite que je coupe son doigt en faux. Finalement, c'est lui qui me le fait avec ses doigts en ciseaux ; moi je théâtralise la terreur et j'en profite pour parler de la tristesse mais aussi de la colère contre ceux qui partent, qui séparent et qui font du « coupé ». J'évoque dans la foulée les docteurs qui coupent la peau des zizis. Une circoncision tardive – pour raison médicale – a été particulièrement traumatique pour Guido, à peu près contemporaine avec le décès du grand-père et l'installation plus franche de sa symptomatologie autistique.

Il me dit que le meuble où sont rangés les dossiers des enfants ça ne le regarde pas, le téléphone non plus, ma tasse à café non plus. Il en parle sans passer à l'action transgressive, ce qui est très rare. Il me dit « tu sais parler » et cela m'étonne puisque je pensais précisément qu'on pouvait, aujourd'hui, se parler et réfléchir au lieu de s'agiter. Il prend la moto de police puis un personnage. Le jeu tirant à sa fin, je propose que le personnage essaie de monter sur la moto. Il place le personnage dessus et la moto tombe ; Guido déclarera seulement : « l'accident de Coluche ».

Je théâtralise l'affolement et la terreur de l'accident. Lui ne s'en saisit pas mais évoque son angoisse (habituelle) du méchant Coluche mort qui pourrait venir tout prendre. Au fil de la discussion, se dessine le premier clivage organisateur de l'objet-Coluche : il décrit, d'un côté, un Coluche terrifiant qui rend les gens pauvres ou morts mais voilà qu'arrive un autre Coluche affilié aux « restos du cœur » et qui, lui, conduit le camion qui donne à manger aux affamés. Le pauvre, dans le transfert c'est lui, face à un thérapeute très riche qui détient beaucoup de trésors, de rivaux, de secrets dans ses tiroirs et qui l'en frustre. Mais le thérapeute-Coluche est aussi la tête qui le nourrit. J'interprète donc que Coluche est mort mais que les restos du cœur, eux, continuent à vivre, à chanter et à donner à manger *à ceux qui n'ont plus rien* comme dans la chanson des Enfoirés qu'il connaît par cœur et qu'il a souvent chantée en séance. C'est l'heure de nous quitter. Je termine donc en disant que cela pourrait aussi raconter que maintenant, quand on se dit au revoir, on est capable de garder les bonnes choses que l'on se dit, jusqu'à ce qu'on se retrouve la prochaine fois.

Commentaires

On constate que le travail engagé avec Guido lui a permis de diversifier ses contenus mentaux et de rendre l'expression de son monde interne moins énigmatique. Du point de vue des contenants de pensée, cette séance témoigne d'une décondensation des espaces psychiques qui permet la constitution d'un espace intermédiaire pour qu'émergent un début de transitionnalité, d'associativité et une exploration plus profonde des charges proto-émotionnelles mises à décanter dans le champ. Un espace psychique en trois dimensions s'est acquis, me semble-t-il, à mesure que s'internalisait la rythmicité des séances, l'immuabilité de son cadre, de ses règles et la présence relationnelle à peu près continue du thérapeute. Rappelons que cette séance s'engage après une phase de turbulence excitatoire aiguë où Guido a pu mettre à l'épreuve mes capacités à m'occuper, envers et contre tout, de sa vie psychique sans déraper avec lui sur les pentes d'une co-excitation destructrice nourrie de passage à l'acte agressifs et sexuels ; malgré ce qu'il a mis en œuvre, je ne me suis jamais transformé en Coluche vengeur et cette sécurité interne a dû pouvoir s'introjecter, au goutte-à-goutte. Une réplique de Guido, projective mais non moins capitale, résume parfaitement la récompense d'avoir survécu à cette période compliquée : « Tu sais parler. » Guido indique là qu'il est repassé « en haut », c'est-à-dire dans le registre de l'élaboration psychique après une phase de repossession excitatoire – *claustrale* aurait dit Donald Meltzer – de l'objet. Il tente à cette époque de faire un peu *en faux* (le papy dans l'ambulance, la chute de la moto) ou du moins de m'y inciter (jouer à couper le doigt) pendant qu'il observe si le scenario catastrophique qu'il imagine aura bien lieu *en vrai*. On constate aussi une première symbolisation des rivaux projetés dans un élément du bureau : le meuble des dossiers comme support du fantasme de *nid-aux-bébés* décrit par F. Tustin. Guido prouve, également, qu'il peut maintenant vivre en relation avec différents aspects de l'objet, plusieurs objets partiels, comme le démontre la complexification du personnage de Coluche.

Cette apparition d'un Coluche nourricier, né, comme Ève, de la côte d'un Coluche mort, témoigne en effet d'un travail de (re)vitalisation de l'objet et offre à Guido une nouvelle possibilité dans son lien à ce dernier : l'accès à l'ambivalence. Ainsi, Coluche semble se dédoubler – par un clivage bon/mauvais – pour éponger la dette contractée pendant les années de famine relationnelle vécues dans l'autisme *proprement dit* et les disettes post-autistiques qui leur ont succédé. Désormais, le « bon » peut être – au moins un minimum – gardé dedans et le « mauvais » projeté dehors mais la dette est bien trop conséquente pour être liquidée si facilement. Et puis, ce « bon » reste encore trop dépendant du Coluche, dispensé gracieusement par le clown mort qui pourrait aussi bien tout reprendre d'un claquement de doigt, comme en témoigne cette crainte que le bon objet ne l'abandonne pour aller s'occuper des rivaux. Mais considérons déjà ce premier dégagement comme un bon espoir puisque – tout de même ! – nous avons gagné qu'en dépit de la mort de Coluche, les Enfoirés continuent à chanter et les camions à nourrir les affamés.

La réorganisation des défenses et la décondensation des espaces induisent une plus grande amplitude interprétative chez le thérapeute qui semble avoir délaissé ses interprétations-bouchons pour s'essayer aux interprétations dans le transfert et à la théâtralisation des vécus émotionnels. Avec plus ou moins de succès il est vrai mais, globalement, on remarque que le clinicien est sorti du confinement du « cercueil » interprétatif inaugural et que ses interventions sont plutôt bien acceptées par Guido. On constate, en revanche, que le transfert n'est pas encore interprété comme la réduplication d'une modalité relationnelle passée. Ce constat pose l'épineuse question du transfert et de son interprétation chez les enfants ayant connu des troubles du lien précoce : ont-ils *vécu* ce passé comme une réalité ? Dans le cas de Guido, la réponse est manifestement négative et les formes de contenances nouvelles qu'il a été capable d'introjecter jusqu'ici apparaissent plus importantes, pour l'heure, que la reconstruction d'une réalité historique encore trop abstraite. Pourtant, le lien transférentiel est pris dans un processus maturatif vigoureux, et, comme nous allons le voir maintenant, l'interprétation du transfert finira par prendre un sens dans ce traitement, c'est-à-dire un sens qui ne serve pas uniquement le besoin de comprendre du thérapeute.

ACTE III : ASSEZ RICHES POUR SE QUITTER EN RESTANT VIVANTS

Voici une séance de grand rassemblement. Il entre, s'installe à table et parle de découper et de coller. Il en parle, mais ne le fait pas. Il me donne une feuille et un crayon, pour m'occuper moi aussi et peut être pour expérimenter d'être un peu seul en ma présence. Il commence à dessiner ces formes énigmatiques qui peuplaient nos débuts de thérapie. Il ne m'associe pas vraiment à ce moment-là, comme c'était le cas alors. Il propose de dessiner la voiture de Cetelem (les crédits à la consommation dont la publicité passe souvent à la télévision). Il dessine deux guidons, il dit que ce sont les volants.

Thérapeute : « Je comprends que dans une voiture il y a un dedans, un endroit pour entrer, pour se protéger mais aussi pour sortir, comme une tête ! »

Il dessine ensuite la moto meurtrière de Coluche, insistant sur les deux guidons qui étaient apparus à mesure que l'alliance thérapeutique se consolidait entre nous.

Guido : « Coluche il a les cheveux bouclettes. Il est mort Coluche, il est plus vivant. »

Il dessine le bonhomme de Cetelem à côté, avec des cheveux rayonnants et une moustache qui donne au dessin un air morose mais tout de même vivant.

Thérapeute : « Alors, on aurait un Coluche mort et un bonhomme Cetelem bien vivant, bien vivant comme un soleil tout chaud. »

Il reste un peu fasciné par l'image du soleil tout chaud.

Guido : « Le bonhomme Cetelem il va dans sa voiture pour vendre des sous. »

Thérapeute : « Je pense que tu racontes qu'avoir un dedans pour penser, ça fait se sentir bien vivant, bien riche dedans, comme dans la thérapie. Ça sert aussi à pouvoir parler de la mort sans avoir peur qu'elle ne se passe en vrai. »

Guido (sèchement) : « Avant j'étais un papy et maintenant je suis un garçon. »

Thérapeute : « C'est comme si avant tu te sentais mort et que maintenant tu te sens bien vivant grâce à toutes les choses qu'on se raconte ici. »

L'occasion semble se présenter, enfin, de décondenser son histoire de celle du papy.

Thérapeute : « Je crois aussi que quand ton papy est mort, tu as pensé que tu étais mort en même temps que lui. Mais ton papy est mort car il était malade et vieux. Toi, tu es vivant, jeune et en bonne santé. »

Guido : « La mort c'est faire dodo au ciel, chez le bon dieu. »

Il me semble important de décondenser franchement là, vu ses angoisses à l'endormissement.

Thérapeute : « Non, dormir, ce n'est pas mourir. Quand on est mort, on n'a plus rien dans sa tête, plus de pensées, plus d'émotions. Quand on dort, on a encore des choses dans la tête, on rêve, on respire, on bouge. On repose son corps pour être en forme le lendemain. Ensuite on se réveille et on retrouve sa famille pour prendre le petit-déjeuner… »

Guido : « Le masque pour s'endormir à l'hôpital… »

Je théâtralise d'avoir eu très peur d'être mort là et de ne jamais se réveiller, de ne plus revoir maman car il était avec sa mère à l'hôpital. Comme pour m'avertir qu'il m'a bien compris, Guido juge utile d'ajouter :

Guido : « Après j'avais revu maman, j'étais pas mort, j'avais mangé et j'avais bu un Fanta. »

Commentaires

Les contenants de pensée continuent donc à se déplier en volume comme dans un livre *pop-up* et le petit espace transitionnel que nous avons réussi à délimiter dans le champ de nos séances héberge maintenant des contenus mentaux assez diversifiés. Pour être tout à fait honnête, je dois avouer que j'eus assez de mal à laisser s'échapper le petit « autiste » agrippé à son Coluche car, chemin faisant, je m'étais habitué à sa compagnie. Plus précisément, j'avais appris à interagir avec ce personnage et je dus renoncer à cette confortable immuabilité pour permettre aux nouveaux paysages psychiques proposés par Guido d'émerger en séance. Ce qui prouve, s'il le fallait, que les psychothérapeutes ne sont pas imperméables à l'agrippement – ou à toute autre « maladie » – qui transite dans le champ qu'ils s'engagent à explorer. Une certaine synchronie relationnelle est désormais identifiable entre le patient et son thérapeute qui, bien qu'ils se « ratent » encore parfois, semblent avoir trouvé une base commune suffisamment tranquille – une voiture protégée et non plus une moto accidentée – pour s'écouter et, parfois même, se surprendre. Le ton des échanges, ainsi que le canal interprétatif, comme nous le verrons plus loin, donnent le sentiment d'évoluer dans un travail psychanalytique plus « orthodoxe » car basé sur une associativité plus évidente.

Le Coluche mort semble, pour sa part, vivre ses dernières heures de dictature dans le champ. La partie « bonne » qui commençait à émerger plus haut avec les restos du cœur a continué de se développer jusqu'à arracher son autonomie à la partie « mauvaise ». Ainsi, ce n'est plus le Coluche qui attribue la bonne nourriture mais une banque autonome qui le « déclasse », lui et sa moto sans intériorité. Au-delà de la symbolique capitaliste, l'image de l'indépendance des ressources psychiques est assez jolie dans la mesure où elle reflète la plus grande autonomie de Guido face à l'activité mentale de son psychothérapeute et ses nouvelles capacités à faire face à la séparation. La paire analytique s'est donc, enfin, affranchie du Coluche et on a vu comment la dernière bataille s'était déroulée dans la psyché du thérapeute pour se dénouer, finalement, dans la tiercéité du travail de supervision. En définitive, c'est moins le côté terrifiant du Coluche qui a perduré dans ce traitement que son côté rassurant : la mort comme emblème d'une immuabilité éternelle capable de figer tout changement.

L'activité interprétative du thérapeute a, quant à elle, changé de registre et s'attelle maintenant à l'interprétation du transfert dans la mesure où celui-ci est moins éclaté et davantage superposable au fil associatif. La structuration des processus de pensée et l'affaissement des défenses amène même Guido à apporter sa réalité *historique* en séance : son vécu de « mise au tombeau » en même temps que celle du papy et son expérience abominable de mort à l'hôpital. L'arrivée de ces nouveaux éléments amènera le thérapeute à décondenser les éléments historiques des éléments fantasmatiques pour que les morts regagnent leur place dans les souvenirs et laissent aux vivants le privilège de la vie. Je souhaite pousser encore un peu l'analogie et décrire dans ce traitement un véritable travail de *régénération* de l'activité interprétative avec un trajet de l'interprétation morte et désincarnée vers l'interprétation vivante de ses potentialités transformationnelles. Il me semble que c'est Guido – illustrant par là l'idée du patient *meilleur collègue* de W.R. Bion – qui a donné le tempo de cette revitalisation, à mesure que se réchauffaient ses glaciers émotionnels, que se diversifiaient ses représentations psychiques et que se consolidait la relation analytique. Mais nous devons maintenant quitter Guido et nous choisirons pour le faire cet endroit de sa thérapie où, justement, la confiance de se retrouver gagne une bataille sur les affres de mourir en se séparant.

QUELQUES MOTS POUR CONCLURE

Face à l'uniformisation grossière que sème actuellement la notion de troubles du spectre autistique (TSA), il m'a semblé utile d'approfondir, dans ce travail, la distinction clinique entre l'expérience autistique proprement dite et celle du post-autisme, souvent confondues l'une avec l'autre, y compris par des professionnels du soin psychique. L'aventure pulsionnelle du post-autisme doit pourtant être scrupuleusement suivie par le thérapeute car elle concentre les processus de changement à venir dans le développement psychique de l'enfant. Pour cela, elle doit être reconnue et décondensée des matériaux autistiques (démantèlement, immuabilité, stéréotypies…) qui continuent, bien souvent, à se manifester dans ces tableaux cliniques, en particulier au sein de la régression inhérente au *setting* du dispositif thérapeutique. Il me semble que travailler au dégagement d'un état autistique qui s'est, en fait, déjà produit, peut induire le psychothérapeute en erreur et lui faire perdre un temps précieux pour élaborer les éléments post-autistiques qui font patiner l'émergence d'une pulsionnalité délivrée des contraintes de l'obsession, de l'excitation maniaque ou de la dépression primaire. Le cas de Guido illustre combien la vie mentale d'un enfant peut être marquée au fer rouge de son passage par l'autisme *proprement dit*, même si sa trace ne subsiste, parfois, que dans des zones reculées que F. Tustin nommait les *trous noirs* de la psyché. Ainsi, après les patientes hystériques de S. Freud, les enfants post-autistiques pourraient bien souffrir à leur tour de *réminiscences* et nous avons montré comment un parcours de soins adéquat peut offrir une élaboration psychique à ces vécus agonistiques encore jamais pensés. Et rien n'oblige, comme on l'a vu, le thérapeute à travailler en latin mais bien plutôt dans la *langue vivante* qu'il saura construire avec son patient au fil du processus thérapeutique.

Résumé

Cet article approfondit l'utilité de distinguer cliniquement l'expérience autistique proprement dite de celle du post-autisme, et revisite le traitement d'un enfant qui, bien que dégagé de son retrait, continue à être considéré comme « autiste » par son environnement. L'auteur s'interroge sur la singularité des retrouvailles pulsionnelles avec l'objet dans le post-autisme et sur la transformation de vécus agonistiques précoces au fil d'un processus thérapeutique.

Mots-clés : autisme, champ analytique, intersubjectivité, post-autisme, processus thérapeutique.

Summary

This article explores the use of clinically distinguishing the autistic experience itself from the post-autistic experience. It revisits the treatment of a child who, though no longer withdrawn, continues to be considered "autistic" by his environment. The author questions the particularities of the instinctual reunion with the object in post-autism and the transformation of early agonistic experiences over the course of the therapeutic process.

Key words: analytical field, autism, inter-subjectivity, post-autism, therapeutic process.

BIBLIOGRAPHIE

Athanassiou-Popesco C. (2015), *L'Acquisition de la troisième dimension psychique*, Chenonceaux, Popesco.

Baranger M. et Baranger W. (1961), La situation analytique comme champ dynamique, *Revue française de psychanalyse*, n° 49, 1985.

Ferro A. (2014), *Éviter les émotions, vivre les émotions*, trad. fr. L. Cecotti-Stievenard, Paris, Ithaque.

Ferro A. et Basile R. (2015), *Le Champ analytique : un concept clinique*, trad. fr. T. Van Der Hallen, Paris, Ithaque.

Freud S. (1925), La négation, in *Résultat, idées, problèmes II*, Paris, Puf, 1998.

Guignard F. (2015), *Quelle psychanalyse pour le XXIe siècle ?*, t. I : *Concepts psychanalytiques en mouvement*, Paris, Ithaque.

Haag G., Tordjman S., Duprat A., Clément M.-C., Cukierman A., Druon C., Jardin F., Maufras du Chatelier A., Tricaud J. et Urwand S. (1995), Grille de repérage clinique des étapes évolutives de l'autisme infantile traité, *Psychiatrie de l'enfant*, vol. XXXVIII, n° 2.

Haag G. (2002), L'acte création/représentation de formes dans le jeu de la transformation, in *Revue française de psychanalyse*, 66.

Jeammet N. (1991), Le post-autisme : une figure de la normalité ?, in *Psychiatrie de l'enfant*, vol. XXXIV, n° 1.

Kanner L. (1943), Autistic Disturbance of Affective Contact, in *The Nervous Child*, t. II, n° 3.

Meltzer D., Bremmer J., Hoxter S., Weddel D. et Wittenberg I. (1975), *Explorations in Autism*, The Roland Harris Educationnal Trust. *Explorations dans le mode de l'autisme* (1980) trad. fr. G. Haag, M. Haag, L. Iselin, A. Mauffras du Chatellier, G. Nagler, Paris, Payot, nouvelle éd. (2002), Paris, Payot et Rivages.

Passone S. (2013), L'après autisme et ses devenirs, *in* Passone S., Suarez-Labat H. (dir.), *Après l'autisme. Comment sortir de l'état autistique*, Paris, In Press.

Suarez-Labat H. (2011), « Des barrières aux limites : états autistiques et processus de changement », thèse de doctorat en psychologie clinique et psychopathologie, sous la dir. de Pr. B. Golse, Pr. C. Chabert, université Paris-Descartes.

Suarez-Labat H. (2013), À la recherche de la dynamique du transfert chez l'enfant autiste, *in* Passone S., Suarez-Labat H. (dir.), *Après l'autisme. Comment sortir de l'état autistique*, Paris, In Press.

Tustin F. (1972), *Autisme et psychose de l'enfant*, trad. fr. M. Davidovici, Paris, Éditions du Seuil, 1977.

Tustin F. (1981), *Les États autistiques chez l'enfant*, trad. fr. C. Cler, M. Davidovici, Paris, Éditions du Seuil, 1986.

Winnicott D.W. (1975), La crainte de l'effondrement, in *La Nouvelle Revue de psychanalyse*, n° 11.

PERTINENCE DE L'APRÈS-COUP DANS LA CURE DES ENFANTS : POUR INTRODUIRE LA QUESTION

Laurence KAHN

Le refoulement, avec retour après-coup de ses rejetons dans et par l'actualisation transférentielle, est l'un des pivots de l'analyse d'adulte – l'un des textes de référence pour penser l'après-coup dans la cure demeurant « Remémoration, répétition et perlaboration » (Freud, 1912). Selon Freud l'*Agieren* transférentiel correspond à ce qui échappe totalement à la conscience du patient, lequel n'a aucun souvenir de ce qui a été refoulé : il le répète en l'agissant sans savoir ce qu'il répète. C'est donc grâce à la réincarnation transférentielle des situations infantiles, grâce à la réactivation des traces mnésiques du refoulé que l'analyste, après-coup, peut se ressaisir avec le patient de ce passé enfoui.

Mais jusqu'à quel point l'action de l'après-coup, dans la désarticulation complète de la diachronie qu'elle implique, est-elle également pertinente dans les cures d'enfants ?

La question m'est venue au carrefour de deux lignées de réflexion. La première est ancienne. Elle concerne la place extrêmement large que Freud accorde à l'après-coup dans tout développement d'enfant, au chapitre de la « post-éducation », et ce d'un bout à l'autre de son œuvre. Ainsi dans les *Trois essais* (Freud, 1905) écrit-il que l'édification des digues, construites contre les forces pulsionnelles, est l'œuvre de l'éducation, certes, mais que cette aide n'est qu'une aide après-coup, une *Nachhilfe* (Freud, 1905, p. 100). Car les éducateurs ne sont que les exécutants d'un programme qui doit se dérouler. Ils ne sont donc que les mandataires d'une charge qui dépasse leurs buts conscients : la charge d'activer le refoulement, condition de la vie sociale. Que ce soit dans « L'introduction à la méthode de Pfister » (Freud, 1913), dans les *Leçons d'introduction* (Freud, 1916-1917), dans la

Journal de la psychanalyse de l'enfant, vol. 7, n° 1, 2017, p. 131-140

préface au livre de Aichhorn (Freud, 1925) ou dans l'*Abrégé de psychanalyse* (Freud, 1940), chaque fois que Freud y revient, il n'est question ni d'adaptation ni d'expérience correctrice, mais bien d'une *Nacherziehung*, terme construit sur le modèle même de la *Nachträglichkei*t (Freud, 1916-1917, 1925, 1926).

Ce que Freud redit encore, peut-être autrement, dans *L'Homme Moïse* (Freud, 1939) quand il inclut la possession universelle du langage et la capacité à la symbolisation au sein d'un processus d'héritage venu du fond de l'espèce, ce qu'il nomme un « savoir originaire » : soit que « nous soyons en présence d'un cas assuré d'héritage archaïque venu du temps où la langue se développait », soit qu'il s'agisse « de relations de pensée entre des représentations qui s'étaient constituées pendant le développement historique de la langue et qui doivent maintenant être répétées chaque fois que s'effectue un développement individuel de la langue » (Freud, 1939, pp. 192-196). Mais Freud va plus loin : en faisant des complexes d'Œdipe et de castration non seulement les vecteurs d'une prédisposition psychique universelle, mais tout simplement les traces mnésiques organisatrices de l'expérience – et singulièrement des expériences traumatiques précoces –, il offre évidemment une conception de l'après-coup constitutive du devenir de tout petit humain. Telle est la surprise, écrit-il, que nous réserve la découverte que les réactions aux traumatismes précoces ne s'en tiennent pas strictement à ce que l'on a réellement vécu, mais qu'elles s'en éloignent d'une façon qui convient bien mieux au modèle d'un événement phylogénique. On retrouve là les remarques de la fin de « L'homme aux loups », lorsque Freud avance que là où les expériences vécues personnellement « ne se soumettent pas au schème héréditaire » (Freud, 1918, p. 94), elles « subissent un remaniement psychique dans le fantasme ». Ainsi l'invariant qu'est le complexe de castration a-t-il une existence autonome qui renvoie à l'universalité de la structuration psychique de l'humain – véritable « préparation à comprendre » (Freud, 1918, p. 116), véritable « prédisposition à la ré-acquisition » (Freud, 1918, p. 117), grâce à laquelle l'expérience elle-même peut se structurer.

Le modèle freudien implique donc deux strates : l'inscription des traces phylogénétiques en chaque enfant (ce que Freud nomme le « programme »), et leur remobilisation par les figures éducatrices. L'amont temporel – le temps hors temps de la première inscription – s'apparenterait ainsi à un en-deçà fort proche de ce que René Diatkine nomme le « vertige des origines » (Diatkine, 1979). Mais ce modèle, qui touche au devenir de l'espèce, est-il pertinent cliniquement si l'on restreint la réflexion à la pratique de la cure des enfants proprement dite ? Dans le cas de ces cures, de quelle manière fonctionne les deux temps de l'après-coup, au sein même de ces traitements ?

Ces deux temps, faut-il le rappeler, ne s'agencent ni selon l'ordre linéaire de l'histoire du sujet, ni sous le signe de la rétroactivité de l'interprétation du passé. Comme le soulignent Laplanche et Pontalis, « ce n'est pas le vécu en général qui est remanié après-coup, mais électivement ce qui, au moment où il a été vécu, n'a pu pleinement s'intégrer dans un contexte significatif. Le modèle d'un tel vécu est l'événement traumatisant » (Laplanche et Pontalis, 1967, p. 34). De plus, le remaniement après-coup peut prendre corps soit à l'occasion d'événements ou de situations, soit par le fait de la maturation organique – ces données ouvrant à la réélaboration des expériences antérieures.

Ce qui rejoint l'hypothèse que Freud développe de *Emma* à *Moïse* : le premier « coup » n'en devient un que dans un temps second. Dans le cas de Emma, c'est parce que la puberté met en contact avec des sensations et des affects nouveaux que les traces mnésiques du premier attentat ou du premier ébranlement sont réinvesties et chargées libidinalement. Le second événement, généralement assez bénin, est alors marqué au sceau du premier « choc », tandis que ce premier choc – reçu à une époque où l'appareil psychique de l'enfant n'est pas encore prêt à l'accueillir ni davantage à le comprendre – n'en devient un que parce qu'il est alimenté en libido par le second temps, celui de la puberté. C'est donc seulement la seconde scène qui donne à la première sa valeur pathogène. De même, dans le cas de « L'homme aux loups », le patient ne comprit le coït « [...] qu'à l'époque du rêve, à 4 ans, et non à l'époque où il l'observa. À un an et demi, il avait recueilli les impressions qu'il put comprendre après-coup, à l'époque du rêve, grâce à son développement, son excitation sexuelle et sa recherche sexuelle ».

C'est ce modèle que nous faisons fonctionner dans la cure des adultes quand nous tentons de saisir comment la charge libidinale mobilisée par le transfert est capable de réactualiser des traces mnésiques silencieuses et de les faire parler. Mais ceci résout-il la question de la pertinence d'une conception de l'après-coup à l'œuvre grâce à l'action même du transfert dans des cures d'enfants ? et j'ajoute cette précision supplémentaire, nécessaire à l'introduction de cette question : des enfants n'ayant pas atteint l'âge pubertaire et sa cohorte de remaniements.

Si la question se pose, c'est que, comme le souligne Didier Houzel, l'argument de l'après-coup a souvent été utilisé pour dénier la possibilité d'analyser un enfant avant la puberté. Un argument qui consiste à dire : « L'élaboration se fait dans l'après-coup des événements traumatiques ou des relations conflictuelles aux personnages clés de l'enfance ; or l'enfant vit en temps réel traumatismes et relations aux proches qui vont organiser sa psyché ; il n'est donc pas possible de le soumettre à une authentique psychanalyse » (Houzel, 2011, p. 53). Raison pour laquelle il « plaide pour une théorie *élargie* de l'après-coup » – en s'appuyant en particulier sur les éventuelles dysharmonies entre plusieurs systèmes de motivation : la « matrice intersubjective » primaire (entre mère et enfant), les accordages et désaccordages liés aux mouvements pulsionnels et le système de l'attachement.

Ce que reprend Bernard Golse (Golse, 2010) quand il avance que l'enfant est d'emblée dans l'après-coup au regard de la « situation anthropologique » fondamentale telle que la développe Jean Laplanche (Laplanche, 2007). La théorie de l'après-coup, écrit-il, « transcende la question du choix entre traumatisme réel ou traumatisme imaginaire [...], elle transcende la question du choix entre traumatisme endogène ou traumatisme exogène et, enfin, ce qui n'est pas le moindre de ses intérêts, elle offre la possibilité de conserver la théorie du traumatisme en deux temps, y compris dans les cas de traumatismes hyper-précoces… » (Golse, 2011, p. 75). Aussi bien Didier Houzel que Bernard Golse articulent donc *l'élargissement* nécessaire à un temps 1 qui implique la position maternelle des primes origines, et peut-être même au-delà.

Reste que, en se référant au caractère général de la relation à l'autre, certes, ces auteurs « élargissent ». Et sans doute faudrait-il ajouter ici la conception de Haydée Faimberg qui considère la crainte de l'effondrement selon Winnicott (Winnicott, 1989) comme un des paradigmes de l'après-coup. Rappelons que Winnicott interprète au patient que l'effondrement, dont il craint la réalisation inexorable dans le futur, s'est, en fait, déjà produit à une époque où il n'y avait, à proprement parler, aucun sujet pour en faire l'expérience. « Comme j'entends son travail, écrit Haydée Faimberg, Winnicott – en se référant à une agonie primitive – centre sa réflexion autour du concept freudien, essentiel, de *Hilflosigkeit* (de la détresse de l'enfant due à sa prématuration). La formulation winnicottienne relie, par une relation porteuse de sens, le présent et le futur (la crainte de l'effondrement) à ce qui s'est déjà produit (une agonie primitive). Dans la perspective choisie, la phase d'anticipation est constituée par l'agonie primitive ("sans nom", dirait Bion) ; la formulation winnicottienne constitue une construction qui donne rétroactivement à cette agonie, pour la première fois, un nom et, surtout, une temporalité » (Faimberg, 2009)[1].

Mais statuent-ils sur le sens clinique de la mise en place d'un processus d'après-coup *stricto sensu* dans une cure d'enfant ? Que, pour bien des auteurs, après-coup et latence soient inséparables peut ouvrir le questionnement dans deux directions opposées : soit que l'on fasse dériver le modèle de l'après-coup vers un modèle développemental. Et je pense en particulier à la position de Melanie Klein, dans la mesure où, certes, selon elle, les incidents du passé grèvent l'évolution normale de l'enfant – les angoisses archaïques entravant l'accomplissement de la situation œdipienne. Mais l'essentiel réside dans le fait que le mode d'entrave, ou le

1. Cette position a été critiquée par Denys Ribas (2009).

mode de réactivation, peut d'emblée être signifié. Ainsi en est-il des signaux dépressifs de la perte, puisque celle-ci vient toujours après une perte primaire – celle du premier objet d'amour (Klein, 1940). De ce point de vue, l'après-coup serait central. À ceci près que la structuration des expériences précoces se fait antérieurement à toute seconde frappe psychique – le précoce renfermant toutes les structures internalisées dont on présuppose qu'elles sont déjà là, dans toutes les primes expériences non-parlées et non-parlables. Si transformation il y a, elle s'effectue *in fine* dans la diachronie du développement de l'enfant. La seconde direction pourrait être celle qu'évoque René Diatkine à propos de la clinique des cures d'enfants : « Non seulement l'enfant parle toujours au présent, mais de quelque façon qu'on le comprenne, et quoi qu'on fasse de cette compréhension, la thématique infantile se raconte au même temps [c'est-à-dire le présent]. Elle se présente toujours comme actuelle. Elle n'est la trace ou la remémoration d'une expérience ancienne que dans la mesure où le psychanalyste s'interroge sur son origine » (Diatkine, 1979, p. 57).

Ceci m'amène à une seconde lignée d'interrogation, pour introduire cette question, à savoir la relecture récente du livre de Claude Janin, *Figures et destins du traumatisme* (2015, pp. 48-51) – livre dans lequel la place accordée à la question de l'après-coup est très importante. Tout d'abord sous l'aspect de l'événement et de la trace laissée par celui-ci, lesquels fonctionnent comme le « grain de sable » autour duquel « la perle des concrétions fantasmatiques » va éventuellement pouvoir se former : autrement dit la perle de la possible symbolisation – sauf, ajoute Janin, dans les cas où le grain de sable reste grain de sable. Selon lui, ce grain de sable a de toute manière un rôle capital pour l'analyste : il serait le noyau traumatique de tout processus psychique. De ce modèle, il précise lui-même qu'il est proche de la notion d'implantation d'un corps psychique étranger interne, telle que Laplanche l'a développée.

L'essentiel, selon lui, est que le processus vertueux du grain de sable et de la perle tient à ce que, normalement, il permet de ne pas statuer sur la réalité, de la laisser dans l'entre-deux « transitionnel » de l'indécision concernant l'appartenance de l'événement à la réalité réelle ou à la réalité psychique. Or, ce processus vertueux devient cercle vicieux quand l'événement se trouve répéter le fantasme : ce que Janin regroupe avec la notion de *collapsus de la topique interne*. Par exemple, l'événement « détransitionnalise » la réalité quand l'enfant est confronté à une séduction réelle, réduplication *dans la réalité* du fantasme originaire de séduction ; ou quand l'enfant voit, avec la disparition d'un proche, la réalisation de certains fantasmes agressifs inconscients.

Pour préciser la question que je tente d'introduire, j'envisagerai un cas évoqué par Claude Janin : l'analyse d'un enfant, Ivan. Ce garçon, à l'âge de 2 ans ½, a perdu la nourrice qui s'occupait quotidiennement de lui – celle-ci ne revenant pas à un retour de vacances de Noël, à la suite d'une phrase très ambiguë de la mère, interprétée par la nourrice comme un congédiement. Rien n'est dit à Ivan. Dix-huit mois après cet événement, surgissent des crises d'épilepsies qui depuis (Ivan a 10 ans lors de la consultation) mettent régulièrement sa vie en danger, augmentant chaque année en fréquence et en intensité à l'approche des vacances de Noël. À la fin de l'entretien avec la mère, un rendez-vous est pris pour que l'analyste et l'enfant se rencontrent. Mais le lendemain, la mère appelle pour dire que Ivan vient de faire une réaction allergique gravissime : il a des brûlures au deuxième degré sur tout le corps et se trouve dans le coma.

La thérapie ne commence donc que trois mois plus tard. Sans entrer dans les détails du jeu des premières semaines, disons que Janin saisit que Ivan est identifié à un bébé à qui tous deux servent des repas tantôt trop froids, tantôt trop chauds, de sorte que le bébé se brûle. Il forme l'hypothèse que le départ de la nourrice a soumis Ivan à une rupture du pare-excitation telle que le mécanisme de défense que l'enfant avait mis en place en clivant l'image maternelle menaçante, mais en projetant sur chacune des deux « mères » des aspects « bons » et des aspects « mauvais », que ce mécanisme de défense donc a volé en éclats avec le traumatisme du départ brutal de la nourrice. Et Janin ajoute : « Ivan n'a rien pu élaborer de la perte objectale subie alors.

Je dirais volontiers que les absences survenues à l'âge de 4 ans constituent, étayées sur l'érotisme anal, comme un équivalent du jeu de la bobine dans lequel, en "s'absentant" et en "revenant à lui", il *est lui-même la bobine.* » Ivan tenterait ainsi de lier l'excitation traumatique.

Claude Janin insiste non seulement sur le *défaut de symbolisation* dans ce jeu de la bobine qui n'en est pas un, mais également sur le fait que le syndrome allergique, apparaissant sous le coup du rendez-vous pris avec lui, est en continuité avec l'épilepsie : « Ce serait une *reviviscence mortifère* de la rupture du pare-excitation dans le deuxième temps du traumatisme. » Deuxième temps du traumatisme qui ouvre, en tant qu'après-coup, à une possible symbolisation.

Si ce cas me semble poser clairement le problème, c'est que – outre le rôle imparti à l'événement traumatique daté et quasiment historicisé par la mère – Claude Janin ne peut parler d'après-coup que parce qu'il considère l'allergie catastrophique comme une suite psychique, un après-coup psychique des crises d'épilepsie – cela alors même que la rencontre entre lui et l'enfant n'a pas encore eu lieu. Comment, dans ces conditions, considérer que le transfert est déjà installé ? L'usage du modèle de l'après-coup n'est-il pas très, voire trop élargi dans ce cas ? De plus, n'implique-t-il pas trois personnes, et non les seuls protagonistes de la cure – ce qui pose le problème soulevé par le rôle des positions parentales réelles ? Enfin la suite allergique du premier traumatisme est une suite « dans le temps » – la réélaboration dans la cure pouvant être entendue comme un troisième temps, celui de la donation d'un sens symbolisable, mais par rapport à quel « insensé » dont on ignorerait la teneur inconsciente ? On se trouve confronté là à la valeur de la réactivation transférentielle dans la cure des enfants. Régulièrement on se pose la question de savoir si l'on n'a pas simplement affaire à la perlaboration d'un trauma qui trouve des expressions successives dans les expériences de la vie – ce dont l'analyste, bien évidemment, fait usage dans la cure. Si nous nous posons cette question, c'est peut-être qu'il est souvent difficile de démêler dans un traitement d'enfant ce qui relève à proprement parler d'une relance pulsionnelle provoquée par l'action même du transfert, ou s'il s'agit d'une mobilisation pulsionnelle liée à un développement certes non chronologique, mais disons à envisager sur le mode de la *Nacherziehung* freudienne. En vérité, il faudrait ouvrir ici une autre série de questions, portant cette fois sur le statut de la régression dans ces analyses.

Résumé

L'article est consacré à la question de savoir si le concept d'après-coup, qui désarticule la temporalité linéaire, est pertinent ou non dans le cadre de la cure d'enfant. La première partie se centre sur la place très importante que S. Freud accorde à l'après-coup dans le développement de tout enfant, au carrefour de la phylogenèse et de l'éducation qui en remobilise les traces. La deuxième partie se centre sur le fait que c'est précisément ce concept d'après-coup qui a été utilisé pour contester la possibilité même de l'analyse d'enfant. L'auteur conclut par l'évocation d'un bref cas clinique qui lui permet de discuter la place du transfert et de la régression au regard des processus de relance pulsionnelle propres à la dynamique de l'après-coup.

Mots-clés : après-coup, cure, éducation, enfant, régression, transfert.

Summary

This article is focused on the problem of differed action, which dislocates the notion of linear temporality: would it be pertinent or not in the frame of child psychoanalysis? The first part of the paper is focused on the very important place S. Freud gave to differed action in every child development, at the crossroads between phylogenesis and nurture which raises again its traces. The second part is focused on the issue of using this concept to dispute the very possibility of child psychoanalysis. The author concludes with a brief quotation of a clinical case allowing her to discuss the role of transference and regression from the angle of the processes restarting the instinctual dynamics peculiar to differed action.

Key words: child, cure, differed action, nurture, regression, transference.

BIBLIOGRAPHIE

Diatkine R. (1979), Le psychanalyste et l'enfant : avant l'après-coup, ou le vertige des origines, *Nouvelle revue de psychanalyse*, n° 19, pp. 49-64.

Faimberg H. (2009), Après-coup et construction, *Revue française de psychanalyse*, vol. 73/2, pp. 473-486.

Freud S. (1905), *Trois essais sur la théorie sexuelle*, Paris Gallimard, 1988.

Freud S. (1912), Remémoration, répétition et perlaboration, trad. J. Altounian, P. Haller, D. Hartmann, *OCF-P*, vol. XII, Paris, Puf, 2005, pp. 185-196.

Freud S. (1913), Introduction à la « méthode psychanalytique » du Dr. Oskar Pfister, trad. A. Rauzy, *OCF-P*, vol. XII, Paris, Puf, 2005, pp. 35-40.

Freud S. (1916-1917), Leçons d'introduction à la psychanalyse, trad. A. Bourguignon, J.-G. Delarbe, D. Hartmann et F. Robert avec la collaboration de J. Altounian et P. Cotet, *OCF-P*, vol. XIV, Paris, Puf, 2000.

Freud S. (1918), À partir de l'histoire d'une névrose infantile, trad. J. Altounian et P. Cotet, *OCF-P*, vol. XIII, Paris, Puf, pp. 1-119.

Freud S. (1925), Préface à « Jeunesse à l'abandon », trad. R. Lainé, *OCF-P*, vol. XVII, Paris, Puf, 1992, pp. 159-163

Freud S. (1926), Psychanalyse, trad. A. Bourguignon, C.V. Petersdorff, *OCF-P*, vol. XVII, Paris, Puf, pp. 287-296.

Freud S. (1938), *Abrégé de psychanalyse*, trad. F. Kahn et F. Robert, *OCF-P*, vol. XX, Paris, Puf, 2010.

Freud S. (1939), *L'Homme Moïse et la religion monothéiste*, Paris, Gallimard, 1993.

Golse B. (2010), Y a-t-il une psychanalyse possible des bébés ?, *in* Cramer B. *et al.*, *Des psychanalystes en pédopsychiatrie*, Paris, Puf, coll. « Monographie de la psychiatrie de l'enfant », pp. 57-95.

Golse B. (2011), Les enjeux de la psychanalyse de l'enfant au regard de la théorie de l'après-coup, *Journal de la psychanalyse de l'enfant, nouvelle série*, vol. I, n° 1, pp. 67-89.

Houzel D. (2011), Le moment présent et la psychanalyse de l'enfant, *Journal de la psychanalyse de l'enfant, nouvelle série*, vol. I, n° 1, pp. 53-66.

Janin Cl. (2015), *Figures et destins du traumatisme*, Paris, Puf (3e éd.).

Klein M. (1940), Le deuil et ses rapports avec les états maniaco-dépressifs, *Essais de psychanalyse*, Paris, Payot, 1980, pp. 341-369.

Laplanche J. (2007), *Sexual*, Paris, Puf.

Laplanche J. et Pontalis J.-B. (1967), article sur l'« après-coup », *Vocabulaire de la psychanalyse*, Paris, Puf, pp. 33-36.

Ribas D. (2009), Crainte de l'effondrement, deuil gelé : temps arrêté, *Revue française de psychanalyse*, vol. 73/5, pp. 1507-1515.

Winnicott D.W. (1989), *La Crainte de l'effondrement*, Paris, Gallimard.

VOYAGE EN THÉRAPIE. L'ADOLESCENT ET SON THÉRAPEUTE

Alain Braconnier[1]

La première analyste d'enfant ne serait ni Anna Freud ni Mélanie Klein, mais Hermine Hug-Helmuth (Novick et Novick, 2012). On reconnaît son influence sur le cercle initial des collègues qui s'intéressèrent à l'application de la psychanalyse aux enfants et aux adolescents. Certains s'interrogent depuis sur la réticence des psychanalystes à travailler avec les adolescents. Serait-ce parce qu'en 1924, H. Hug-Helmuth fut assassinée par son neveu Rolf, âgé de 18 ans, qu'on croit avoir été son patient ? Commençons à parcourir ce « voyage en thérapie » sur l'adolescence ou plus exactement sur le travail psychanalytique qu'il suscite par un résumé de son histoire de Freud à aujourd'hui. Chacun s'accorde pour reconnaître que depuis les *Trois essais sur la théorie de la sexualité*, le pluralisme des points de vue parcourt cette histoire.

D'emblée ce « refoulé » historique des enjeux du travail analytique à l'adolescence est infiltré de trois questions. Elles sont source aujourd'hui encore de multiples réflexions et débats : ce lle de l'analyse de la violence pulsionnelle, celle de l'accès à la réalité psychique de l'adolescent et celle du temps de l'analyse du transfert et du contre-transfert nécessitant encore plus qu'ailleurs un travail continu de supervision sous une forme ou sous une autre, y compris par des colloques ou des lectures ou relectures de textes sur ces sujets.

1. Alain Braconnier, psychiatre, psychanalyste, responsable de la formation de l'Association psychanalyse et psychothérapie, GH Pitié-Salpêtrière, service de pédopsychiatrie du Pr David Cohen, 47 bd. de l'Hôpital, 75013 Paris.

Journal de la psychanalyse de l'enfant, vol. 7, nº 1, 2017, p. 141-149

LE TRAVAIL SUR UN « RING »

Pourrait-on accepter cette assertion initiale de tout travail psychanalytique à l'adolescence : « au début était la violence » : violence de la demande, violence de la rencontre, violence du « pubertaire ».

La demande est souvent marquée par l'urgence dominée par l'acte et/ou le retrait, impulsif et/ou transgressif, subie et/ou agie.

La rencontre se situe dans la violence d'un paradoxe « thérapeutique » : devons-nous nous tourner vers un travail de déliaison de cette demande, d'analyse au sens strict du terme ou vers un travail de mise en liens sous-tendu par notre projet d'associativité, de métaphorisation, de signifiance et d'historisation de cette violence.

Le pubertaire, ce qui serait à la psyché ce que la puberté est au corps selon l'heureuse formulation de Philippe Gutton (1991), souligne la violence pulsionnelle auquel le psychisme de l'adolescent se confronte et la pression exercée sur les instances psychiques de la réalité biologique.

Le thérapeute travaille donc souvent sur un « ring » où il doit savoir prendre des « coups » tout en les esquivant et en donner tout en les retenant. Il doit ainsi faire semblant tout en ne faisant pas semblant.

L'ACCÈS À LA RÉALITÉ PSYCHIQUE

L'adolescent ne se prête plus comme l'enfant à sa réalité psychique. Il n'acceptera plus facilement de dessiner ou de jouer. Seul le psychodrame pourra en être une suite. Il ne facilitera pas non plus l'analyse de ses rêves, de ses lapsus ou de ses actes manqués comme pourront s'y prêter les adultes. La question de l'articulation entre réalité externe et réalité interne a été évoquée dès 1980 par Philippe Jeammet (1980) qui a introduit la notion « d'espace psychique élargi » concernant l'approche psychothérapique de l'adolescent et de ses parents. À cela s'ajoutent aujourd'hui les difficultés à s'appuyer sur ce qu'on appelle la « capacité réflexive » et la « mentalisation », capacités exercées par le préconscient pour laisser surgir les surprises de l'*insight*. Ces deux dernières notions sont à l'origine d'un nouveau modèle de psychothérapie pour les personnalités *borderline* avec une adaptation pour les adolescents. Ce modèle associe une approche issue de la psychanalyse et de la théorie de l'attachement (Bateman et Fonagy, 2004). Quelle que soit l'approche, la question de l'espace intérieur de l'adolescent se pose pour envisager un travail analytique. La position d'Isée Bernateau a le mérite d'éclairer parfaitement le problème quand elle écrit : « La clinique actuelle de l'adolescence montre que la constitution de cet espace intérieur n'est plus le préalable au déroulement de la cure, mais l'enjeu de l'aventure thérapeutique » (Bernateau, 2010).

À la recherche des investissements éphémères ou/et à la recherche de l'histoire infantile ?

Cet accès à cet espace intérieur, à la réalité psychique se pose pour le thérapeute analyste d'une façon très concrète : doit-il privilégier la décharge cathartique de « l'actuel » ou l'histoire infantile revisitée par l'après-coup ? En d'autres termes quand et comment sommes-nous amenés à penser en termes de reconstruction ou en termes de construction, même éphémère ?

Si au cours de l'enfance une grande partie du développement psychique pouvait demeurer, en un sens, vécu comme provisoire, à la puberté, le sujet sent et sait qu'il ne sera plus jamais le même alors même qu'il existe au cœur du sujet des représentations infantiles de soi et des autres qu'il désire profondément immuables. Comme l'écrivent Robin Anderson et Anna Dartington : « C'est là que réside une source énorme de tension » (Anderson et Dartington, 2003).

Une question se pose alors : à quel moment commence notre histoire ? On parlera de remémoration concernant l'histoire dont nous avons le souvenir. Mais dans l'histoire qui se construit au gré des rencontres où surgissent la créativité, la capacité d'empathie, d'identification et de communication langagière, on pourra parler de la construction d'une nouvelle historicité que seul un voyage psychothérapique psychanalytique a permise.

Cette question a d'autant plus d'intérêt à l'adolescence que l'un des axes centraux de la problématique adolescente se présente autour des processus d'identification et d'identité ainsi que des transformations ou d'objets transformationnels que cette problématique soulève dans la rencontre avec l'autre.

Confronté aux enjeux de l'adolescence, le psychanalyste se doit-il de rechercher les tempêtes de l'histoire infantile pour élaborer l'actuel ou doit-il s'efforcer d'être plus sensible aux orages éphémères du moment, orages du monde psychique mais aussi orages transférentiels ; autrement dit le psychanalyste doit-il, comme à son habitude, chercher à lever pas à pas le refoulement[2] (André et Chabert, 2010) en favorisant la régression et en travaillant de façon processuelle sur le sens que le contenu des séances dévoile de l'histoire infantile et de l'après-coup qui se dégage, ou doit-il favoriser le défoulement et la cathartique de l'actuel comme cela lui est généralement demandé plus directement par les parents et l'environnement mais en favorisant avant tout l'association libre et la signification actuelle qu'il peut énoncer au sujet de l'investissement ici et maintenant de ses enchaînements de pensées comme il le ferait à propos d'un récit de rêve (ou de cauchemar) ? Dans la première option, comme le souligne particulièrement bien là aussi Jacques André, « L'adolescence ne peut à la fois être l'heure du refoulement (après-coup) et l'heure de sa levée » (André, 2010).

De la seconde option, Catherine Chabert nous en donne un remarquable exemple quand elle élabore sa théorie du « féminin mélancolique » à partir des traitements analytiques qu'elle a entrepris avec ses jeunes patientes boulimiques : « Ce qui m'était apparu, c'est que dans les fantasmes de

2. Jacques André approfondit particulièrement bien cette question à partir de sa réflexion sur l'après-coup dans sa contribution à cet ouvrage.

séduction tels qu'ils apparaissaient chez ces patientes-là, je ne retrouvais pas la version hystérique : c'est-à-dire l'homme, le père ou son substitut qui a une position active, et où la fille est une victime innocente. Chez mes jeunes patientes notamment boulimiques, j'ai été confronté à une version différente, à savoir que ce qui apparaît, c'est la conviction que c'était elles et leur nouveau corps de femme qui était une source d'excitation extrême, une fonction excitante de l'autre, et que, dévorée par une culpabilité – avec un surmoi cruel et tyrannique –, elles retournaient le tourment contre elles en attaquant l'objet même du délit, c'est-à-dire leur corps. C'est ce que j'ai appelé la version mélancolique du fantasme de séduction. C'était ça mon “féminin mélancolique”, c'était une autre version de la séduction, que l'on retrouve beaucoup d'ailleurs chez les états-limites » Chabert, 2009).

Chacun s'accordera sans doute pour penser qu'il est préférable de s'appuyer sur ces deux attitudes quitte à commencer par la seconde de façon convaincue sur son utilité mais sans jamais la cliver de la première. Cette proposition s'appuie là aussi sur D.W. Winnicott qui avait souligné, à juste titre de mon point de vue, que certains patients (il se référait aux cas-limites) avaient besoin au début d'une sorte de « *management* » avant de pouvoir accéder dans un deuxième temps seulement à soutenir l'analyse de leur conflictualité psychique. On pourrait parler d'une thérapie pour arriver à la thérapie. Chacun a à l'esprit l'idée que le travail ainsi envisagé avec les adolescents peut s'interrompre prématurement mais les amener plus tard à envisager un travail analytique proprement dit devenu adulte.

LE TEMPS DE L'ANALYSE DU TRANSFERT ET DU CONTRE-TRANSFERT

Pour une fois D.W. Winnicott avait peut-être pensé trop vite quand il avait écrit : « Il n'existe qu'une guérison pour l'adolescence… une seule et cela relève du passage du temps » (Winnicott, 1961). Aujourd'hui, personne ne peut nier que de nombreux adolescents puissent bénéficier d'un travail psychanalytique s'appuyant sur le transfert et le contre-transfert. La question est : de quel travail s'agit-il ? Ce travail réside pour moi sur la prudence de l'interprétation *du* transfert au profit des interprétations *dans* le transfert. Le transfert ne doit pas être abordé aussitôt qu'il est repéré. Il faut savoir attendre qu'il soit mué en résistance manifestée par un renforcement des défenses ou des sollicitations par la réalité externe. Ce travail analytique ne peut ainsi n'être pour moi que « psychothérapique » au sens où Freud utilisait ce terme : « l'action du psychique sur le psychique par le psychique » (Freud, 1984), ou en termes plus contemporains un travail empathique de « co-pensée » (Perier, 2015). Ce travail nécessite de respecter initialement un temps où la recherche de l'alliance (Braconnier, 2014) ne se soucie pas du transfert positif ou même idéalisant sans tomber dans la tentation d'un recours à la séduction narcissique ou érotique.

LE TRAVAIL ANALYTIQUE À L'ADOLESCENCE : UN VOYAGE EN THÉRAPIE

Le travail psychanalytique à l'adolescence ne peut-être qu'un temps, mais un temps historicisé, subjectivé, un temps pour se rencontrer et se dire adieu. L'adolescent se présente volontiers comme « un voyageur sans bagages » comme celui de Jean Anouilh[3], toujours prêt à rejeter ce qui lui pèse trop, et à fuir sur son « bateau ivre ». Mais tous les adolescents n'ont pas le génie de Rimbaud (Corcos, 2016).

Ici la question du transfert et du contre-transfert est soulevée. Il faut rappeler le point de vue de Pierre Mâle, l'un des premiers psychanalystes en France à s'être penché spécifiquement sur le travail analytique à l'adolescence : « La cure analytique qui repose sur une interprétation lente et patiente des défenses du moi en laissant associer le malade et se développer les différentes formes de transfert… n'est pas

3. Le voyageur sans bagage de Jean Anouilh refuse son histoire mais son histoire d'adolescent. Ici je parle des adolescents refusant leur histoire d'enfance.

du tout de règle chez l'adolescent... les psychothérapies devront être plus directives, devront employer des moyens plus actifs, ne pas utiliser au même degré la frustration fondamentale » (Mâle, 1999).

La question est de savoir à partir de quand et comment ce travail n'est plus psychanalytique, c'est-à-dire quand la suggestion l'emporte trop sur « l'acte proprement psychanalytique », rare mais essentiel dans toute cure, de déliaison chère à Jean Laplanche. De même quand et comment risque-t-on de se priver de l'analyse du contre-transfert, outil de compréhension du psychisme de l'autre. Il ne s'agit pas tant de reprendre les débats sur ce sujet entre Anna Freud et Melanie Klein ou Paula Heimann. En fait, ces questions ne concernent pas seulement les adolescents. L'influence par exemple des travaux psychanalytiques sur le bébé ou encore la pratique auprès d'enfants et d'adolescents, favorisée plus par telle école que par telle autre, soulèvent les mêmes interrogations. Les débats que nous menons depuis plusieurs années sur la question « bébé/adolescent » et auxquels beaucoup de psychanalystes contemporains francophones se sont associés en constituent un support régulier toujours source de réflexions passionnantes (Colloques BB/Ado).

Concernant plus spécifiquement l'adolescent, on connaît particulièrement les risques de séduction, de position parentale du thérapeute. On sait également prendre en compte les attaques du cadre comme signifiant les mouvements inconscients de haine à l'égard du corps sexué projeté sur le thérapeute. Mais on est toujours confronté au risque de connivence ou même de transfert passionnel. Pour cela on peut favoriser ce que Paul Denis appelle « différents aspects de latéralisation » (Denis, 2010), corrélés à l'attitude au changement d'objet, enjeu central de toute problématique adolescente.

Je souhaiterais enfin m'accorder totalement avec ce que Maurice Corcos et Claire Lamas (Corcos et Lamas, 2015) considèrent comme la seule question qui vaille pour le thérapeute d'adolescent quelle que soit sa psychopathologie : « Ce patient est-il un cas limite pour moi », c'est-à-dire pour mes capacités à le contenir, à l'investir et à tenter de me représenter son irreprésentable à l'aune du ressenti de ce qu'il me fait éprouver (Green, 2010).

Résumé

La réticence des psychanalystes à travailler avec les adolescents s'est au fil du temps peu à peu estompée. Les enjeux n'en sont pas pour autant dissipés. Le maniement du transfert et la nécessité de superviser le contre-transfert restent d'actualité. L'abord de la violence pulsionnelle et l'élaboration de la réalité psychique de l'adolescent et de son entourage nécessitent un « voyage en thérapie » chargée d'aventures, de découvertes et de déconvenues, que l'après-coup de la thérapie éclairera.

Mots-clés : adolescence, après-coup, construction, psychanalyse, remémoration.

Summary

The reluctance of psychoanalysts to work with teenagers has been diminishing progressively with the passing years. Nevertheless the stakes of this are not yet cleared away. Handling the transference and needing to supervise the countertransference remain topical. Addressing the teenager violent drives and working through his/her psychic reality, as well as his/her surrounding psychic reality, need a "therapeutic trip" loaded with adventures, discoveries and disappointments which will be enlightened by the differed action of the treatment.

Key words: adolescence, construction, differed action, psychoanalysis, remembering.

BIBLIOGRAPHIE

Anderson R. et Dartington A. (2003), *Faire face, perspectives cliniques sur les troubles de l'adolescence*, Larmor Plage, Éditions du Hublot.

André J. (2010), L'heure de la psychanalyse, *in* André J. et Chabert C. (dir.), *La Psychanalyse de l'adolescent existe-t-elle ?*, Paris, Puf, pp. 3-22.

Bateman A. et Fonagy P. (2004), *Psychotherapy for Borderline Personality Disorder, Mentalizationo-based Treatment*, Oxford, Oxford University Press.

Bernateau I. (2010), *L'Adolescent et la séparation*, Paris, Puf.

Braconnier A. (2014), Enjeux de l'alliance thérapeutique à l'adolescence, *in* Perier A. (dir.), *Psychothérapies psychanalytiques à l'adolescence*, Paris, Armand Colin, pp. 76-89.

Chabert C. (2009), Entretien, *Le Carnet-psy*, n° 136, pp. 36-49.

Colloques BB/Ado organisés par la revue « Le Carnet-psy », Bernard Golse et Alain Braconnier.

Corcos M. (2016), *Rimbaud, une adolescence violée*, Paris, L'esprit du temps.

Corcos M. et Lamas C. (2015), Psychothérapies psychanalytiques des adolescents limites : la recherche du sens perdu, *in* Perier A. (dir.), *Psychothérapies psychanalytiques à l'adolescence*, Paris, Armand Colin, pp. 187-219.

Denis P. (2010), *Rives et dérives du contre-transfert*, Paris, Puf.

Freud S. (1984), Le traitement psychique, in *Résultats, idées, problèmes*, n° 1, Paris, Puf.

Green A. (2010), *Associations presque libres d'un psychanalyste. Entretiens avec Maurice Corcos*, Paris, Albin Michel.

Gutton P. (1991), *Le Pubertaire*, Paris, Puf.

Jeammet P. (1980), Réalité interne et réalité externe, *Revue française de psychanalyse*, vol. XLIV, nos 3-4.

Mâle P. (1999), *Psychothérapie de l'adolescent*, Paris, Puf.

Novick J. et Novick K. (2012), Maîtrise ou traumatisme : le choix adolescent, trad. E. Kelly-Penot, *Adolescence*, vol. XXX, n° 3, pp. 711-724.

Perier A. (dir.) (2015), *Daniel Widlöcher, itinéraire d'une pensée psychanalytique originale*, Paris, In press.

Winnicott D.W. (1961), Adolescence: Struggling through the Doldrums, *The Family and Individual Development,* Londres, Tavistock.

L'ATTIRANCE DOUTEUSE POUR SE FAIRE MAL

Jonathan Bradley

PRÉSENTATION DE L'ARTICLE DE J. BRADLEY

Le texte de Jonathan Bradley que nous publions dans ce volume du *Journal de la psychanalyse de l'enfant* (*JPE*) est celui d'une conférence qu'il a donnée à Paris, le 21 mai 2016, dans le cadre d'un des week-ends scientifiques du *Groupe d'études et de recherches psychanalytiques pour le développement de l'enfant et du nourrisson* (GERPEN).

Une convention lie désormais le *JPE* et le GERPEN donnant la possibilité à notre revue de publier les textes des conférences données au GERPEN dans la mesure où leurs thèmes correspondent à ceux développés par le *JPE*.

Les conférences données lors de ces week-ends scientifiques, par des conférenciers français ou étrangers prestigieux, dont certains sont peu ou mal connus du public français, représentent un apport précieux pour le *JPE*. Nous nous félicitons donc de cette convention qui nous relie à un groupe de psychanalystes qui poursuit des buts similaires aux nôtres : faire connaître au public francophone les développements de la psychanalyse appliquée au traitement des enfants, des adolescents et de leurs familles, dans un esprit de progrès et d'ouverture, loin des dogmatismes théoriques qui, trop souvent, stérilisent la pensée et alimentent les attaques les plus virulentes.

À ce titre, nous sommes heureux de signaler au lecteur les prochains week-ends du GERPEN (renseignements sur le site : www.gerpen.org) : les 10 et 11 juin 2017 avec comme conférencier Antonino Ferro, membre formateur de la Société italienne de psychanalyse et auteur de nombreux ouvrages et articles qui font autorité – les 2 et 3 décembre 2017 avec comme conférencier Mark Solms, qui a une double formation,

Journal de la psychanalyse de l'enfant, vol. 7, n° 1, 2017, p. 151-181

psychanalytique et neuroscientifique, et qui est mondialement connu pour ses recherches sur le sommeil et le rêve ainsi que pour ses travaux sur les écrits pré-psychanalytiques de Sigmund Freud et la neuro-psychanalyse.

Jonathan Bradley dirige le Département de psychothérapie d'enfant et d'adolescent du Tavistock Centre à Londres. Il est responsable du Diplôme approfondi d'études psychanalytiques organisé par le Tavistock Centre et l'Université d'East London. Il est l'auteur de nombreux ouvrages portant sur l'enfant, l'adolescent et la dynamique de groupe. Il dirige une série destinée à aider les parents à mieux comprendre leurs enfants (*Understanding Your Child*). Il s'intéresse tout particulièrement aux troubles d'expression corporelle chez l'adolescent.

Le Comité éditorial.

INTRODUCTION

J'utilise le mot « douteux » dans mon titre pour transmettre quelque chose de la frustration que ressentent les professionnels de la santé devant le nombre croissant de patients qui ont tendance à s'infliger des blessures en dépit de la valeur ou de la fiabilité discutables de cette façon de faire face aux questions soulevées par leur développement, questions qui émergent particulièrement, mais pas toujours, à l'adolescence. Cet article est le compte-rendu d'une réflexion clinique sur le travail accompli avec deux patients, que j'appelle Dennis[1] (15 ans) et Nicola[2] (17 ans), qui souffraient de somatisations. Ce travail est resté mémorable pour moi pour de nombreuses raisons : tous deux étaient adolescents et avaient subi des traumatismes précoces. Ils étaient réticents à s'engager dans une psychothérapie, mais ils le firent

1. Il s'agit d'un garçon (NdT).
2. Il s'agit d'une fille (NdT).

quand même. Au cours de la thérapie ils n'eurent pas accès à leurs rêves et ils ne firent qu'un usage limité du symbolisme. Ils étaient emprisonnés dans un « cercle somatique » qui semblait impénétrable, mais ils réussirent à s'extirper de ses pires aspects. Je commenterai brièvement ces points avant de donner une courte description du travail avec Dennis et une description plus longue de la thérapie de Nicola.

J'ai trouvé que la description dramatique que fait D. Meltzer de ce qui est impliqué par la période de l'adolescence est d'une très grande aide pour le travail clinique. Pour lui, l'adolescence est un point d'observation. L'adolescent se sent faire partie de la « communauté des adolescents » qui méprise à la fois les adultes et les enfants, aussi bien que l'organisation du monde qu'ils représentent. Les adultes sont enviés parce qu'ils sont ressentis comme ayant pris le pouvoir. La question principale de l'adolescence n'est pas la sexualité mais la confusion et le sentiment d'être exclu de la connaissance et de la compréhension. L'importance donnée à la sexualité, même si elle est bien présente lors de l'adolescence, dérive cependant de « la tentative de trouver une identification avec les parents primitifs unis dans le passé dans le sens de tout connaître et de pouvoir faire n'importe quoi » (1973). De ce fait l'adolescent est en constant mouvement, en arrière vers l'enfance, en avant pour devenir un adulte accompli, en arrière vers le monde de l'adolescence, au dehors vers le monde isolé de l'observateur, en arrière vers le monde de la famille.

De cette formulation dynamique découlent deux implications importantes. La première est que le thérapeute doit découvrir « qui » se trouve dans la salle de consultation avec lui ou avec elle à chaque moment particulier. Ce peut être un choc de rencontrer soudain un aspect du patient qui correspond mieux à un petit enfant qu'à un adolescent, ou, à un autre moment, de rencontrer l'imitation d'un adulte, complétement oublieuse des besoins de l'enfance, ou des passions de l'adolescent.

La seconde implication tient au fait que tous les thérapeutes sont des adultes et du coup représentent, par leur seule présence, la classe détestée « qui a pris le pouvoir » et qui prétend être les fonts baptismaux de la connaissance et de la compréhension. Le *setting* lui-même de ce fait crée un « frisson » dans le travail avec les adolescents.

La question de la fréquence des séances joue un rôle dans les thérapies de ces patients. Bien que l'argument en faveur d'un rythme d'une séance par semaine ait été défendu de manière convaincante depuis plus de trente ans, tant dans le secteur privé que dans le secteur public (Miller, 1984), certains des points soulevés par D. Meltzer (2004) concernant la fréquence des contacts et l'empiètement du *setting* psychanalytique par la bureaucratie des services publics semblent encore d'actualité dans certains centres. Ma réaction initiale dans les deux situations (celle de Dennis et celle de Nicola) fut l'impression qu'ils avaient besoin d'être vus plus fréquemment, car je sentais que sinon il serait difficile d'établir un contact assez intense dans le travail que nous allions faire ensemble.

Il y avait, en outre, la question des expériences traumatiques que ces deux patients avaient connues. Alors que je passais en revue les situations de Dennis et Nicola, le rêve d'une patiente adulte qui avait été traumatisée dans son enfance me revint à l'esprit, rêve survenu après deux années de thérapie à cinq séances par semaine.

Elle marchait sur un petit sentier qui allait vers une campagne ouverte. Elle franchit une bâche bleue installée de manière à délimiter une surface au milieu de la route. Un policier montait la garde. En passant, elle put seulement voir qu'un puits profond avait été creusé. Au fond se trouvaient deux squelettes étendus côte à côte ; ils semblaient former un couple. Elle essaya de parler au policier, mais il ne put pas l'aider beaucoup. Il dit que cela avait dû arriver il y a longtemps, et ajouta qu'il avait pu s'agir d'un meurtre.

À l'époque il était difficile pour la patiente de ressentir que cela la concernait.

J'ai pensé que ses associations libres dans le contexte transférentiel (le pays ouvert) avaient suscité ce rêve au sujet d'un événement catastrophique (le couple de squelettes) dont le sens explicite avait disparu. Le « policier-thérapeute » était « de service » à la fois comme gardien vigilant du site et comme investigateur, en dépit du manque de preuve sur le site. Le rêve se relie bien à la question du traumatisme, puisque ce n'est pas seulement le policier qui ignore ce qui s'est passé, mais aussi la passante. L'oblitération de toute preuve du désastre sur le site est une des conséquences des événements traumatiques, et c'est seulement par un travail soigneux que la preuve de la localisation et du moment de l'événement peut émerger.

Il y a donc un cheminement fréquenté pour ce travail qui, même s'il doit rencontrer des résistances, fait bien partie du processus. Cependant, dans l'exemple qui précède, la patiente put rapporter un rêve et avec suffisamment de détails pour que l'on puisse reconnaître un événement catastrophique, avec peu d'associations, mais l'espoir qu'un travail patient dans le transfert, lié à la formulation des conjectures et à une observation détaillée du site, conduisent à des découvertes significatives, pour le bénéfice de la patiente.

Mais qu'en est-il dans une situation où il n'y a pas de rêves, pas d'associations verbales, pas de jeu ?

Dans les situations des adolescents Dennis et Nicola, que je décris dans cet article, il y avait d'intenses préoccupations corporelles, qui semblaient leur fournir un réceptacle dans lequel les attaques primitives pouvaient être dirigées. Ils utilisaient des approches contrastées pour mettre en place ce que l'on pourrait appeler un cercle somatique. Il y avait des différences ; Nicola poursuivait un programme agressif et incessant d'attaques contre elle-même, dans le but déclaré d'apprivoiser son corps ; tandis que Dennis se retirait dans une acceptation passive, apparemment sans espoir, d'une catastrophe imminente impliquant ce qu'il appelait « l'effondrement des fondations ». Une conséquence de la préoccupation somatique était l'absence de matériel symbolique. J'espère que ce point deviendra plus clair après l'examen du matériel clinique. Que peut faire le thérapeute dans une situation si appauvrie ? Le bon sens dit que nous devrions jeter largement notre filet, poser des questions sur les antécédents, essayer à tout prix de faire parler le patient. Cependant, dans mon expérience, le fait de s'en tenir aux différentes formes de la pratique psychanalytique permet à une partie du patient capable de répondre d'émerger à l'intérieur d'un cadre contenant. Money-Kyrle (1956), en commentant la phrase de Freud parlant de « neutralité bienveillante », fait la remarque suivante sur l'attitude normale ou correcte vis-à-vis du patient :

> Je veux dire par là que l'analyste doit prendre soin du bien-être de son patient sans devenir impliqué émotionnellement dans ses conflits. Cela signifie aussi, je pense, que l'analyste, en vertu de sa compréhension du déterminisme psychique, a une certaine forme de tolérance qui s'oppose à l'idée de condamner, et pourtant n'a rien à voir avec de l'indulgence ou de l'indifférence (pp. 330-331).

Dans ce qui semble être une anticipation du débat sur le thérapeute comme « écran blanc » (Yi, 1998), Money-Kyrle réfléchit au problème de l'attention au bien-être du patient, qu'il ressent comme venant de la fusion de deux pulsions de base : la tendance à réparer et l'attitude parentale. La tendance à réparer « s'oppose en chacun de nous à la destructivité latente », en tolérant les « objets endommagés du fantasme inconscient de l'analyste qui sont toujours mis en danger par les agressions et ont toujours besoin de soins et de réparation » (p. 331). Il insiste sur le besoin d'empathie comme compagnon de l'*insight* pour éviter un *insight* théorique, détaché et froid.

PREMIER CAS CLINIQUE : DENNIS

Histoire

Dennis (15 ans) avait pratiquement fait le diagnostic d'autisme d'Asperger pour lui-même, aussi insistait-il pour que sa mère l'envoie à la clinique (un psychiatre avait confirmé ce diagnostic non sans réticences comme un moyen de l'adresser à la clinique). Cela l'ennuyait d'être adressé au Département des adolescents plutôt qu'à la Clinique de l'autisme, mais il accepta d'être évalué, et, pendant cette évaluation, il devint clair que ses difficultés avaient commencé dès sa naissance, quand il fut envoyé en chirurgie pour une opération urgente à une heure de vie. Une vie de maladie, de retrait émotionnel, de dépendance excessive à sa mère et d'abus physiques s'en suivit. Sur le plan scolaire il était très lent, et ne semblait retrouver une certaine fluidité qu'au moment de discuter de son admission.

Résumé clinique

Je voudrais décrire certains détails qui ont surgi pendant les six premiers mois de psychothérapie. Dès le début, des thèmes très concrets s'annoncèrent. À côté de la claire affirmation de son besoin d'éviter les situations qui le rendraient nerveux, il était préoccupé par ce qui concernait la perspective de travaux importants dans la maison. Il exprimait son inquiétude que la totalité de la maison ne soit en danger de s'écrouler. On n'y pouvait rien sinon persuader le Conseil de la nécessité de remplir les fondations avec du béton. Il disait qu'il le redoutait : il y aurait de la poussière partout, ils seraient incapables de conserver un peu d'ordre dans la place. Tandis qu'il parlait, Dennis se penchait en avant avec un regard vif et intéressé, comme s'il avait enfin trouvé quelqu'un s'intéressant aux « fondations ». Je remarquais combien ses traits étaient tirés et sa voix molle. Il était difficile de savoir au juste quoi penser de ce qu'il disait. Allais-je le prendre à un niveau « concret », une information basée sur la réalité, élargie pour inclure les discussions au sujet du Conseil, les pauvres standards du travail d'aujourd'hui, et toujours la question du désordre qui serait laissé après ces travaux ? Il devint clair, après discussion avec l'éducateur, qu'il y avait réellement un problème avec les fondations de la maison. En fait la mère de Dennis se faisait beaucoup de soucis à ce sujet et ne savait par où commencer. J'étais soulagé d'entendre qu'il était en contact avec la réalité, mais il semblait important de ne pas recevoir cette information à ce seul niveau. En plus, je fis l'hypothèse que Dennis exprimait ainsi, de manière très concrète, sa crainte que la thérapie ne jette sa vie dans une grande confusion. Je me demandais s'il craignait qu'on soulève beaucoup de nouvelles questions et qu'il se retrouve seul pour les éclaircir. Cependant, quand je lui fis part de cela, ce fut comme si je n'avais pas parlé. Après à peine une pause, il continua à me raconter les dernières nouvelles concernant l'état des fondations. Il était certes frustrant d'être ainsi ignoré, mais cela suggérait qu'il était correct de supposer qu'il était préoccupé par la menace d'un désastre interne. Cependant, à cette époque, savoir si j'étais devant une fin de non-recevoir destinée à me dénier toute entrée, ou si une partie de Dennis réagissait en répétant le refrain selon lequel un désastre était imminent, cela n'était pas clair. Peut-être s'agissait-il de ces deux choses ?

Le sujet des fondations cessa après cette séance. À sa place, un autre thème qui l'absorbait totalement fut abordé : la collection détaillée des vidéos du *Dr Who*. À nouveau, le but de sa visite était de me communiquer une préoccupation centrale de sa vie. Il collectionnait tous les programmes disponibles des séries du *Dr Who*, mais ce n'était pas tout, puisqu'il y avait des éditions « spéciales souvenir », des pamphlets, des posters, en fait un tas de choses mémorables. La collection faisait l'objet de ses soins chaque jour, mise en dossiers sur son ordinateur, classés par acteurs ou par thèmes, mise dans de nouvelles boîtes, et chaque jour chaque série était sortie brièvement de sa boite protectrice. Son angoisse était énorme. Les travaux dans la maison voulait dire qu'il faudrait tout retirer, juste au moment où il avait réussi à tout arranger. Je voulais prendre acte du fait que son angoisse concernant les fondations était de retour, mais je sentais que faire cela risquait de nous faire perdre le contact qui s'était établi à travers les séries du *Dr Who*. Aussi, plutôt que de faire un lien entre ces deux préoccupations, je choisis de me concentrer sur le Dr Who. Maintenant, je dois admettre que j'ai un penchant secret pour Dr Who, mais je savais que j'étais en présence d'un expert ! J'ai dû regarder ailleurs un moment pendant que j'essayais de décider quoi dire, mais quand j'ai levé les yeux à nouveau j'ai vu son visage d'une autre façon : il avait une couleur de cire, quelque chose d'étranglé dans ses mouvements. Je commentai, de manière tout à fait neutre, que cela devait prendre beaucoup de temps de veiller à une collection comme celle-là. Il reconnut que cela prenait des heures chaque jour.

Il était plutôt non communicatif après cela, bien qu'il ait été d'accord avec moi pour dire qu'il avait récemment passé beaucoup de temps avec sa collection, en vérifiant que les fichiers étaient bien au carré dans leurs boîtes, et en les mettant par ordre alphabétique. Il dit que cela l'aidait à ne pas penser à ce qui se passait dans la maison, qui le souciait beaucoup. Immédiatement après, son corps a pris une position défensive comme s'il se préparait à être attaqué. Je lui ai demandé comment il en était venu à s'intéresser au Dr Who, ce qui provoqua un allègement de cette tension, mais me laissa frustré. Ensuite, j'ai pensé au Dr Who. Il me semblait que la collection de vidéos du *Dr Who* et le terme « la maison » devaient contenir de nombreux problèmes en rapport avec « *Who* » (qui ?) et l'identité. Mais ils semblaient « gelés », non accessibles. Ma frustration venait de ce que je ne savais pas avec certitude si je rencontrais en Dennis une incapacité à s'engager dans un langage métaphorique, ou une défense solide contre une émotion en train de naître à l'intérieur de lui-même. Je me sentais également soucieux de mon hésitation à m'engager dans des commentaires interprétatifs fondés sur mes observations de la manière dont il se refusait à moi comme si j'étais un agresseur, et aussi du fait qu'il était conscient de détourner sa pensée des sujets qui le troublaient. Est-ce que j'étais timide, trop effrayé à l'idée qu'il pourrait cesser de venir, ou d'une prudence sage ?

À ma surprise, à la séance suivante, Dennis affirma qu'il avait quelque chose à me dire : il avait l'impression qu'il était homosexuel mais il se sentait angoissé de le laisser voir en public. Il avait commencé à prendre contact avec un ami homme, qui faisait partie du groupe des supporters du Dr Who et il espérait qu'ils pourraient parler ouvertement lors de leur prochaine rencontre au meeting du Dr Who. Jusqu'à présent, ils avaient seulement parlé du Dr Who. Il se sentait nerveux à ce sujet. Je reconnus que cela avait dû être difficile pour lui de parler ici d'autre chose que du Dr Who, ce avec quoi il fut d'accord. De nouveau, cela ne faisait que peu d'écho à ses réponses et mes tentatives de développer un dialogue fondé sur le désir de « parler ouvertement » n'aboutirent à rien. En effet, il était clair qu'il ne pensait qu'à ce « rendez-vous », ce qui le mettait réellement en contact avec quelqu'un. Je me trouvais très protecteur pour Dennis, craignant que mon « tâtonnement » dans une zone hautement protégée ait pu faire effraction d'une manière dramatique. Je pensais au contraste avec le tableau qu'il présentait au moment où il m'avait été adressé, dans lequel on décrivait Dennis comme devant revenir à la maison de ses virées à l'extérieur. Il y avait quelque chose d'ingénu dans sa sortie dans le club du Dr Who, et j'ai été soulagé d'apprendre par le travailleur social que sa mère et la moitié de ses frères et sœurs en étaient conscients et veillaient sur la situation.

Après cette séance il y eut une période inquiétante durant laquelle il y eut deux rendez-vous annulés et l'interruption de l'été. À son retour il semblait pâle, mais apparemment content de revenir. Il dit qu'il aimerait venir régulièrement. Puis il donna une nouvelle bouleversante : pendant l'interruption il avait souffert d'un prolapsus intestinal. On l'avait opéré et les tissus en excès avaient été excisés. Cela était nécessaire en raison de la perte de l'élasticité. Cela fut mis en relation avec l'accumulation de fèces liée à des périodes prolongées de constipation.

Il avait souffert l'« effondrement » redouté de ses fondations, mais, en fait ce lâcher prise, bien qu'il lui fut infligé par son corps, semblait libérer de nombreuses questions et lui permettait de travailler d'une manière plus productive. Il y avait un changement frappant dans son usage du langage. Il semblait avoir acquis un vocabulaire plus étendu, et une fluidité de sa pensée à la place de la pensée étranglée et des phrases répétitives qu'il utilisait avant l'interruption de l'été.

Pendant les mois qui ont suivi, il réussit à se libérer de l'attachement paniqué à sa mère qui était un trait marquant de son comportement lorsqu'il nous avait été adressé, et il put aussi élargir son cercle de connaissances. Cependant il ne rêvait toujours pas et, étant donné ses préoccupations concernant ses études académiques, il n'était pas possible de revoir la fréquence des séances.

Réflexions

La thérapie me laissa pensif à propos de trois questions que j'aborderai brièvement comme un tout car elles sont reliées entre elles :

– Qu'est-ce qui a provoqué ce prolapsus catastrophique de l'intestin pendant une interruption de la psychanalyse ?

– Quelle motivation avait-il pour se déclarer « Asperger » ?

– Le *setting* était-il adéquat compte tenu des deux questions précédentes ?

Dans son intéressant chapitre sur l'appareil proto-mental et les phénomènes psychosomatiques (1986), Meltzer réfléchit sur l'importance du retour tardif de Bion aux phénomènes de groupe, mais considérés, Bion étant devenu psychanalyste, comme la conception d'une vie groupale chez l'individu fondée sur des Hypothèses de Base. Meltzer fait ce commentaire :

> Cette évocation dans les profondeurs du psychisme d'une vie primitive voire tribale qui pourrait faire surface sous la forme d'un comportement groupal ou, inversement, se manifester à travers des processus corporels, renferme quelque chose d'effrayant, voire de tourmenté (Meltzer, 1986, p. 45).

Je suis particulièrement intéressé, en ce moment, par la « conjecture imaginative » de Meltzer à propos de l'idée de Bion, dans la mesure où elle est particulièrement pertinente pour le prolapsus traumatique qui précède. La voici en entier :

> [...] supposons que, étant suffisamment fort, le niveau primitif HB du psychisme, organisé sous la forme de « milieux dirigeants », puisse accéder directement aux processus complexes humoraux, hématologiques et curatifs qui ordinairement protègent notre corps contre les divers événements nocifs qui le menacent. Supposons encore que ces « milieux

dirigeants » considèrent ces processus, auxquels ils ont - ou déclarent qu'ils ont - un accès direct et dont ils possèdent le monopole, comme un « privilège » qu'ils distribuent généreusement au sujet « obéissant ». Supposons, enfin, que pour survivre dans les mondes interne et externe, il faille que les parties pensantes de l'individu consentent aux règles des deux séries de « milieux dirigeants » - interne et externe - et qu'elles s'arrangent sans faire de bruit, pourrait-on dire, pour se créer un espace dans lequel elles puissent mettre en œuvre les intérêts et relations passionnés qui sont au coeur de la vie psychique (Meltzer, 1986, p. 46).

Meltzer poursuit en suggérant que, si à un certain moment, il se produit un élargissement de cet espace vital au point d'entraîner une rébellion contre les droits du « milieu dirigeant », interne, alors la partie pensante de la personnalité se voit refuser l'accès au « privilège des productions immunologiques », et menacée de maladies, interne ou externe. Ce serait la même chose que, pour un village, se voir supprimer l'arrivée de l'eau.

Si on devait appliquer ce schéma à Dennis, alors je dirais que sa recherche d'un espace vital supplémentaire a commencé avec sa détermination à être étiqueté « Asperger ». Il y aurait eu une certaine conscience d'une part de lui-même, qui n'avait pas accès à la pensée, une partie qui défiait toute description et qui pouvait seulement être présentée comme une étiquette. Sa protestation atteint son point culminant quand il réussit à décrire à la fois la catastrophe qui allait arriver et sa recherche primitive d'une identité. Bion décrit un patient qui a commencé en prononçant le mot « *ice cream* » encore et encore. Cela prit un certain temps avant que Bion puisse entendre « *I scream* » (je crie), ce qui est tout à fait différent ! J'ai ressenti une frustration semblable quand j'ai repensé à son angoisse que toute la maison ne soit en danger de s'effondrer, et à la déclaration de son homosexualité. Bien que je me sois interrogé sur son angoisse de vivre un effondrement interne, je n'ai pas réalisé que sa demande frénétique de béton était liée au remplissage de son intestin par des fèces enclavées, aboutissant à une perte de son élasticité, et finalement à un prolapsus. Cependant, le fait que cet événement catastrophique ait été lié également à une libération générale dans les séances qui ont suivi m'a laissé perplexe. Une possible explication serait de voir le prolapsus physique comme comprenant aussi une rébellion et une éjection interieure d'un despote paternel oppresseur (et maltraitant) gouvernant le territoire de son derrière et de son intestin.

Une dernière réflexion a trait à sa récupération du langage et de la pensée. C'était comme si sa créativité avait été mise en réserve quelque part jusqu'au moment où elle pourrait se manifester sans danger. Le langage avait acquis l'écho qui lui manquait auparavant, et la pensée put être utilisée pour réussir dans ses études. Son auto-diagnostic d'Asperger put être abandonné.

RÉSUMÉ CLINIQUE : NICOLA

Histoire et évaluation

Quand elle nous a été adressée, Nicola (17 ans) était complètement isolée depuis 18 mois, après avoir abandonné l'école l'année précédant son premier baccalauréat (GCSE). Elle avait été la première de sa classe, mais les efforts pour la faire changer d'avis furent vains. Au contraire, elle s'enferma dans sa chambre, dont elle fit son seul espace de vie. Elle ne se montrait jamais aux repas de la famille, et elle forçait ses parents à laisser sa nourriture derrière la porte, nourriture qu'elle venait prendre en pleine nuit. De temps en temps, elle acceptait un changement dans sa routine. Par exemple, elle passa ses examens publics dans un centre spécialisé, et réussit bien, en parvenant au niveau le plus élevé sur certains sujets, bien qu'elle n'ait eu aucun enseignement formalisé depuis l'année précédente. De temps à autre, ses parents avaient réussi à arranger des interventions thérapeutiques, en ayant recours à de nombreuses façons de l'approcher. Nicola formula cela de manière succincte lors d'une évaluation à notre clinique : « J'en ai vu quatre, en incluant CBT et ils étaient tous merdiques ! »

Finalement, après deux overdoses sérieuses elle accepta qu'on l'aide. Exceptionnellement elle fut adressée à notre clinique, distante de 60 miles de son domicile, et en raison de sa conduite suicidaire un lien en bonne et due forme fut établi avec le Département des accidents et des urgences de son hôpital local. L'évaluation, qui fut faite avec soin par un collègue, mit en évidence le tableau d'une fille désespérée qui s'auto-agressait depuis l'âge de 8 ans, qui détestait ses parents, en tant que couple aussi bien qu'en tant qu'individus, et qui était furieusement jalouse de sa sœur ainée très brillante. Entre la naissances de sa sœur et la sienne, sa mère avait fait trois fausses-couches et elle disait avec amertume que si elle se tuait sa mère arriverait au score de quatre morts au lieu de seulement trois. Le reste de l'examen montrait clairement que Nicola était à la fois très désireuse de commencer une thérapie et convaincue que cela n'apporterait rien de plus.

Résumé de la cure

J'avais eu l'impression en lisant le dossier que Nicola avait un détachement émotionnel, une froideur. En fait il y avait quelque chose de vivant en elle. Ses yeux étincelaient et elle m'adressa un regard très direct en me serrant la main. Son visage semblait hérissé de clous et de piercings. Finalement, des semaines plus tard, j'appris qu'il y en avait 13 sur son visage et ses oreilles, mais lors de cette première rencontre on avait l'impression qu'il y en avait partout, impression atténuée par son salut accompagné d'un grand sourire. Elle portait un jean et un haut sans manche, et des traces de coupures étaient visibles sur toute la longueur de ses bras nus.

J'appris très vite que j'allais être un thérapeute inutile tout en étant porté aux nues en tant qu'expert : quelqu'un de différent de tous les thérapeutes défaillants qu'elle avait vus précédemment. Ses parents savaient que son cas était grave et ils étaient ravis d'avoir réussi à la confier aux soins d'un consultant senior. Sa mère lui dit de bien écouter tous les conseils que je pourrais lui donner en tant que senior, quelque chose qui ne se trouve pas sous le sabot d'un cheval. Il y eut un moment d'attente.

Après un moment je lui expliquai que, plutôt que de lui donner des conseils, je préférerais qu'elle me dise ce qui lui venait à l'idée. Elle poursuivit en disant en ma présence ce qu'elle pensait de la clinique. Elle était pleine de mépris pour ce qui s'était passé jusque-là et elle imita des phrases qu'on lui avait dites. Je la laissai parler. Elle continua en décrivant son mode de vie et ce fut une triste image qui émergea lors de ces quelques premières séances. Cette visite à la clinique était la première occasion où elle retrouvait la lumière du jour depuis bien longtemps, et la première sortie hors de la maison depuis une semaine. Elle avait passé ses journées à dormir et ses nuits sur son ordinateur à jouer à un jeu de rôle. Je lui demandais de m'en parler. C'était un jeu en ligne, américain, accessible 24 heures sur 24. Les joueurs prenaient une identité et entraient dans une société bien structurée. Elle était organisée avec différentes couches sociales. Vous pouviez monter dans ces couches sociales en affrontant des épreuves et en les surmontant. Bien sûr vous pouviez aussi être défait en échouant à une épreuve : s'il y avait un nombre important de points attachés à cette épreuve, vous pouviez retomber tout en bas.

Dans ces premières semaines, Nicola semblait contente d'avoir trouvé en moi un novice absolu à ce jeu, et elle aimait beaucoup m'écrire des noms importants pour aider ma « mémoire de vieux bonhomme ». Tout le monde n'approuvait pas. Elle m'annonça que sa mère n'avait pas été contente en apprenant que tout ce que nous faisions pendant les séances était de parler de jeux d'ordinateur. Est-ce qu'un consultant ne devrait pas s'occuper de ses symptômes et l'aider à aller mieux ? Mon angoisse quant à savoir où tout cela allait nous mener se trouvait allégée du fait qu'elle commençait à développer d'autres thèmes, que je décrirai plus tard.

C'est en jouant à ce jeu de rôle que Nicola avait rencontré son petit copain actuel, Dan. Ils avaient une relation dans ce jeu où elle était une princesse et où il essayait d'attirer son attention. (Ils avaient aussi une relation dans la « vie réelle », de type sadomasochiste.)

Plutôt que de voir ce jeu comme une façon de fuir la vie, je me demandais s'il n'était pas l'endroit où elle pouvait répéter pour entrer dans la vie et affirmer son identité. Nicola expliquait qu'elle avait endossé différents personnages à la fois. Très peu de gens s'attribuaient des personnages du sexe opposé, et elle avait le sentiment qu'elle était devenue experte pour faire la différence entre les personnages réels et les personnages faux. Elle me dit que les filles réussissaient bien mieux à se faire passer pour des garçons que les garçons pour des filles. J'étais attentif à la description qu'elle faisait d'elle-même dans son évaluation en tant que bisexuelle et au fait qu'il était possible de réfléchir à la manière dont un personnage du jeu pouvait traiter le dilemme de savoir s'il se trouvait en présence d'une fille, d'un garçon, d'une fille-garçon ou d'un garçon-fille. Elle poursuivit ce thème avec enthousiasme.

Le jeu de rôle fournit un point d'entrée qui permit d'explorer nombre de thèmes dans ce qui, autrement, était un système impénétrable. Cependant c'était un exercice hasardeux. Une fois, Nicola s'aventura en dehors de la discussion du jeu pour décrire un souvenir dans lequel elle se plaisait à jouer au billard. Elle aimait prendre les garçons à leur propre jeu. Elle se souvenait ce qu'elle ressentait quand la queue frappait la balle et qu'elle allait droit dans la poche. Je fus en difficultés en prenant le risque de penser à cela en termes de son plaisir à se voir en garçon. Elle devint méprisante et m'expliqua qu'elle parlait du jeu de billard, pas de sexe. Elle revint à la séance suivante après avoir dûment raconté tout cela à sa « mère ». Elle me dit que tout le monde avait redoublé de fous-rires tandis qu'elle se faisait un devoir de rapporter cette séance. Elle dit que sa mère avait dit que je devais être freudien puisque je voyais du sexe partout. Elle (sa « mère ») était déçue que l'approche de la Tavistock Clinic soit si démodée et n'utilise pas des approches plus modernes comme elle le faisait elle-même dans son activité de conseillère. Nicola insista sur ce point. Elle avait remarqué, en arrivant, qu'il y avait une statue de Freud cachée dans les buissons. Elle-même se demandait comment je travaillais, puisque je ne posais pas de questions et que je l'avais troublée par le genre de choses que je disais ? Elle savait que j'avais une idée en tête, mais elle ne savait pas du tout laquelle. Je dis qu'elle et sa mère pensaient que je me trompais quand je pensais que son discours sur le jeu de billard pouvait aussi être une manière de se permettre de parler en même temps d'autres choses.

Elle m'interrompit en disant que c'était des conneries et un paquet de couilles. Puis elle sourit en réalisant ce qu'elle avait dit. Je souris aussi, et son visage changea complètement tandis qu'elle attaquait à nouveau. « Regardez-vous ! Votre cravate ne va pas du tout avec votre chemise, vos chaussettes ne sont pas de la bonne couleur, vous avez l'air d'un vagabond ! » Elle se retourna et prit un livre sur l'étagère et lut le titre de manière ridicule, sur un ton de triomphe : « L'ordinateur pour les plus de 50 ans ! » Sur un ton venimeux elle dit qu'elle, elle était experte en ordinateurs et que bien évidemment je ne connaissais pas la moindre chose dans les ordis, alors pourquoi je faisais semblant de m'intéresser au jeu sur ordinateur ? Je dis qu'elle devrait décider si je faisais semblant d'être intéressé ou si j'étais réellement intéressé à penser à ces questions importantes dans son existence. Je lui rappelai qu'elle m'avait dit qu'elle avait des pensées troublantes depuis qu'elle venait ici et qu'elle avait voulu me mettre mal à l'aise et me rendre ridicule de me battre pour apprendre quelque chose. Je me demandai s'il y avait une manière de parler des choses difficiles sans se sentir exposé et humilié. Il y eut un silence gêné jusqu'à la fin de la séance mais je sentais que quelque chose d'important s'était passé, et qu'il avait été crucial pour elle que je n'ai pas été démoli par son attaque.

À la séance suivante, elle entra et annonça qu'elle avait eu un nouveau bébé ! J'avais toute confiance dans le fait qu'une grossesse arrivée à terme n'aurait pas échappé à mon attention, aussi j'attendis qu'elle m'en parle. Le « bébé » était un serpent de six pieds de long du type boa constricteur, maintenant installé en toute sécurité dans un casier en verre dans sa chambre. Elle l'observait pendant de longs moments, et était particulièrement intéressée par le processus de la perte de sa peau. Elle avait l'habitude de le sortir pour qu'il exerce ses muscles en entourant son bras. Bien que ce soit seulement un bébé il pouvait laisser une marque. Elle décrivait sa peau raide et fraiche et ses habitudes alimentaires. Il était facile à nourrir : juste un rat mort par semaine. J'étais très étonné par sa capacité d'accueillir un nouveau-venu qui pouvait survivre avec si peu, et qui pouvait se défendre contre une attaque, contrairement à son expérience d'avoir été ébranlée la semaine précédente dans la séance. Un développement intéressant était que les serpents (car plusieurs autres firent leur apparition) donnaient l'occasion de quitter la maison. Elle les emmenait pour une « balade », enveloppés autour de son cou, dans le centre de la ville. Après le choc initial un groupe s'assembla autour d'elle très intéressé par ses « bébés », lui donnant le sentiment très agréable qu'elle pourrait sortir dehors dans des lieux publics en toute sécurité.

Le thème plus sobre concernait les coupures et la maltraitance de sa peau en général. Je trouvais cela troublant d'écouter ces détails. Elle avait pris l'habitude de se couper depuis très longtemps, mais cela s'était enchevêtré avec les relations sexuelles avec Dan, l'ami du jeu de rôle. Cela comprenait des morsures amoureuses très en vue délibérément situées au-dessus de la ligne du cou comme un badge qu'elle aurait à porter en public (au cas où elle sortirait). D'un autre côté, quand ils se disputaient elle lui faisait l'observer en train de se couper, souvent près du vagin ou des seins, et l'amenait à la supplier d'arrêter. Il y avait un enchevêtrement du même ordre à propos du piercing de sa peau. Il était présent lors de sa tentative de traverser son nombril avec une agrafeuse et quand elle avait essayé de percer son mamelon.

Petit à petit je commençais à entendre parler de changements. Elle avait rendu visite à sa sœur dans une ville universitaire éloignée ; elle était allée à un festival pop. Elle s'inscrivit à un cours de comptabilité pour le cas où cela serait utile qu'elle ait un job à un moment ou à un autre. J'appris qu'elle avait commencé à prendre des leçons de conduite car son père pensait que cela pourrait lui servir au cas où elle devrait venir par elle-même à la Tavistock Clinic dans le futur. Ces développements prirent place dans une séquence rapide, puis, après une pause, ils furent suivis par la mise en route d'une recherche de travail à plein temps et par la fin de sa relation avec son ami Dan. Ce qui était habituel dans ces décisions est que j'en prenais connaissance après qu'elles avaient eu lieu. Cependant, elles suivaient invariablement une période de réflexion dans le cadre thérapeutique sur quelque chose d'autre pour lequel il était possible d'envisager diverses voies d'action : une période pour penser ensemble au lieu d'attaquer. Par exemple, le cours pour devenir comptable vint après avoir tous deux pensé à son esprit et à la manière dont elle avait été une élève-étoile en maths avant de laisser tomber l'école, et la visite à sa soeur est venue après avoir parlé de la manière dont elle avait considéré les marques de ses serpents en ligne, en faisant un peu un projet de recherche en partant de cela. (Elle avait été jalouse que sa sœur ait réussi à utiliser les encouragements de ses parents pour aller à l'université en dépit de sa dyslexie, alors qu'elle n'avait pas réussi.)

Peu après cette séance, elle annonça qu'elle était embauchée pour la première fois de sa vie. Elle travaillait comme analyste, travaillant sur des matériels toxiques, en particulier sur l'amiante. Elle devait enfiler ses mains dans des gants à travers un écran de verre, qui isolait complètement les analystes des produits dangereux. Son travail consistait à identifier, sous microscope, des fibres qui pouvaient ou non contenir de l'amiante. Il ne s'agissait pas seulement d'identifier une seule entité appelée amiante. Elle apprenait à identifier au moins une vingtaine de fibres différentes, y compris certaines qui n'étaient pas ce qu'elles paraissaient être. Elle espérait se qualifier bientôt. Ils étaient cinq, et elle était l'une des trois filles. Le chef était David et il était fort sans en avoir l'air. L'une de ses tâches était de photocopier des lettres officielles concernant l'amiante, et elle devait faire cela chaque jour avant de partir. Il était strict sur le travail de l'unité et quand il disait « au travail ! » chacun obtempérait. Elle se faisait du souci pour lui. Elle n'avait jamais gagné d'argent auparavant et cela lui semblait beaucoup de son point de vue, mais lui était un chef de section et la firme propriétaire de cette section ne le payait pas bien et les régentait sans cesse en leur disant quoi faire.

Heureusement, la vie dans la section ne se limitait pas au travail. L'atmosphère vivante venait de différentes sources. Quelques-uns fumaient de l' « herbe ». Pendant les pauses, il arrivait qu'ils répandent du café sur le plancher et ils riaient en voyant les efforts des autres pour nettoyer. De temps à autre, ils faisaient quelque chose de plus osé, par exemple ils descendaient dans une autre partie du bâtiment et ils cassaient l'écriteau interdisant l'usage des toilettes des hommes pendant qu'elles étaient hors d'usage.

Il devint clair que la sorte de travail que Nicola avait réussi à obtenir était très importante au moment où elle émergeait de sa situation d'enfermement, et je reviendrai plus tard sur sa signification. Malheureusement, cela marquait aussi un tournant dans sa thérapie, qu'elle avait bien suivie jusque-là. Étant donné qu'elle travaillait à temps plein, un trajet de 120 miles chaque semaine devenait impossible, aussi je décidais, après réflexion, de la voir une fois tous les 15 jours à 20 heures.

Je voudrais conclure ce résumé clinique en faisant brièvement référence à deux séances, l'une qui eut lieu après dix-huit mois de traitement, l'autre après trois ans et demi.

1) Elle me dit qu'elle avait passé son examen pour le permis de conduire, et elle était visiblement très contente parce qu'elle allait enfin pouvoir venir seule. À l'heure actuelle, elle conduisait, mais son père l'accompagnait. Elle dit qu'elle s'était séparée de Dan, (l'ami avec lequel elle avait eu une relation sadomasochiste). Elle était triste mais elle sentait que cela devait finir. D'une manière apparemment sans lien, elle mentionna que le rat de sa sœur était mort. Pendant qu'elle parlait, me vînt spontanément à l'esprit une image du serpent. Mais elle poursuivit en disant que le rat avait eu une grosseur cancéreuse à une jambe, qu'il avait survécu à cette tumeur, mais qu'ensuite, une autre étant apparue, on l'avait piqué. Elle dit qu'elle était étonnée de s'être sentie aussi bouleversée, puisqu'il ne s'agissait que d'un rat. Je suggérai que se sentir si bouleversée par le rat, plus qu'elle n'avait imaginé, lui permettait aussi d'être bouleversée pour Dan, et par le fait de ne venir qu'une fois tous les 15 jours au lieu de chaque semaine. Elle eut l'air pensive et dit qu'elle était d'accord parce qu'elle aimait venir à la clinique.

Elle souleva la questions des piercings, en l'associant au fait de porter des lunettes pour conduire (et des lunettes de protection à son travail) et en pensant qu'elle avait finalement décidé de ne pas mettre un clou en travers de son nez parce que cela la gênerait pour porter des lunettes. Elle abaissa légèrement son corsage au niveau du cou pour me montrer deux paires de clous en or soigneusement mises de chaque côté sous la clavicule. Elle m'expliqua qu'il y avait une plaque sous la peau qui tenait les clous en place. Ils avaient été placés de telle manière que, quand elle porte un t-shirt au travail, ils apparaissent juste au-dessus du tissu. Je soulevai la question de la douleur. La bonne nouvelle du permis de conduire avait été suivie d'une attaque contre sa peau. Elle rit et dit qu'elle pensait qu'ils l'embellissaient. Toutefois, je sentis une hésitation dans sa voix. Elle poursuivit en disant qu'elle se ferait plutôt un tatouage la prochaine fois. Ses amis la pressaient de le faire depuis un certain temps. Elle avait une idée du tatouage qu'elle ferait faire, mais s'inquiétait à l'idée que les gens puissent en rire. Elle réfléchit encore un moment, puis elle me dit qu'elle pensait se faire faire un phénix sur son dos. Elle ne savait pas pourquoi, mais elle pensait que cela avait à voir avec le fait de mourir et revenir à la vie. Ce serait un grand phénix, sur tout son dos, avec la queue qui descendrait derrière sa jambe.

Elle fit une pause, puis elle pensa que cela pourrait être un petit phénix sur son épaule. Elle semblait encore un peu dubitative et je lui demandais s'il serait permanent. Elle répondit que si elle le faisait faire ce serait pour toujours, mais elle n'était pas sûre de sa décision. Elle rit et dit que cela pourrait bien ne pas être toujours approprié. Imaginez seulement quelle allure cela aurait quand elle serait vieille, ridée et grosse ! Je lui dis que c'était la première fois que je l'entendais parler du fait qu'elle puisse imaginer être vieille. Elle parut surprise et acquiesça. Je précisai la durée des clous comparée à celle du tatouage. Elle dit que si on retire un clou la peau repousse en quelques jours de telle sorte que cela se remarque à peine. Je fis un commentaire sur sa peau qui se donnait du mal pour la couvrir malgré ses efforts pour faire des trous, elle rit et dit qu'elle était surprise que sa peau ne soit pas plus obéissante après tout ce temps.

Nous approchions de la fin de la séance. Elle dit qu'elle avait repensé récemment aux deux dernières années. Ses anciens camarades de classe avaient passé le niveau A récemment. Elle avait parlé à certains d'entre eux et ils étaient effrayés à l'idée de finir l'école. Ils avaient formé un groupe étroit et le monde les effrayait. Elle avait pensé qu'elle aurait pu se trouver parmi eux. Elle avait senti que, même si elle n'avait pas obtenu son niveau A, elle était beaucoup plus prête pour la vie maintenant qu'elle n'aurait été en le passant. Je dis que cela avait été un rude apprentissage, mais qu'elle avait l'impression d'en émerger. Elle parut soudain très émue et elle eut les larmes aux yeux. Elle acquiesça.

2) Ce résumé clinique se centre sur les 18 premiers mois de la thérapie, temps pendant lequel une atmosphère profondément différente est apparue dans la situation thérapeutique, mais, en fait, Nicola a continué à venir pendant deux autres années. Il y eut des problèmes compliqués, en particulier pendant les interruptions de l'été. D'une manière générale cependant, elle avançait bien, encore que ce ne soit pas avant les derniers mois qu'elle aborda en détail sa longue histoire d'auto-maltraitance, qui avait commencé à l'âge de 8 ans. À ma surprise, à la dernière séance elle apporta deux boîtes de dossiers et plusieurs sacs. Le contenu remontait à 10 années quand elle avait commencé à collectionner des articles et des images d'automutilation, dont une image qu'elle avait dessinée lorsqu'elle avait 14 ans, qui montrait une fille nue allongée sur un autel et couverte de coupures.

Au-dessus, il y avait le titre : « Sacrifice au Dieu de l'automutilation ». Au moment où elle apportait ainsi des témoignages de son passé, Nicola était en train de sortir « tout cela de son système », en le revoyant et en le jetant. Elle pensait conserver un ou deux dessins à titre de souvenir. Elle essayait aussi de se débarrasser des « traces indélébiles ». Elle était particulièrement soucieuse pour deux rainures profondes à la face interne de ses cuisses, creusées avec une gouge, larges d'un demi pouce. Elle avait décidé que cela gênait sa nouvelle relation, et elle explorait les possibilités d'atténuer le dommage par la chirurgie esthétique.

Ce fut mon dernier contact avec elle.

Réflexion sur le travail avec Nicola

Je voudrais réfléchir brièvement sur les points suivants :

- son évolution vers un engagement total dans le monde, hors de sa chambre, grâce à son travail ;
- son contact caustique avec moi ;
- les serpents ;
- la description de son groupe de travail dans son premier job m'a fait penser à une structure adolescente, où l'appartenance à un groupe est nécessaire pour absorber ce qui ne pourrait pas être géré et contenu par l'individu tout seul. Le groupe d'analystes avait affaire à des substances très dangereuses, responsables de nombreux décès. Le groupe faisait en sorte de ritualiser ses activités ainsi que les processus mis en œuvre pour manipuler des substances aussi dangereuses. Quand le processus se brisait (la photocopie) le groupe venait sauver la situation, apaiser l'individu en jugeant normale une perte de mémoire, et en répandant un nuage de Cannabis qui n'empêchait pas le groupe de continuer à travailler efficacement en envoyant rapidement les rapports. En contraste avec les rigueurs du travail accompli selon une organisation très stricte, on avait le sentiment que chacun connaissait le travail de tous les autres. C'est comme si Nicola était capable de vivre à travers l'expérience d'autres personnes, et il n'était pas évident que les frontières entre les individus et entre les expériences des individus étaient toujours bien comprises.

Maintenant, les défauts d'un tel système sont clairs, en particulier ce que cela implique pour l'émergence de l'individualité. Cependant, à l'intérieur d'un cadre donné, il pourrait y avoir des avantages pour l'individu. Par exemple, le groupe peut agir comme une sorte de filtre, permettant de prendre en soi ou de passer à un autre les expériences toxiques, sans avoir à trouver des ressources internes pour se confronter à de telles matières tout seul. Le groupe rit ensemble, est troublé ensemble, déverse ses sentiments ensemble quand ses membres sont bouleversés et qu'ils sont unis contre la très grande entreprise.

Il y a donc un point de rigidité dans le fait que cette structure particulière s'oppose aux infiltrations venant de l'extérieur. Cette structure liante opère comme une peau très épaisse. Quelle que soit l'interaction qui se produit avec l'extérieur, elle est construite sur l'expérience d'être perforé d'une manière qui balaie toutes les défenses (prise du pouvoir par la grande firme, et acceptation ensuite de la désintégration par le groupe), ou tour à tour le lancement de raids incursifs à l'extérieur qui ont le bénéfice de la surprise (le raid dans les toilettes).

J'étais frappé de l'ingénuité de Nicola qui non seulement avait trouvé son premier job, mais une petite cellule autonome où elle se sentait suffisamment en sécurité pour se faire des amis, éprouver des sentiments, partager des idées et apprendre sur la vie. Il y eut un incident à propos de son oubli de faire certaines photocopies avant de quitter son travail. Cela fut particulièrement difficile pour elle parce qu'elle dut dire au groupe que se rendre à sa thérapie passait avant le fait de finir les photocopies ce jour-là. Bien qu'elle ait été embarrassée, cela suggère que le groupe était ressenti comme une demeure temporaire tandis qu'elle se sentait engagée dans la thérapie.

*L'apparence de Nicola était hérissée d'agressions. Elle avait de nombreux clous sur son visage, y compris une mini dague à son menton qui pointait vers moi quand elle me parlait. En outre, ses descriptions de la manière dont elle se coupait avec un couteau ou une gouge près de son vagin étaient destinées à la fois à me repousser et à m'engager dans une relation sadomasochiste, parallèlement à sa relation avec Dan. Je pense que c'est ma capacité de survivre à ces attaques, même de manière inélégante, qui lui ont permis d'espérer qu'il soit possible de penser, après tout, qu'on pouvait s'aventurer à aller de l'avant et à avoir des idées pour soi-même, même des idées (en tant qu'opposées aux actions) avec lesquelles les autres n'étaient pas d'accord. À cet égard, Il y eut, de fait, des exemples où elle se montrait curieuse d'elle-même. Dans les exemples que j'ai donnés, ceci incluait le fait de se poser des questions sur la nature de l'impact qu'avait le cannabis sur elle, pourquoi elle avait éprouvé des sentiments aussi forts à la mort du rat de sa sœur, et ce qu'elle avait fait de ses capacités intellectuelles. Dans la thérapie nous nous battions pour aller vers un endroit où il commencerait à y avoir une tolérance pour la souffrance émotionnelle. Comme le dit un collègue avec élégance, gérer les peines du cœur et pas seulement les peines, physiques, du corps.

* L'apparition soudaine des serpents fut un choc très important dans la thérapie. J'en suis venu à penser qu'elle était liée à plusieurs fonctions. Nicola avait clairement un goût pour le bizarre et ils devaient être ses compagnons, sources de controverses, destinés à choquer, et donc faire partie de sa structure défensive. On pouvait penser au fait de les enrouler autour de son bras comme à une manière de renforcer et discipliner (fouetter, châtier ?) sa peau, en particulier à la suite d'une séance au cours de laquelle il y avait eu une brèche dans ses défenses. J'ai aussi tendance à penser qu'il y avait autre chose. On ne peut évaluer un objet que si on a pu essayer avec succès de l'externaliser (O'Shaughnessy, 1964), et j'étais frappé de la manière dont les serpents encapsulaient un bébé auto-suffisant avec une peau épaisse qui se contentait de maigres rations. Je crois qu'une notion d'appauvrissement amenait Nicola à réclamer davantage des séances en termes de nourriture. Je crois aussi que les serpents marquaient le point à partir duquel Nicola pouvait développer des « réflexions secondes[3] » au sujet de son propre état d'esprit impénétrable et au sujet de son imperméabilité en générale. Je pense à son intérêt

3. L'auteur écrit en anglais « *second thoughts* », ce qui est le titre d'un livre de Bion paru en 1967, dont la traduction française est parue en 1983 sour le titre *Réflexion faite* [NdT].

pour les changements de peau, moments où le serpent est vulnérable. Le contraste entre une peau fine qui ressent trop et une peau impénétrable semble exprimer de manière concrète un débat interne qui d'une certaine manière se produisait à l'intérieur de Nicola elle-même. Certainement alors que se poursuivait la triste routine de perforer sa peau, il était évident par ailleurs que son attitude s'adoucissait dans ses relations avec ses parents réels, avec moi et avec elle-même dans la situation thérapeutique. La conversation qui eut lieu au bout de 18 mois, quand elle s'interrogeait sur un éventuel tatouage, de sa taille et de quoi il aurait l'air quand elle serait vieille, était la première reconnaissance qu'elle et son corps étaient embarqués ensemble dans un voyage qui pourrait durer un certain temps ! Sûrement plus longtemps que ce qu'il semblait au temps de ses sévères overdoses.

REMARQUES CONCLUSIVES

J'ai résumé le contact clinique que j'ai eu avec Dennis et Nicola et j'ai attiré l'attention sur l'absence de rêves, d'hypothèses imaginaires et autre « matériel » qui provoquerait un écho dans l'esprit d'un analyste attentif. Bion (1957) dit à ce sujet que lorsqu'un patient est capable de rêver, nous sommes dans la partie non-psychotique de sa personnalité, une partie qui est capable de former des symboles. Meltzer (1983) a décrit ce processus de la manière suivante :

> Ce qui semble se passer c'est que l'analyste écoute le patient et observe l'image qui apparaît dans son imagination. On pourrait dire avec justesse qu'il permet au patient de faire surgir un rêve en lui (p. 90).

D'après Bion, quand le patient s'avère incapable de symboliser ou le fait de manière inadéquate, nous avons affaire à la partie psychotique de sa personnalité. Cependant, cette description ne sonne pas juste dans les cas de Dennis et de Nicola : elle est trop rigide. Bien que les rêves soient absents, le matériel qu'ils apportaient dans les séances était pressant, très vivant et communicatif. Cassorla (2013) utilise le terme

« non-rêves » pour parler des évacuations, à l'intérieur du thérapeute, des expériences que les patients rejettent sous la forme de « souffrance mentale, de symptômes, d'images fugitives symboliques et parfois d'équations symboliques » (p. 153). Il suggère que rêves et non-rêves peuvent être vus comme les extrémités d'un continuum relatif à « la capacité de mentalisation » (p. 153). Il poursuit :

> Entre ces deux extrêmes nous trouvons des rêves réticents à étendre leurs significations, des mélanges de rêves et de non-rêves, des rêves transformés en non-rêves, des non-rêves qui sont rêvés à des degrés variables, des rêves qui recouvrent des non-rêves et vice versa, des non-rêves qui deviennent des cauchemars, des non-rêves concrets qui simulent de vrais rêves, des non-rêves qui passaient inaperçus dans le passé et qui sont retrouvés quand le patient devient capable de symboliser, etc. (pp.153-154).

Cette description est celle d'une véritable « boîte de Pandore », qui réussit à capter la sensation d'un mouvement complexe et déroutant dans le travail clinique avec les adolescents. Cette description confirme une impression que j'avais en travaillant avec Dennis et Nicola, selon laquelle, parfois, quand la symbolisation prenait forme dans leur monde interne, la défense externe devait avoir l'air d'être conservée intacte. Pour le dire simplement, le débat pouvait se poursuivre : *je suis habitué à ce fauteuil même s'il est inconfortable en ce moment. J'irai à la boutique essayer ce nouveau qui est proposé, mais ne vous attendez pas à ce que je me débarrasse de l'ancien avant d'être sûr de mon choix. En fait, je peux bien conserver l'ancien dans le garage, juste pour être réellement sûr.*

Être le thérapeute dans ces situations, entourées de fortifications, veut dire se permettre d'être envahi par les évacuations du patient, en découvrir la signification en exerçant sa fonction alpha, tout en tenant à la capacité négative de ne pas savoir, plutôt que d'imposer une solution hâtive, prématurée.

En pensant au travail avec les adolescents, Meltzer (2003) suggérait que la meilleure manière de faire était soit de mettre en route un travail avant l'adolescence et de le poursuivre pendant celle-ci, soit de travailler rétrospectivement avec des patients plus âgés. Il dit qu'on ne gagne pas grand-chose en travaillant pendant l'adolescence. Je me plais à penser qu'il s'agissait d'une boutade, car même s'il peut être difficile de vaincre les réticences initiales, le processus de l'adolescence, avec son agitation, sa grande énergie et sa volonté de faire de nouvelles expériences, peut s'avérer un allié plein de bonne volonté pour promouvoir des changements.

Résumé

Nombre de problématiques essentielles sont abordées dans cette présentation de travail effectué dans le cadre du NHS en Grande-Bretagne : la psychothérapie de l'enfant dans le secteur public ; la diminution de la fréquence des séances au cours d'un traitement ; le travail avec les adolescents ; et le traitement psychanalytique de patients auto-agressifs.

L'usage de recevoir les patients à la fréquence d'une ou deux fois par semaine date dans le secteur public des années 1980, et bien que cela permette de toucher des patients qui n'auraient pas les ressources financières pour un traitement psychanalytique dans le privé, cela rend difficile pour le thérapeute d'apprécier si la diminution de la fréquence des séances est sans risque dans le travail avec des patients malades. L'auteur espérait qu'il soit possible d'offrir un traitement à deux séances par semaine, mais ce ne fut pas le cas en raison d'aspects pratiques, et de la réticence des patients adolescents à se rendre à plus d'une séance par semaine.

Il était très difficile pour les deux patients de communiquer verbalement, mais ils étaient très éloquents « somatiquement ». Dennis « se cachait » derrière un diagnostic de syndrome d'Asperger peu convainquant, et son discours se réduisait à des paroles au sujet d'un effondrement imminent des « fondations de la maison », et à des descriptions partielles de sa collection de vidéos du *Dr Who*.

Toute tentative par le thérapeute de rechercher un contenu émotionnel, ou de se montrer curieux du possible usage de métaphores, conduisait à l'abandon brutal des thèmes. Ce fut à la suite seulement d'un événement catastrophique (discuté en détail dans l'article) que Dennis trouva une éloquence dans son discours, bien plus libre pour aborder des questions personnelles, et qu'il commença à bien étudier. C'était comme si le « label » de syndrome d'Asperger pouvait être mis au repos.

Nicola s'engageait dans des joutes verbales plutôt que d'utiliser le langage pour communiquer. Elle avait pris de fortes overdoses avant le début de la thérapie, et se coupait la peau depuis un très jeune âge. Elle était restée isolée pendant 18 mois dans sa chambre avant d'être adressée, faisait « la guerre » à ses parents, tout en exigeant qu'ils lui laissent de la nourriture à côté de sa chambre, et paraissait engagée dans des pratiques sexuelles sadomasochistes et de jeux en ligne.

L'état des deux patients s'améliora significativement au cours du temps. Certaines difficultés à travailler avec de tels patients, qui paraissent privés de la capacité à faire des rêves et à penser d'une manière imaginative, sont abordées dans la dernière partie de l'article. Ce dernier chapitre explore un remaniement de la distinction proposée par Bion entre matériel non-psychotique et psychotique, qui laisse plus de place au type de communication fragmentée décrite par Cassorla. Même si le thérapeute peut s'attendre à un envahissement par les évacuations des patients, il doit tenter de chercher du sens là où c'est possible et, avec toute son habilité, manifester de la compréhension malgré l'embarras de la situation. Il est essentiel de se reposer sur la capacité négative de ne pas savoir, plutôt que d'imposer à la hâte une solution prématurée.

Mots-clés : l'importance du corps, somatisation, auto-agression, fragmentation, prolapsus, coupure vaginale, projections, contenance, fonction alpha, rêves et non-rêves.

Summary

This description of work carried out in Britain in the NHS discusses a number of important issues: child psychotherapy in the public sector; reduced frequency of treatment; work with adolescents; and the psychoanalytic treatment of self-harming patients.

The tradition of working once or twice weekly with patients in the public-sector dates from the 1980's, and whilst it does make it possible to reach patients who would not be able to afford private psychoanalytic treatment, it does make it difficult for the therapist to decide whether it is safe to work with ill patients on a less frequent basis. The author hoped that it would be possible to provide twice weekly treatment but this was not possible due to some practical reasons, and the reluctance of the Adolescent patients to attend more than once weekly.

Both patients found it very difficult to communicate verbally, but they were very eloquent "somatically". Dennis "hid" behind a not very convincing diagnosis of Asperger's, and limited his speech to utterances about an imminent collapse of "the foundations of the house", and to limited descriptions of his collection of *Dr Who* videos. Any attempt by the therapist to seek out any emotional content, or to wonder about the possible use of metaphors led to topics being dropped abruptly. It was only after a catastrophic event (discussed in detail in the chapter) that Dennis became eloquent in his speech, much more free to talk about personal matters, and began to do well in his studies. It was as if the "label" of Asperger's could be laid to rest.

Nicola engaged in verbal sparring, instead of using language to communicate. She had taken severe overdoses before beginning therapy, and had engaged in physical cutting of her skin since an early age. She had been isolated in her bedroom for 18 months before referral, was "at war" with her parents, though requiring them to leave food outside her room and seemed to be committed to sado- masochistic sexuality, and to on-line games.

Over time, significant improvements took place in the condition of both patients. A final section of the chapter considers some of the difficulties of working with patients such as these who are seemingly deprived of the ability to have dreams, and think imaginatively. The chapter explores a modification of Bion's division into non-psychotic or psychotic material, to give more weight to the type of fragmented communication described by Cassorla. Although the therapist can expect to be invaded by the patients' evacuations, he must try to search out meaning where possible, and communicate understanding to the best of his ability in the embattled situation. It seems important to hold onto the negative capability of not knowing, rather than impose a hasty solution prematurely.

Key words: alpha function, containment, dreams and non-dreams, fragmentation, importance of the body, projections, prolapse, self-harm, somatisation, vaginal cutting.

BIBLIOGRAPHIE

Bion W.R. (1957), Differentiation of the Psychotic from the Non-Psychotic Personalities, in *Second Thoughts-Selected Papers on Psychoanalysis*, Londres, Heinemann.

Cassorla R.M.S. (2013), Reflections on Non-Dreams-for-Two, Enactment and the Analyst's Implicit Alpha Function, *in* Levine H. et Brown L.J. (dir.) *Growth and Turbulence in the Container/contained: Bion's continuing legacy*, Londres, Routledge.

Meltzer D. (1973), Adolescent Psychoanalytical Théorie, *in* Harris Williams M. (dir.) *Adolescence: Talks and Papers by Donald Meltzer and Martha Harris*, Londres, Karnac.

Meltzer D. (1983), *Dream-Life: Re-Examination of the Psychoanalytic Theory and Technique*, Strath Tay, Clunie.

Meltzer D. (1986), *Studies in Extended Metapsychology*, Strathclyde, Perthshire, Clunie Press.

Meltzer D. (2006), The Psychoanalytic Process: Twenty Years on, the Setting of the Analytic Encounter and the Gathering of the Transference, *in* Hahn A.(dir.) *Sincerity and Other Works: Collected Papers of Donald Meltzer*, Londres, Karnac.

Miller S. (1984), Some thoughts on Once-Weekly Psychotherapy in the National Health Service: the Hulk, the Gorilla and the Baby, *Journal of Child Psychotherapy*, vol. X, n° 2, pp. 187-198.

Money-Kyrle R. (1956), Normal Counter-Transference and Some of its Deviations, *in* Meltzer D. (dir.) et l'aide de O'Shaughnessy E., *The Collected Papers of Roger Money-Kyrle*, Strathclyde, Perthshire, Clunie.

O'Shaughnessy E. (1964), The Absent Object, *Journal of Child Psychotherapy*, vol. I, n° 2, pp. 34-43.

DOCUMENTS

FOLIE DISPERSÉE OU DISSÉMINÉE : UNE RÉACTUALISATION[1]

Salomon Resnik

La psychose peut être considérée comme étant le signe ou le symptôme de perturbations au sein de notre situation culturelle actuelle dans le monde. Pour un nombre considérable de personnes, il s'agit d'une façon de s'échapper d'un contexte social dont le degré de destructivité affolante est intolérable.

Les nids (ou « berceaux ») culturels de notre civilisation sont précisément des lieux qui sont les fondations historiques mésopotamiennes – Ninive, Palmyre, Babylonie – et d'autres sites de notre patrimoine culturel ; ces trésors de notre système actuel de valeurs sociologiques et historiques (pas exemple, l'origine de l'écriture dans la tradition sumérienne) ont fait l'objet d'attaques insensées dans un monde qui so trouve dans un état de déchéance, aussi bien psychique que morale.

C'est une des raisons pour lesquelles tant d'individus essayent de fuir ces lieux contaminés et infectés – dont certains, comme Palmyre, sont en danger d'être détruits par jalousie envieuse, l'expression d'un chaos dévastateur et affolant d'une humanité affligée, d'un monde qui n'a plus rien d'humain.

La psychose de masse, disséminée, est le symptôme d'une réalité sociologique et psychique qui est démembrée

1. Conférence donnée à Naples en 2014, réactualisée par l'auteur en avril 2016.

Journal de la psychanalyse de l'enfant, vol. 7, nº 1, 2017, p. 183-196

aussi bien géographiquement qu'historiquement. En s'efforçant de comprendre quelques-unes de ces désarticulations dans l'anatomie normale d'un arrière-plan culturel, on voit que la nature même du paysage physique et culturerel de notre planète est devenue extrêmement déformée.

En matière de recherche socio-psychiatrique, on pourrait parler en termes de réticulum complexe devenu le « lieu » de la destruction massive du corps de la nature, dans laquelle la suppression de tout produit culturel ou artistique de nos ancêtres est devenue un fait tragique.

Dans ma façon personnelle et douloureuse de penser en tant qu'être humain, je dirais qu'essayer de comprendre quelques-unes des complexités de la crise culturelle dans laquelle nous nous trouvons actuellement (ainsi que celles de nos malaises et souffrances personnelles et sociales) fait désormais partie de note vécu de base en tant qu'êtres humains.

Dans un autre contexte, j'examinerai ce qui se passe dans le chaos de notre monde actuel. Dans ce texte, que j'ai présenté en décembre 2014 lors d'un congrès à Naples, j'exprime mes sentiments et mon vécu d'être humain qui est en même temps psychiatre et psychanalyste, afin d'apporter ma contribution aux tentatives actuelles de comprendre la folie que nous rencontrons dans notre vie quotidienne en tant que citoyens.

Ma préoccupation en tant qu'être humain à l'égard de la situation catastrophique du monde actuel est aux antipodes de la position capitaliste habituelle des pays qui donnent l'impression d'avoir besoin de guerres afin de vendre davantage d'armes, d'avions de combat et d'autres matériaux. En ce qui concerne ces situations-là, l'échange ô combien pessimiste de lettres entre Freud et Einstein (*Pourquoi la guerre* ?, 1932) est très présente dans ma tête lors de cette réflexion.

Au congrès de Naples, j'ai commencé par parler de Paris, la ville de ma résidence principale. Actuellement, dans une ville comme Paris, nous observons le contraire de ce qui se passait au Moyen Âge – les patients malades mentaux étaient alors mis dans des institutions flottantes, telles que le *Narrenschiff* (la Nef des fous). L'objectif de cet hôpital psychiatrique primitif et flottant était de protéger la cité de tout danger de contamination par la folie et de s'assurer que la vie quotidienne des citoyens ne serait pas « infectée » par quelque impureté que ce soit. En même temps, cela permettait aux personnes souffrant de troubles psychiques d'apprendre à piloter non seulement le navire à bord duquel ils voyageaient, mais aussi leur propre vie.

Dans le paysage imaginaire de la Renaissance, le *Narrenschiff* jouait le rôle d'un bouc émissaire. Dans diverses sociétés primitives, le bouc émissaire symbolisait un rituel de purification afin de se débarrasser d'un fléau qui risquait de les contaminer. Le bouc émissaire est le *Narrenschiff* lui-même qui *éloigne* la folie de la cité. En ce qui concerne la mythologie, cela semble être en rapport aussi avec l'Odyssée des Argonautes. Dans des cultures primitives, le bouc émissaire est représenté par un bateau qui éloigne du village tout le mal qui s'y trouve.

C'est en 1509 qu'Érasme de Rotterdam a écrit *L'Éloge de la folie* (publié pour la première fois en 1511).

Le *Narrenhaus* – l'institution psychiatrie – est une forme plus récente du *Narrenschiff,* de la Nef des fous. Cela implique que la folie « flottante » a besoin d'une ancre afin de parvenir à une certaine stabilité sur la terre et d'être transformée en institution psychiatrique sécurisante. Dans la Nef des fous, il y a l'idée de quelque chose qui est en train de vagabonder. En fait, en France, les précurseurs des hôpitaux psychiatriques étaient des établissements conçus pour des soldats handicapés, des blessés de guerre ; ils servaient aussi à fournir une sorte d'abri protecteur formel aux gens du voyage, qu'à l'époque on appelait des vagabonds. Plus tard, ces établissements deviendront en France les premiers hôpitaux psychiatriques.

Le tableau de Jérôme Bosch, *La Nef des fous*, se trouve au Musée du Louvre à Paris ; il nous offre une image pittoresque et émouvante d'une aventure groupale originale.

Dans cette odyssée, les esprits et les corps perturbés devaient choisir quelqu'un qui assumerait le rôle de chef : autrement dit, le capitaine du navire. Ce chef est une incarnation de l'image d'un père qui donne un certain degré de structure et d'unité à la folie disséminée contenue dans le navire. Ceux qui voyageaient à bord de ce bateau fou étaient, par nécessité, à la recherche d'un certain degré d'harmonie afin que le navire puisse naviguer sous la direction d'un musicien ou d'un prêtre.

Tout contact avec l'univers d'une folie disséminée et vagabonde, et toute relation à celle-ci nécessitent un contenant humain approprié. Mes nombreuses années de pratique auprès de groupes de patients psychotiques chroniques en milieu institutionnel m'ont beaucoup appris sur la possibilité pour un groupe pétrifié et gelé de se muer en un ensemble vraiment humain. Les résultats de cette tentative à l'hôpital Sainte-Anne de Paris (ainsi qu'à la clinique Santa Giuliana à Vérone) m'ont permis de rédiger *Temps des glaciations* (1999), livre qui a été traduit en plusieurs langues. Dans leur désespoir, les patients malades mentaux ont trouvé une solution pathologique : geler tout (ou presque tout) de ce qu'ils peuvent ressentir. Ce qu'ils ont vécu ensuite, lors de la phase de dégel, était bien sûr une transformation catastrophique, mais une transformation tout de même vitale.

LA FOLIE DANS LA VILLE

De nos jours, les patients psychiatriques n'ont pas forcément besoin de se trouver dans un « asile » ; cette institution, pourrait-on dire, touche à sa fin. À mon avis, les asiles réussissaient à héberger des patients gravement perturbés dans un environnement protecteur qui, au fil du temps, se transformait en une sorte de bien particulier, de cité ou de commune. Néanmoins, les asiles ne peuvent plus ni contenir la folie croissante de notre monde, ni offrir un traitement adapté, développé grâce non seulement aux progrès de la médecine, mais aussi à une approche psychanalytique mieux adaptée à la psychose ; cette approche fait partie de ma propre pratique.

Un certain nombre d'architectes assistaient à ce congrès de Naples et je leur ai montré un modèle « autistique » d'un hôpital psychiatrique, conçu en 1784 par Joseph Ignaz Gerl (1734-1798) à Vienne. Le bâtiment suit le principe autistique de circularité et de répétition, caractéristique des traits et des stéréotypies des patients psychotiques chroniques qui, à cette époque, se trouvaient en asile.

En ce qui concerne l'architecture et les malentendus se rapportant à l'espace vital des malades mentaux, je me souviens avoir visité en 1959, lors du Congrès international de psychanalyse à Genève, un hôpital privé prestigieux à Lausanne ; les patients schizophrènes, issus de familles relativement aisées, y avaient leurs appartements individuels et, de ce fait, étaient assez isolés des autres patients. Le professeur Enrique Pichon-Rivière, qui m'accompagnait lors de cette visite, était plutôt troublé par cette compartimentation au sein d'un ensemble social et institutionnel. Nous étions tous les deux tout à fait d'accord pour souligner l'importance de la socialisation des patients psychiatriques en milieu institutionnel.

Lorsque j'habitais à Londres, j'avais en analyse, à raison d'une séance par jour, « Mildred », une patiente schizophrène. Lors d'une séance, un lundi, elle était très inquiète et me dit : « J'ai découvert que, dans les corbeilles à papier qui se trouvent partout dans la salle de consultation, il y a des morceaux de l'hebdomadaire *Sunday Times*, de couleur rose. J'étais très contrariée car je me suis rendu compte que tout le monde pouvait alors découvrir que je suis folle et allait tout savoir sur moi. »

Je lui ai dit qu'elle se sentait éparpillée partout dans notre séance, en y ajoutant que la clé pour comprendre cet aspect de ce qu'elle me disait se trouvait dans son propre prénom, « Mildred », qu'on pouvait entendre comme *Mild-red* (en anglais : rouge-doux/léger) – c'est-à-dire *rose*, comme les coupures du journal. Elle était assez impressionnée par mon interprétation ; elle voulait se débarrasser de sa folie, qui était éparpillée partout dans la pièce, où la séance se déroulait, et souhaitait que je m'occupe de ses divers morceaux afin d'en faire quelque chose.

Je me souviens aussi qu'à un autre moment elle m'a dit, sur un ton amusé : « Je sais que je me comporte comme un chien avec vous », puis : « C'est un chien triste qui veut être compris et traité comme un petit bébé ». Un jour, elle est arrivée en retard pour sa séance ; elle m'a dit qu'elle était allée à la Société protectrice des animaux – c'était une tentative de faire en sorte que je me sente coupable parce que je n'étais pas présent avec elle à chaque moment de la journée afin de m'occuper d'elle. À mon avis, c'était important pour elle de développer au sein du transfert un sens de l'humour – peut-être un peu « fou », mais ludique et salutaire. C'est ainsi qu'elle a pu établir avec moi un transfert ludique.

Après plusieurs années de psychanalyse, son état s'est considérablement amélioré ; elle est venue me rendre visite à Paris pour me remercier du travail que nous avions fait ensemble à Londres.

Revenons à Paris (cela pourrait être aussi bien Naples, comme dans l'image extraite de *La Napoli di Bellavista* (1979)) : des clochards, des sans-abri sont partout en ville – sous les ponts, où ils se débrouillent pour construire un abri, dans les couloirs de certains immeubles pendant la nuit, dans une station de métro – si on leur permet de rester à l'intérieur et de s'y réchauffer –, ou tout simplement à la rue avec comme seul toit le ciel.

Je vais décrire quelque chose d'apparemment simple, qui est arrivé lorsque j'allais à pied, tôt le matin, de mon appartement à mon cabinet qui se trouve rue Bonaparte.

C'était un vendredi matin. J'avais la tête un peu ailleurs, come il m'arrive parfois à 7 heures du matin. Dans le marché de la rue de Buci, j'ai vu plusieurs clochards se réveiller. Quelques-uns étaient bien connus dans ce quartier de la capitale. Il faisait froid ce matin-là, mais ils n'avaient pas l'air d'en souffrir. Il est vrai qu'ils ont tendance à boire beaucoup le soir, ce qui les aide à s'endormir – une sorte d'anesthésique, si l'on veut. Quelques-uns se réveillaient en disant des choses telles que : « Quelle journée ! » ou « Quelle folie ! »

Je ressentais le froid glacial, mais puisque les clochards, eux, se trouvaient dans un état interne où tout était gelé, ils réussissaient mieux que moi à faire face au climat extérieur. Pendant longtemps, avant les travaux de Philippe Pinel, certains pensaient que les malades mentaux ressemblaient à des animaux qui vivent nus sous la gelée. Dans son ouvrage médico-philosophique, Pinel n'est pas d'accord avec cette idée d'animalité (Linnaeus).

Plus tard, alors que je rentrais chez moi, j'ai rencontré dans le quartier du Marais, près de mon appartement, une vieille dame qui souffrait de troubles psychiques ; elle aussi était sans abri. Avec un tas de boîtes en carton elle réussissait à fabriquer un asile personnel qui, semble-t-il, la protégeait du climat. Dans le quartier, tout le monde l'aimait bien, et j'ai été très surpris de découvrir qu'apparemment elle ne souffrait pas du froid malgré le fait que ses pieds, nus, étaient rouges – elle ne portait jamais de chaussettes. Un jour, un de mes collègues, par pitié pour elle, lui a acheté une paire de chaussettes et les lui a données. Pourtant, elle ne les mettait jamais ; les chaussettes étaient toujours posées par terre à côté d'elle.

Elle avait l'habitude de feuilleter la revue *Elle*, tout le temps. Quest-ce qu'elle cherchait en elle-même, en « *Elle* » ? J'avais l'impression qu'elle souffrait d'une psychose disséminée ; elle était donc présente partout dans le quartier comme si elle était, *Elle,* une revue sans couverture. Elle essayait de voir si certaines pages de sa vie allaient revenir pour qu'elle puisse retrouver le contact avec *Elle*-même. En fait, elle n'était pas entièrement dans la revue, elle était partout. Les différentes parties d'*elle* étaient dispersées, éparpillées, disséminées… Anglade, un psychiatre français du début du siècle dernier, disait que le patient schizophrène est comme un livre sans reliure ; toutes les pages sont présentes, mais de façons désordonnées. Quant à moi, je dirais que, dans le cas de cette vieille dame, certains pages manquaient parce qu'elles s'étaient envolées vers différents coins ou endroits du quartier qu'elle identifiait à son propre esprit/corps dispersé.

Dans mon penchant nostalgique pour la révolution psychiatrique de Philippe Pinel, j'avais l'habitude de l'imaginer, accompagné de son collègue très proche M. Poussin, en train de suivre les divagations spatio-temporelles dispersées de leurs patients. Pinel comprenait fort bien que l'hibernation est un « traitement » spontané pour la douleur psychique des êtres humains.

Pinel s'intéressait beaucoup aux Encyclopédistes et à la culture du Siècle des Lumières, ainsi que, de façon importante, aux travaux de certains de ses contemporains tels qu'Antoine Destutt de Tracy. Condillac, qui a eu une influence considérable sur sa façon de penser, a introduit le concept selon lequel le délire (ou le monde délirant) est une sorte de système idéologique d'idées. Les psychiatres allemands parlaient de « *Wahnideen* » ; en anglais le terme *delusion* a à voir avec une dés-illusion fondamentale et avec de nouvelles illusions d'un genre délirant. Dans le concept d'illusion, il y a l'idée de *ludere*, jouer en latin. C'est comme si la partie infantile de la personne délirante avait une façon différente de jouer ou alors ne pouvait pas jouer du tout, d'où une sorte de paralysie de son imagination et de sa pensée créative. D'un autre côté, dans mon expérience de psychanalyste auprès de patients psychotiques, le « dégonflement » du monde délirant ou d'une idéologie délirante pouvait être extrêmement traumatisant – parfois même il pouvait susciter des tendances suicidaires.

La partie idéologique du monde délirant peut être la manifestation d'un malentendu fondamental et inconscient qui, lorsqu'il est « gonflé », peut se transformer en une sorte de philosophie ou religion. Ceci s'avère particulièrement douloureux lorsqu'il existe déjà une forme délirante de croyance.

LA PSYCHIATRIE ET LA PSYCHANALYSE

La psychanalyse fait partie d'un vécu tout à fait particulier que l'on ressent par rapport à soi-même au cours de sa formation ; celui-ci est fondé sur la relation psychanalytique établie avec un autre, à savoir l'analyste didacticien. Freud a souligné le fait qu'en elle-même la psychanalyse est aussi un système d'idées qui doit se confronter aux idéologies psychotiques et non-psychotiques du patient. Cela nécessite la mise en place d'une relation transférentielle importante dans laquelle, à mon avis, la partie infantile du sujet et sa capacité à jouer avec l'autre ont un rôle thérapeutique majeur tout au long du processus psychanalytique.

Johan Huizinga, le grand philosophe hollandais, a inventé et élaboré dans son œuvre un concept fondamental par rapport à la capacité à jouer avec autrui. Il l'a dénommé *homo ludens* et l'a développé dans son livre écrit en 1938 qui porte ce titre. Cependant, dans le transfert ludique, il ne s'agit pas simplement de jouer ; il s'agit d'un vécu créatif au cours duquel deux personnes, le patient et son analyste (ou, dans le cadre d'une psychanalyse de groupe, les autres participants), devront se conformer à leurs propres souhaits, désirs, peurs et systèmes d'idées inconscients.

Dans mon dernier livre (2016), j'essaie d'explorer le concept ludique comme moyen éventuel de faire face au monde délirant du patient.

LE VÉCU CLINIQUE DE LA FOLIE DISPERSÉE OU DISSÉMINÉE

Un jour, Léonard, un malade chronique que j'ai en traitement depuis plusieurs années, me dit : « Ma folie est due à un conflit à l'égard du monde des êtres humains. »

« Et *quid* du monde animal », Léonard me répond : « Parfois, j'ai l'impression d'être un chien ou un chat fou, diabolique. »

Par moments, il avait l'impression d'entrer à l'intérieur d'un berger allemand complètement fou, comme celui que son père avait introduit dans leur maison – un chien qui faisait vraiment peur à Léonard et à ses deux frères aînés. Le chien ne leur permettait pas de jouer ; en même temps, le père de Léonard, magistrat haut placé, qui avait condamné à des peines de prison quelques-uns des chefs principaux des Brigades rouges, semblait avoir besoin de ce chien afin de protéger sa famille des menaces proférées à son encontre par d'autres membres de ce groupe terroriste.

Aux yeux de Léonard, le berger allemand était comme un dictateur qui éveillait en lui un surmoi intimidant et persécuteur : d'un côté, il était censé protéger Léonard, ses frères et sa famille, alors que, de l'autre, il les paralysait et les empêchait de jouer ensemble. Ce chien / figure paternelle interne/externe suscitait comme une discordance chez le patient, donnant lieu à un état schizophrénique grave, qu'auparavant on appelait *folie discordante* (Chaslin, 1912). Le berger allemand / « nazi » autoritaire interne et externe ne permettait aucune sorte de *lien* et refusait tout « jeu » à l'intérieur de son territoire.

Parfois, Léonard, emprisonné à l'intérieur de la peau du chien tyrannique, devenait comme un tyran ou un dictateur délirant à l'égard de sa propre famille. Il disait aussi qu'il se transformait en chat diabolique. Toutes ces images persécutrices essayaient de trouver un certain équilibre par rapport à son état religieux délirant dans lequel il se transformait en Krishna, Bouddha, Bouddo, Krishnamurti, Jésus-Christ – et parfois, Carmelo Bene, l'acteur italien qu'il admirait beaucoup. Un jour, sa mère, en présence de Léonard, me dit que, parfois, il parlait au poste de télévision. Léonard la corrige : « Non, j'étais simplement en train de dialoguer avec Carmelo Bene. »

En Italie, Carmelo Bene était très admiré en tant qu'animateur à la télévision, mais parfois il pouvait être quelque peu bizarre. Léonard se préoccupait également de Krishna, de Bouddha et de Krishnamurti, l'auteur mystique célèbre, souvent dans une situation de conflit réciproque. Un jour, il décida de mettre sur son bureau une photo de Krishnamurti et les images du Christ et de Bouddha ; dès lors, il se sentait beaucoup mieux – comme si, désormais, il pouvait faire face de manière projective (c'est-à-dire située en dehors ou en face de lui) à la lutte entre des idéologies ou des religions différentes et disséminées.

Pendant son analyse avec moi à Paris, il avait l'habitude d'aller à l'église de Saint-Germain-des-Prés, qui se trouve dans la rue Bonaparte, à quelques mètres de mon cabinet. Là, me disait-il, il pouvait parler à Jésus, avant de venir à sa séance. De cette manière, grâce à des hallucinations ou à des épisodes de rêverie diurne illusoires, il pouvait contrôler le conflit entre ses guides religieux idéalisés qui ne s'accordaient guère entre eux.

Un jour, avant de venir à sa séance, il est allé comme d'habitude à l'église. Cette fois-là, cependant, il était très déçu car c'était avec sa voix à lui que l'image du Christ lui parlait. Il pouvait alors comprendre que c'était lui-même qu'il hallucinait dans l'image de Dieu. Il se rendait compte qu'en tant que marionnettiste doué il pouvait mettre sa propre voix dans ces guides religieux idéalisés – qui, du coup, se transformaient, pour ainsi dire, en marionnettes qu'il pouvait manipuler.

Samuel, un autre de mes patients, plus jeune que Léonard, commence son analyse avec moi en me disant qu'il fait partie d'une armée de guerriers carolingiens qui le protègent dans sa vie actuelle, caractérisée par la persécution.

Un jour, il découvre qu'il sait lire dans les cartes à jouer et qu'il peut contrôler les images persécutrices qu'il sent tourner constamment autour de lui – c'est cela qui l'a fait régresser dans un temps autre qui, tout en étant persécuteur, correspondait davantage à ses illusions. Il se sentait capable de transformer les « soldats » – qui, pendant ses séances, avaient l'habitude de parler tout le temps, empêchant Samuel de me communiquer quoi que ce soit – en cartes à jouer que, dès lors, il pouvait lire.

Chez Samuel, la relation transférentielle se dispersait dans des lieux différents, à des moments différents. Parfois, quelques prêtres se mélangeaient aux soldats, soit en tant qu'êtres réels hallucinés, soit comme des cartes à jouer.

Un jour, après un long silence, Samuel me dit d'une manière très pensive : « J'espère qu'un jour mes hallucinations deviendront des idées *réelles* – comme cela se passait auparavant, quand j'étais sain d'esprit. »

Après plusieurs années d'analyse, les hallucinations de Samuel ont diminué et il est devenu capable de réfléchir correctement ; dès lors, sa vie a commencé à acquérir forme et couleur.

Un jour, il me dit : « Je peux penser avec des couleurs et avec des sons aussi. » Il se sentait alors capable de résonner avec le monde environnant : « Parfois, je porte des lunettes grâce auxquelles je peux voir ce que vous me donnez et ce qui se passe à l'intérieur de moi. »

Il commence à rêver et également à jouer de la guitare. « Quelle guitare ? » lui demandai-je. Il dessine une guitare plate, sans épaisseur physique/corporelle. « Maintenant, me dit-il, je me sens presque endormi, abandonné et triste. » Je comprends alors qu'il me dit que son propre corps est une sorte de guitare – plate, déprimée et assez mal accordée. Peut-être veut-il que je devienne un accordeur de guitare ou de piano, car à l'intérieur de chaque piano se trouve une guitare.

Lors d'une autre séance, Samuel dessine une guitare qui, cette fois, n'est pas plate – elle est tridimensionnelle et bien vivante. Samuel me dit : « Comment pouvons-nous aider les gens qui sont comme des instruments à musique tellement délicats, qui ne sont pas toujours vivants et qui sont si fragiles ? »

Revenons au thème principal de cet article : la folie disséminée. Est-elle disséminée à partir du psychisme ? Cela pourrait bien être le cas, si les pensées étaient volantes, en train de s'échapper de leur nid/psychisme (Resnik, 2015). Dans quel contexte idéal le psychisme disséminé peut-il retrouver son nid d'origine ? La partie supérieure de la tête est un nid inversé dans lequel tout ce que la vie corporelle produit a sa représentation dans le psychisme.

Que peut-on dire des combattants de l'État islamique, qui se font exploser afin de transformer l'être humain en une « fragmentation minuscule » (Bion, 1967) mystique, dans laquelle le corps devient un nuage flottant de cendres ou une espèce de comète puissante et délirante dont les buts sont d'aliéner et de détruire ? L'impact de ces cendres fragmentées changera le système de croyances sur note planète, en raison d'une interprétation déformée de la philosophie traditionnelle de Mahomet.

Cette aliénation, mystique et délirante, pourra-t-elle changer la nature du psychisme humain ? À mon avis, il faudra réfléchir profondément à cette possibilité, surtout à la suite des attentats à Paris en novembre 2015. Les survivants du Bataclan disent que ceux qui ont tué tant d'autres êtres humains se sont tout simplement transformés en machine à tuer. Dans un de mes livres – publié en Italie sous le titre *Vedo cambiare il tempo* (Je vois le temps changé) et ayant comme sous-titre *Metafisica del macchinismo e le passioni dell'anima* (la métaphysique du machinisme et les passions de l'âme) –, j'anticipe en quelque sorte cette aliénation de l'homme, transformé en un robot destructeur qui ne respecte nullement l'altérité de l'autre. Personne n'aura plus le droit de penser par et pour lui-même. Le nuage volumineux de cendres changera la pensée de ceux qui tentent de croire et de penser différemment.

À mon avis, cette folie contaminante actuelle n'est pas seulement dispersée et disséminée – elle insémine des fonctions destructrices et délirantes et changera ainsi note image d'un univers normal.

Cependant, le corps et l'esprit ne peuvent exister l'un sans l'autre : tout être animé se confronte à un environnement vivant. Cet environnement peut parfois être perturbateur : il se peut que nous ayons l'impression d'être entourés d'un monde extrêmement perturbé, dans lequel des individus fous et des foules affligées et incontrôlables se déplacent partout sur note planète de manière négative, à la recherche d'un but positif. Un guide perturbé peut ressembler au chien fou de Léonard, éveillant des craintes et parfois des croyances insensées à l'égard de toute source créative que la foule, de par sa jalousie envieuse, ne peut supporter.

Résumé

Au début de ce texte, j'ai fait allusion au moment où le berceau de notre culture, avec ses organismes sociaux et démocratiques, est mis en danger par l'accroissement de la folie, de manière semblable à celle décrite par Freud dans son livre sur la psychologie des masses (Freud, 1921). Le dilemme actuel résulte d'une confrontation douloureuse entre différents systèmes d'idées, entre notre monde interne et celui de l'extérieur, dans un contexte dans lequel tant d'êtres humains cherchent à s'échapper de la peur et de la mort, sans pour autant savoir où aller. Nous habitons un monde démembré, à l'image d'un corps démembré dont la tête, incapable de penser, est en train d'être amputée.

Mots-clés : corps/esprit, folies dans la ville, fragmentations minuscules, institutions, psychose.

Summary

At the beginning of this paper, I referred to that moment in which the cradle of our culture, with its social and democratic organizations, is put in danger by an accumulation of madness similar to what Freud suggested in his book on mass psychology (1921). The present dilemma is the result of a painful confrontation between different systems of ideas, between our inner world and the outer one, in a context in which so many human beings are attempting to escape from fear and death, yet without knowing where to go. We live in a dismembered world, as in a dismembered body of which the head that cannot think is being cut off.

Key words: body/mind, institutions, madness in the city, minute fragmentation, psychosis.

BIBLIOGRAPHIE

Bion W.R. (1967), *Second Thoughts*, trad. fr. F. Robert, *Réflexion faite*, Paris, Puf, 1983.

Chaslin Ph. (1912), *Éléments de sémiologie et clinique mentales*, Paris, Asselin et Houzeau.

Crescenzo de L. (1979), *La Napoli di Bellavista*, Milan, Mondadori.

Freud S. (1921), Psychologie des masses et analyse du moi, *OCF-P*, vol. XVI, Paris, Puf, pp. 1-85.

Freud S. (1932), Pourquoi la guerre ?, *OCF-P*, vol. XIX, Paris, Puf, 1995, pp. 61-81.

Huizinga J. (1938), *Homo ludens. Essai sur la fonction sociale du jeu*, Paris, Gallimard.

Resnik S (1999), Temps des glaciations : voyage dans le monde de la folie, Ramonville Saint-Agne, Érès.

Resnik S (2015), Flying Thoughts in Search of a Nest. A Tribute to W.R. Bion, *in* Levine H.B. et Civitarese G., *The W.R. Bion Tradition*, Londres, Karnac, pp. 259-269.

Resnik S (2016), *The Logics of Madness*, Londres, Karnac.

L'OBSERVATION PIKLÉRIENNE ET L'OBSERVATION ANALYTIQUE DES BÉBÉS SELON LA MÉTHODE D'ESTHER BICK : UN ESSAI DE MISE EN PERSPECTIVE

Miriam Rasse[1] et Bernard Golse[2]

La mise en perspective de l'observation piklerienne et de l'observation analytique des bébés selon la méthodologie d'Esther Bick nous semble une tâche importante et intéressante dans la mesure où elle peut venir conforter l'idée que le développement de l'enfant est de nature fondamentalement co-constructive (Golse, Moro et Riand, 2014).

Bien que les fondements épistémologiques de ces deux méthodes d'observation soient en réalité distincts – la première se référant plutôt au registre interpersonnel et la seconde plutôt au registre intrapsychique –, leur mise en perspective s'avère cependant heuristique, et nous en proposerons une première ébauche après la présentation de chacun de ces deux cadres d'observation.

1. Miriam Rasse, psychologue, directrice de l'association Pikler Lóczy-France (www.pikler.fr).

2. Adresse-contact: Pr Bernard Golse, Service de pédopsychiatrie, hôpital Necker-Enfants-malades, 149 rue de Sèvres, 75015 Paris-Fr, Courriel : *bernard.golse@aphp.fr*

Membre de l'Association psychanalytique de France, chef du Service de pédopsychiatrie de l'hôpital Necker-Enfants-malades (Paris), professeur de psychiatrie de l'enfant et de l'adolescent à l'université René-Descartes (Paris-V) / Inserm, U669, Paris, France / université Paris-Sud et université Paris-Descartes, UMR-S0669, Paris, France / LPCP, EA 4056, université Paris-Descartes / CRPMS, EA 3522, université Paris-Diderot, président de l'association Pikler Lóczy-France.

Journal de la psychanalyse de l'enfant, vol. 7, n° 1, 2017, p. 197-219

L'OBSERVATION PIKLERIENNE

Un mode de communication pour apprendre à connaître un enfant dans sa singularité

Le jeune enfant qui ne parle pas encore communique néanmoins, déjà, sur un mode préverbal, corporel : avec ses mouvements, son tonus, ses gestes, ses mimiques, ses pleurs ou ses sourires, le bébé exprime ses états de bien-être, d'inconfort ou de malaise.

Ces expressions corporelles vont devenir autant de signaux de communication, si elles peuvent être perçues par un adulte attentif qui cherche à leur donner du sens.

Il donne des informations sur ses besoins : il s'agite, pleure ou cherche à se nicher quand il a sommeil, il réclame son repas, il se raidit lorsqu'il est porté par des bras inconnus, ou au contraire sourit à une voix ou un visage familier. Et, aussi, il réagit aux propositions qui lui sont faites pour chercher à satisfaire ses besoins : il détourne la tête du biberon ou de la cuillère lorsqu'il n'a plus faim ou qu'il veut faire une pause, il tressaille lorsque le gant de toilette est trop froid, il réagit par un « réflexe de Moro » lorsqu'il est déposé trop rapidement sur la table de change ou s'il ne se sent pas suffisamment bien tenu dans les bras, il se crispe lorsqu'il n'a pas pu anticiper l'arrivée du mouchoir sur son nez ou des mains qui le soulèvent du tapis sur lequel il jouait.

À l'inverse, ses états de détente et de quiétude vont être autant de signes d'adéquation de la satisfaction de ses besoins physiologiques et relationnels à partir de laquelle le bébé va pouvoir s'organiser, apprendre à compter sur son entourage fiable et construire les bases de sa sécurité interne.

Mais, lors d'une attente trop longue pour la satisfaction de ses besoins ou si les réponses apportées lui sont inadéquates, en l'absence de sa mère ou dans des situations de changement qui lui font perdre ses repères, le bébé en état de perte ou de malaise peut mettre en œuvre des conduites défensives : il s'agite, s'absorbe en lui-même, cherche à dormir sans avoir sommeil ou devient hypervigilant, se détourne lors des contacts corporels, refuse ou rejette les aliments. C'est à nouveau à travers son corps que le petit enfant s'exprime : il peut manifester divers symptômes somatiques (troubles digestifs, perturbations de son sommeil, modification de ses rythmes) ou certains troubles du comportement (agressivité, retrait...).

Les mouvements, les gestes, le comportement, les symptômes du petit enfant sont un langage (David, 1987).

L'observation est le moyen privilégié et particulier pour aller à sa rencontre et chercher à le connaître dans la singularité de ses besoins : « L'observation du bébé, c'est comme l'écoute pour un adulte » nous dit Myriam David.

Emmi Pikler, un nouveau regard sur le bébé et ses processus d'apprentissage

Emmi Pikler, pédiatre hongroise du XXe siècle, était une fine observatrice des bébés.

Déjà, alors qu'elle fait ses études de pédiatrie à Vienne, elle fait le constat, lors d'un stage dans le service d'orthopédie, que de nombreux enfants souffrant de fractures sont issus de milieux aisés, et elle formule l'hypothèse que, dans ces milieux, les enfants ont des conditions de vie « protégée » qui leur donnent beaucoup moins de possibilités de se mouvoir que d'autres qui vivent dans les rues, courent, grimpent dans les arbres ou s'accrochent au tampon des tramways.

Ce sera le point de départ de ses travaux de recherche sur le développement moteur du petit enfant.

Elle va mettre en évidence que le bébé est doté, dès sa naissance, d'une activité spontanée et que l'exercice de cette activité – que l'enfant est capable d'initier par lui-même – a une fonction constructive : le bébé sait se saisir activement des potentialités mises progressivement à sa disposition par la maturation de son système neuro-sensori-moteur, pour réaliser ses différentes acquisitions motrices, sans nécessiter d'enseignement de la part de son entourage : le petit enfant va apprendre de lui-même à se déplacer, à se mettre debout, à s'asseoir, à saisir et à manipuler les objets, s'il peut suivre son propre rythme de développement, être libre de ses mouvements, disposer du temps et de l'espace nécessaires à leur exercice et au déploiement de ses initiatives, dans un climat relationnel « suffisamment bon ».

C'est ce qu'Emmi Pikler va nommer « la motricité libre ».

Dans ses travaux sur la motricité, Emmi Pikler découvre que, libre de ses mouvements non entravés par des vêtements ou un portage inadéquats, et installé, dans ses temps d'éveil, dans des postures dont il a déjà acquis par lui-même la maîtrise, le tout jeune enfant suit une progression motrice dans une succession d'étapes d'acquisition « génétiquement programmées », jalonnées de nombreux « mouvements intermédiaires » qui assurent une fonction d'apprentissage et de continuité du développement :

Installé confortablement sur le dos, sur un sol ferme, attentif à ses sensations corporelles, le bébé va chercher à trouver son équilibre dans cette posture, puis va expérimenter la position « sur le côté » avant de se tourner sur le ventre... et d'apprendre à revenir sur le dos.

Le bébé, par l'exercice de ses capacités et les éprouvés kinesthésiques qu'il suscite, découvre et prend conscience des différentes parties de son corps, et les organise peu à peu en une unité corporelle ; il apprend à connaître ses capacités, mais aussi ses limites : il découvre ses ressources propres et se perçoit compétent.

En sécurité dans son corps, il peut s'ouvrir à lui-même, aux autres et à son environnement.

En regardant les bébés se mouvoir et aller à la rencontre d'eux-mêmes et du monde, Emmi Pikler découvre aussi qu'à travers leur activité, ils construisent leurs auto-apprentissages. La répétition, l'expérimentation de leurs actions avec les objets leur permettent d'intégrer des informations sur leurs qualités, leurs propriétés, de les mettre en relation : leurs actions suscitent des pensées et des émotions qui, elles-mêmes, viennent nourrir leur activité.

Le bébé développe un mode de penser corporel, préverbal qui témoigne de sa vie psychique en construction.

Emmi Pikler va alors développer le concept « d'activité autonome » : lorsqu'il peut initier lui-même son activité, choisir les objets parmi ceux mis à sa disposition, et les utiliser selon ses intérêts et ses capacités, cette activité constitue, pour l'enfant, un espace-temps d'expression, d'élaboration et de symbolisation.

Pour que les potentialités du bébé adviennent et qu'il développe ses ressources.

Émerveillée par les capacités insoupçonnées des bébés qui se révèlent, dans ces conditions, à l'observatrice attentive qu'elle est, Emmi Pikler va alors chercher à partager ses découvertes avec les parents qu'elle rencontre dans son exercice de pédiatre, de retour à Budapest, en Hongrie.

C'est ainsi qu'elle va inciter les parents à regarder leur enfant pour découvrir et reconnaître ses capacités, pour partager et soutenir son plaisir et ses intérêts, sans interférer dans sa dynamique développementale par des apprentissages précoces – en regard de sa maturation –, ni empiéter sur la découverte de ses propres ressources par des stimulations inutiles.

Elle va chercher à créer, avec eux, un environnement qui donne la possibilité au bébé d'être actif, acteur et créatif : dès les années 1930, elle propose déjà aux parents d'installer leur bébé, au sol, sur un tapis, quand il est éveillé, avec à sa portée, quelques objets simples adaptés à ses capacités (légers, faciles à saisir) mis à sa disposition, qui vont se diversifier au fur et à mesure de l'évolution de ses intérêts et de la survenue de potentialités nouvelles (des objets à manipuler, explorer, rassembler, empiler, emboîter, pour ses activités de comparaison, de collection, de construction, dans une motricité de plus en plus fine et précise qui va le conduire jusqu'à l'écriture, tout en laissant libre cours à sa créativité et à des jeux symboliques, supports d'expression et d'élaboration de sa vie émotionnelle).

Quand elle fonde la pouponnière de Lóczy (David et Appell, 2008), en 1946, Emmi Pikler va former les nurses qui accueillent ces bébés, orphelins ou séparés de leur milieu familial sur décision judiciaire, à l'observation, pour qu'elles puissent développer leur attention et leur réceptivité à ce qu'exprime chaque enfant. Elle va aussi inventer une organisation institutionnelle qui privilégie les temps de soins corporels (le repas, la toilette, le change), dans une chorégraphie régulière et prévisible, comme des occasions de véritables rencontres, personnalisées entre adulte et enfant et lieu principal de construction de leurs liens.

Elle va concevoir un art du soin : une technique de soins au service du bien-être corporel de l'enfant cherchant à lui éviter des tensions et des crispations désagréables, lui permettant de reconnaître son corps comme source de plaisir et favorisant son ouverture psychique à lui-même et à son environnement ; une technique de soins visant à protéger l'enfant d'intrusions inopportunes dans son corps : lui montrer le gant de toilette avant de le laver, lui montrer le biberon ou la cuillère avant de l'introduire dans sa bouche… avec son accord ; chaque cuillérée proposée doit être une question à laquelle l'adulte attend la réponse de l'enfant ; une technique de soins qui donne du temps et de l'espace aux gestes et aux initiatives de l'enfant pour qu'il puisse être partenaire d'un soin qui le concerne : attendre un geste de sa main vers la manche de sa chemise avant de la lui enfiler, tenir le biberon par sa base pour que l'enfant puisse y mettre ses mains et le tenir lui-même dès qu'il y sera prêt ; solliciter sa coopération : soulever ses fesses pour que sa couche puisse lui être mise, se retourner pour que son vêtement puisse être attaché.

Il s'agit de lui donner la possibilité de découvrir et de se saisir de ses progressives capacités d'autonomie, dans un environnement suffisamment stable et prévisible pour qu'il puisse s'y situer en sachant ce qu'on attend de lui et ce qui va se passer pour lui.

En soignant son corps, la nurse de Lóczy cherche à convoquer la personne de l'enfant, reliant corps et psyché en un tout unifié.

Relié à son corps et reliant son corps à ses sensations, à ses éprouvés, le bébé prend conscience de lui en tant que personne singulière et différenciée.

Cette attention portée au bébé fait de ce soin corporel un soin psychique.

Une observation interagissante

L'observation « piklérienne » est un soin, un prendre-soin global de l'enfant dans une attitude d'ouverture à ce qui vient du bébé pour être attentif à lui et prendre en compte ce qu'il exprime, à son niveau de développement et ainsi « s'ajuster », dans la recherche d'un « accordage affectif » (Stern, 1989) satisfaisant : ajuster les gestes, les paroles qui lui sont adressés ; ajuster l'évolution des propositions qui lui sont faites pour satisfaire ses besoins au plus près de son rythme (introduction progressive d'une alimentation à la cuillère, diversifiée, installé sur les genoux de l'adulte, puis à table quand il sait s'asseoir et qu'il a du plaisir et de l'intérêt à se servir lui-même de sa cuillère, d'abord avec l'aide de l'adulte puis tout seul) ; ajuster l'aménagement de l'espace, le matériel et les jouets mis à disposition en fonction de l'évolution des progrès et des intérêts des enfants au sein du groupe.

Reconnu dans ses besoins moteurs et accueilli dans ses manifestations gestuelles, corporelles, émotionnelles, considérées comme des expressions de sa vie psychique et de son self en construction, le bébé perçoit qu'il peut influencer son environnement et son entourage : il ne vit pas son état de dépendance avec un sentiment d'impuissance mais il se perçoit compétent.

Cette observation et les spirales interactives entre le bébé et l'adulte qui en résultent constituent une force narcissisante aussi bien pour le bébé qui se sent accepté comme il est et là où il en est, que pour le professionnel dont l'objet narcissique devient la qualité du soin prodigué à l'enfant.

Cette observation détermine une manière d'« être avec » l'enfant, d'être « à ses côtés », comme un moi auxiliaire au service de cette personne en construction.

Il s'agit, pour l'adulte, de mettre à la disposition de l'enfant son appareil psychique – adulte – pour donner du sens à ce que l'enfant manifeste, mais aussi pour l'aider à décoder le monde, pour le lui présenter à la mesure de ses capacités et lui permettre d'y trouver sa place : veiller à éviter des exigences prématurées en regard de ses capacités maturatives (par une introduction progressive des règles sociales, par exemple) ; être médiateur dans ses relations avec ses pairs à une période où ses relations encore peu différenciées rendent ses communications maladroites (prendre le jouet d'un autre parce qu'il est intéressé par ce que cet autre en fait), sans savoir encore comment sortir d'un conflit ou faire face à une frustration (comment peut-il trouver un objet semblable à celui de l'autre qui l'intéresse ou attendre que le vélo bleu soit disponible ?).

Être médiateur en cette période de son développement où la reconnaissance de l'autre est encore difficile (ton désir et le mien ne sont pas les mêmes), et ses manifestations souvent impulsives (taper ou mordre quand il s'est fait prendre ou ne peut posséder l'objet de sa convoitise).

Cette manière d'être avec l'enfant consiste aussi à créer un espace possible de négociations pour que l'enfant puisse préserver la possibilité d'affirmer sa volonté et ses choix dans un cadre pourtant déterminé par l'adulte ou l'environnement social et culturel auquel il doit être progressivement introduit : pourquoi ne pourrait-il pas choisir entre deux pantalons plutôt que de se voir « imposer » le pantalon rouge ? Pourquoi ne pourrait-il pas – au lieu d'être « obligé » de rendre, dans les mains de l'adulte, ce tube de crème qu'il ne peut pas emporter dans son espace de jeux – choisir l'endroit où il va le déposer, dans la salle de bain ?...

L'observation, un outil de travail pour les professionnels

Cette attitude observante requiert une grande disponibilité psychique de la part des soignants, qui doit être facilitée par une organisation du travail précise et un cadre contenant, soutenue par un accompagnement au quotidien et des espaces de parole où peuvent se partager les émotions que la rencontre avec ces enfants et leurs parents ne manquent de solliciter.

L'observation offre un temps de suspension, un espace de pensée qui accompagne le soignant dans la construction d'un lien avec ces enfants, lien à la fois personnalisé et différent de celui noué avec ses parents dont la spécificité doit être préservée et protégée.

Des observations partagées au sein d'une équipe pluridisciplinaire ou avec les parents assurent, pour l'enfant une fonction unificatrice et de continuité : elles sont l'occasion de rassembler plusieurs regards portés sur un enfant et sur ce qu'il donne à voir, avec chacun, de ses compétences, ressources ou fragilités, pour tenter d'avoir une perception plus unifiée de cet enfant-là, pour chercher à mieux le connaître et mieux le comprendre, pour penser ensemble des propositions qui pourraient lui convenir, voire l'aider s'il manifeste certaines difficultés.

Entre professionnels mais aussi avec les parents, le fait de partager des observations assure une fonction de continuité, pour l'enfant, entre ses différents moments ou lieux de vie.

L'OBSERVATION ANALYTIQUE DES BÉBÉS SELON LA MÉTHODE ESTHER BICK

La place de l'observation directe selon la méthode d'Esther Bick dans le cursus des divers professionnels de la petite enfance est aujourd'hui bel et bien reconnue tandis que sa place dans le cursus des futurs analystes demeure, en France tout au moins, le lieu d'un vaste débat qui renvoie au conflit récurrent entre tenants de l'enfant reconstruit et tenants de l'enfant de chair et d'os, débat dont D. Stern avait resitué toute la dynamique et les enjeux dans son livre sur *Le Monde interpersonnel du bébé* (1989).

S. Freud est mort et ses fils se déchirent mais lui savait tenir conjointement et fermement les deux branches de l'arbre, si l'on nous permet de s'exprimer ainsi.

Il était aussi bon observateur direct que théoricien de la reconstruction.

En réalité, la question n'est pas ici de discuter la valeur analytique ou non du matériel d'observation mais celle de savoir si les qualités requises pour être un analyste ou un psychothérapeute suffisamment bons peuvent être développées ou non par la pratique de l'observation directe des bébés.

Pour notre part, il nous semble notamment que cette pratique favorise – grâce à la distinction soigneuse des trois temps de l'observation – à savoir la séance proprement dite, la prise de notes et l'élaboration groupale – le développement de cette fameuse « capacité négative » si chère à Wilfred R. Bion (1962, 1963, 1965, 1970).

Ces trois temps de l'observation renvoient, d'une certaine manière aux trois temps de tout acte psychique tels que S. Freud les avait distingués en son temps (1911).

Enracinée dans les processus d'attention, cette capacité négative apparaît comme extrêmement précieuse aussi bien pour les analystes que pour les psychothérapeutes en ce qu'elle permet l'avènement d'une tolérance au fait de ne pas tout savoir et de ne pas tout comprendre tout de suite.

Véritable aptitude à laisser du temps au temps, à se laisser éprouver par tous les sens les données d'une situation, à prendre en compte son vécu ou son ressenti émotionnels sans chercher à anticiper sur la mise en forme conceptuelle ou théorique... tout ceci ne peut qu'être fort utile aux analystes comme aux thérapeutes et se trouve au cœur même de l'expérience de l'observation directe.

Celle-ci peut donc probablement être utile au training des uns et des autres mais la difficulté tient évidemment ici à son inscription ou à sa non-inscription institutionnelle.

En tout état de cause, qu'on l'accepte ou non, les psychanalystes ne font pas qu'entendre, et les observateurs ne font pas que voir.

Ces derniers, qu'il s'agisse de futurs psychanalystes ou non, sont d'ailleurs moins naïfs qu'on ne le dit souvent et ils savent bien que le matériel qu'ils observent se trouve inéluctablement pris dans des effets d'après-coup, dans la mesure où leurs observations sont inévitablement filtrées par le réseau de leurs propres refoulements.

Mais ils savent aussi faire des hypothèses sur le travail du négatif et tenir compte, au sein de leurs élaborations constructives, de ce qui ne leur est pas dit et de ce qui ne leur est pas montré.

Une méthode d'observation rigoureuse

E. Bick, d'origine autrichienne, arrive à Manchester en 1938.

Après quelques années passées à Manchester où elle suit une analyse avec M. Balint, elle s'installe ensuite à Londres où elle entreprend alors une seconde analyse avec M. Klein.

Elle devient psychanalyste à son tour tout en continuant son travail clinique auprès des enfants.

En 1948, J. Bowlby, directeur du Children and Parents Department de la Tavistock Clinic à Londres demande à E. Bick de mettre en place un cours dans le cadre du parcours de formation des analystes de cette institution. Elle crée ainsi une formation fondée sur sa méthode d'observation directe du bébé, le but de cette formation étant de renforcer la capacité des analystes en formation à la perception des réalités psychiques primitives.

Savoir ce qu'il en est du développement d'un enfant dans son milieu naturel ne pouvait qu'être utile, selon elle, à la pratique d'analystes qui entendront leurs patients évoquer et ré-évoquer leur enfance à de multiples reprises au cours de leur cure.

E. Bick s'appuie sur les enseignements de la théorie kleinienne concernant la vie psychique interne du bébé.

Elle considérait que la capacité d'observation et de perception des manifestations de la réalité psychique primitive était tout aussi essentielle pour le travail avec les enfants que pour la psychanalyse des adultes.

Au fil des années, E. Bick (1964, 1968, 1986) a développé une méthode pour l'observation des bébés et des jeunes enfants qui prend en ligne de compte une certaine objectivité scientifique ainsi que l'expérience émotionnelle de l'observateur.

En effet, l'observateur dans la situation d'observation se veut le plus objectif possible dans une tentative de ne modifier en rien, par sa présence au sein de la famille, la situation qui se déroule devant lui.

L'observateur est présent en simple receveur et doit faire preuve d'empathie. Les observations, aussi détaillées que possible, représentent, avec les ressentis émotionnels de l'observateur, un matériau brut qui sera travaillé par la suite dans les séminaires de supervision.

La méthode comporte donc trois étapes incontournables : l'observation, le compte rendu et le séminaire.

Pour E. Bick l'intérêt principal de sa méthode réside dans une compréhension, de manière vivante, de l'expérience infantile permettant d'entrer en contact avec le bébé que nous avons été, d'où une meilleure compréhension du comportement non-verbal de l'enfant et la possibilité de mieux comprendre, de ce fait, la mère dans ce qu'elle rapporte de l'histoire de l'enfant.

Il n'est toutefois pas possible d'observer sans préalable théorique et c'est la raison pour laquelle la théorie psychanalytique sert ici de « théorie du cadre » et non de théorie du psychisme lui-même.

Le cadre dans lequel se déroulent les observations se déploie dans la durée, pendant deux ans, environ, et ceci à raison d'une heure, une fois par semaine au domicile du bébé.

L'importance d'une telle formation réside donc dans l'observation régulière et prolongée de l'évolution des manifestations corporelles et relationnelles du bébé qui grandit au sein de sa famille.

L'observation concerne donc une famille où un bébé est né.

E. Bick insistait sur le classement éthique des priorités : tout d'abord et avant tout, aider au bien-être du bébé et de ses parents, ensuite un objectif de formation, et seulement en dernier un éventuel but de recherche qui ne peut venir que par surcroît.

L'observation : régularité, réceptivité, attention et non-interférence

L'observation débute le plus tôt possible après l'accouchement en accord avec les parents.

Le jour et l'heure des observations seront fixés avec la mère.

L'observateur essaiera le plus possible de s'adapter aux créneaux proposés par la mère.

Ce cadre souple propre à cette méthode d'observation permet de s'adapter en dérangeant le moins possible le déroulement habituel des activités au sein de la famille.

La première séance d'observation peut avoir lieu, dans certains cas, à la maternité avant même le retour de la mère et de l'enfant à la maison.

E. Bick conseillait de ne pas prendre de notes pendant la séance d'observation car il faut apprendre à ouvrir les yeux.

La prise de notes interfère avec l'attention flottante et empêche l'observateur d'être à l'aise pour répondre aux demandes affectives de la mère.

La prise de notes distrait l'observateur de son observation et elle peut également distraire la mère.

L'observateur doit apprendre à observer et décrire ce qu'il voit.

Il doit pouvoir garder en mémoire les gestes du bébé, les noter par la suite en se disant qu'ils ont peut-être une signification particulière.

L'observateur doit apprendre à laisser son bagage théorique de côté et doit être capable d'accepter une position de « receveur » sans modifier la situation observée.

L'observateur ne sait rien à l'avance et il doit pouvoir se laisser surprendre.

Le souci d'E. Bick était d'éviter tout sentiment de supériorité de la part de l'observateur.

Il ne doit jamais oublier que le but de son observation est, avant tout, d'apprendre, d'apprendre à voir comment un bébé particulier se développe dans son milieu naturel.

Il doit aussi être capable de s'ajuster aux changements au sein de son observation, et de pouvoir accepter la place que la mère veut bien lui accorder.

Après chaque observation, l'observateur est tenu de rédiger un compte rendu de son observation qui doit se faire avec des mots simples décrivant de façon détaillée chacun des éléments de l'observation et des mots qui soient dépourvus de toute dimension interprétative.

L'utilisation de certains mots saturés de sens sous-jacents signerait déjà une interprétation des événements alors que le compte rendu doit se contenter de contenir l'ensemble des faits observés.

Aider l'observateur à améliorer sa capacité d'attention et de réceptivité psychique

Le séminaire est constitué de tous les participants à la formation, l'observateur et le ou les analystes formateurs.

Le séminaire de formation est généralement constitué soit d'un groupe d'observateurs (trois ou quatre observateurs), soit d'un groupe de formation composé d'un observateur et des participants.

Dans l'observation de formation, l'observateur n'est pas forcément ni analyste, ni en analyse.

Il peut s'agir de n'importe quel professionnel intéressé par le développement précoce de l'enfant.

En revanche, le séminaire de supervision doit être animé par un analyste lui-même formé à l'observation directe, et si possible composé de professionnels d'horizons cliniques et théoriques variés afin de se garantir au mieux du risque d'autoréférence.

Chaque séminaire commence généralement par la lecture du compte rendu du séminaire précédant, et il est suivi de la lecture du compte rendu de l'observation dans son intégralité.

Le travail d'élaboration au sein du séminaire se fera sur ce qui est dit mais aussi sur les oublis ou les non-dits de l'observateur.

Les participants au séminaire partagent eux aussi leur ressenti émotionnel dans le travail de réflexion et d'élaboration des hypothèses concernant l'évolution des manifestations corporelles et relationnelles du bébé.

La fonction du séminaire est de venir en aide à l'observateur en repérant les différentes situations auxquelles il est confronté.

De cette façon l'observateur pourra être plus à l'aise et ne pas risquer de créer des interférences trop importantes au sein de la famille.

Le séminaire remplit une première fonction d'élaboration d'hypothèses concernant le développement du comportement du bébé et la mise en place des premiers liens relationnels de celui-ci au sein de sa famille, et une deuxième fonction qui est celle de repérer les liens entre les différents aspects du matériel décrits dans le compte rendu et le vécu émotionnel de l'observateur.

Cette dernière fonction a pour but de repérer les mouvements psychiques ou les événements qui pourraient perturber l'observateur, sa position, son rôle et l'observation elle-même.

Les maillons thérapeutiques de l'observation directe des bébés

Tous les observateurs directs de bébés sont d'accord pour penser que cette méthode est bénéfique à l'enfant, même s'il est impossible de prendre chaque enfant pour son propre témoin (puisque, bien évidemment, une fois observé, on ne peut pas savoir ce qu'il aurait été sans avoir été observé !)

Quoi qu'il en soit, il semble bien que les enfants observés acquièrent eux-mêmes une sensibilité particulière à la nature des interactions, à leurs propres mouvements psychiques ainsi qu'à ceux d'autrui, ce qui ne peut être considéré que comme un plus dans le cadre du développement psycho-affectif.

Suivant en cela D. Houzel (1989, 1994), nous distinguerons quatre maillons principaux de cet effet positif de l'observation directe.

– La fonction « sein-toilette » de l'observateur selon la terminologie de D. Meltzer (1980)

L'observateur étant par définition un intrus vis-à-vis de la famille, il apparaît comme tout désigné pour hériter d'une partie des motions agressives initialement destinées à l'enfant qui fait en quelque sorte lui-même figure d'intrus physiologique, d'étranger à demeure plus ou moins menaçant et menacé.

D'une manière générale, l'observateur (ou le thérapeute) peut ainsi servir de lieu de déflexion pour toute une série de projections délétères, mouvement de dérivation qui peut alors considérablement alléger le jeu du système interactif précoce entre l'enfant et son environnement.

– Le remaniement des imagos tutélaires des parents

Toute naissance, et pas seulement celle de l'aîné, implique pour les parents un vécu de rivalité et de transgression par rapport à leurs propres imagos œdipiennes ou pré-œdipiennes.

La présence d'un observateur (ou d'un thérapeute) neutre et bienveillant peut alors avoir valeur d'interprétation latente conférant, en quelque sorte aux parents le droit d'être parents, et de prendre soin de cet enfant-là en leur permettant, du même coup, de pouvoir utiliser leurs potentialités interactives éventuellement inhibées en raison de leur problématique infantile personnelle (fantasme de disqualification parentale, sentiment d'incompétence).

– *La clarification des confusions identificatoires*

La mère et le bébé fonctionnent tout d'abord dans un régime de mutualité projective qui leur assure un état initial de fusion et de symbiose constructive, car préparant le mouvement de dégagement et d'autonomisation ultérieur.

Cette étape se reflète dans l'emploi si fréquent du « on » par la mère dans son adresse au bébé.

Dans certains cas, cette période fusionnelle peut s'avérer entravante et faire alors courir le risque d'organisations psychopathologiques sévères tant la question de l'identité s'avère proche, aux temps précoces, de celle des identifications primaires.

La tâche de l'observateur (ou du thérapeute) peut alors être, par quelques interventions simples, de rendre à chacun des partenaires engagés dans la relation ce qui lui appartient, un affect à l'un et un comportement à l'autre par exemple, sans amalgame ni confusion.

– *L'identification enfin des parents et du bébé aux fonctions d'observation, de contenance et de transformation de l'observateur (avec tout ce qu'elles comportent d'attention psychique au sens de la terminologie de W.R. Bion)*

Finalement, l'observateur est souvent placé en situation transférentielle de bon grand-parent ou d'enfant aîné de la famille auquel on montre comment on s'occupe du petit dernier, mais c'est le travail sur le contre-transfert qui se trouve en fait au tout premier plan, tandis qu'une grande place peut être faite aux « interprétations parentales ».

L'ensemble de la technique de l'observation directe selon la méthode d'E. Bick se réfère fortement au modèle de W.R. Bion du développement de l'appareil à penser, comme l'a bien montré C. Athanassiou (1992).

Les différents mécanismes évoqués ci-dessus peuvent en fait être compris comme des facteurs relativement généraux, des facteurs dits non spécifiques de changement, c'est-à-dire des facteurs qui peuvent aussi se trouver en jeu dans nombre de dispositifs thérapeutiques dans le champ de la petite enfance (au sein des thérapies conjointes, notamment).

L'important est, ici, de souligner que ces différents mécanismes renvoient, chacun à leur manière, à la dynamique de l'empathie.

Ajoutons enfin que si l'observation directe fait du bien aux enfants qui vont déjà bien (dans le cadre de l'observation directe de formation), l'idée est tout naturellement venue de l'employer pour aider des enfants en difficulté.

C'est ce qu'on appelle l'observation directe à visée thérapeutique qui repose sur les mêmes principes que l'observation de formation, mais qui nécessite certaines amodiations du cadre sur lesquelles nous ne pouvons nous étendre ici.

Disons seulement que l'observateur se doit, ici, d'être suffisamment formé pour pouvoir résister aux projections délétères qui entourent souvent les bébés en souffrance, et que par ailleurs, il va de soi que l'observation directe à visée thérapeutique ne peut commencer qu'à l'âge où l'enfant commence à exprimer certains dysfonctionnements.

MISE EN PERSPECTIVE

Nous serons ici relativement cursifs, car il s'agit d'un chapitre d'une réflexion en cours et qui appelle encore d'autres approfondissements.

Ces deux méthodes d'observation sont bien davantage complémentaires qu'antagonistes, et d'une certaine manière, elles trouvent chacune une place en quelque sorte miniaturisée au sein même des consultations parents/bébé où peut en effet se jouer une alternance entre des moments d'observation des interactions entre le bébé et les adultes qui prennent soin de lui, et des moments d'observation de la manière dont l'enfant explore et prend possession de l'espace qui l'environne et des objets qui s'y trouvent mis à sa disposition.

Si les deux méthodes d'observation partagent un même but d'observation des premières manifestations de la vie psychique et du développement précoce du bébé, on pourrait dire cependant que leur vertex n'est pas tout à fait le même.

1) Dans le cadre de ce travail, nous soulignerons seulement trois différences à titre indicatif.

- L'observation directe selon la méthode d'Esther Bick à visée de formation se trouve surtout centrée sur le développement chez l'observateur d'une capacité d'observation et d'écoute de lui-même (Golse, 2008), tandis que l'observation piklerienne se trouve, quant à elle, davantage focalisée sur la question d'une aide au développement. Ceci étant, ces deux perspectives ne s'opposent pas radicalement, le développement d'un enfant étant d'autant plus harmonieux et profondément ancré qu'il se joue en présence d'adultes attentifs à la fois à l'enfant et à ce que l'enfant leur fait vivre émotionnellement.
- L'observation piklerienne se déploie principalement dans le registre interpersonnel (prévalence du vu) alors que l'observation de type Esther Bick se déploie plutôt dans le registre intrapsychique (importance du vu et de l'entendu).
- Les deux types d'observation, enfin, ne concernent peut-être pas tout à fait les mêmes espaces physiques : l'observation piklerienne se centre sur l'environnement spatial global de l'enfant en donnant toute son importance à la manière dont l'enfant va se mouvoir, utiliser et explorer les objets qui se trouvent dans cet environnement, avec l'hypothèse que la liberté de mouvement

physique prépare et précède sa future liberté de mouvement psychique, c'est-à-dire sa liberté de pensée ; l'observation de type Esther Bick se trouve sans doute centrée sur un espace plus restreint, soit l'espace péricorporel immédiat de l'enfant, l'espace dans lequel se jouent les interactions les plus fines et les plus subtiles, qu'elles soient comportementales, affectives, fantasmatiques ou présymboliques.

On voit ainsi que les deux types d'observation cherchent au fond à une appréhension du monde interne de l'enfant, mais elles le font par le biais d'un rapport dialectique différent entre espace physique et espace psychique : l'observation piklerienne table sur le fait que l'activité libre au sein d'un espace adapté va contribuer à l'instauration d'un monde interne harmonieux et au processus de subjectivation, tandis que l'observation de type Esther Bick table sur le fait que c'est l'observation des mouvements psychiques de l'enfant et des adultes qui en prennent soin qui va permettre à l'enfant d'utiliser son environnement spatial de manière symbolisante et progressivement subjectivante.

Autrement dit, si les deux types d'observation se trouvent également centrés sur la dimension émotionnelle et affective des interactions, on peut cependant peut-être dire que l'observation de type Esther Bick prend davantage en compte le niveau fantasmatique de ces interactions tandis que l'observation piklerienne se centre plus sur le niveau comportemental de ces mêmes interactions.

2) Ceci étant, ces spécificités respectives demandent toutefois à être quelque peu relativisées.

- Comme l'observation de type Esther Bick, l'observation piklerienne a une visée précise de « soin développemental », particulièrement nécessaire dans les institutions qui accueillent de jeunes enfants et encore plus en pouponnière. Elle contribue à la qualité du « prendre soin » en favorisant la subjectivation de l'enfant, avec l'objectif de contribuer à la construction d'un « vrai » *self* en soutenant la prise de conscience de soi, la différenciation et l'édification de l'estime de soi.

- Si l'observation piklerienne se centre sur l'environnement spatial global de l'enfant, elle a aussi pour ambition d'agir au niveau des interactions (comportementales et affectives notamment) avec l'idée de prendre en compte ce qui vient de l'enfant pour modifier et transformer son environnement mais aussi pour aider l'ajustement de l'adulte à ses besoins. C'est cette possibilité « d'influencer » l'autre (dans la mesure où celui-ci peut se laisser « fluencer ») qui fondent pour E. Pikler, le sentiment de compétence de l'enfant, et c'est ainsi que l'observation des capacités et compétences de l'enfant dans son activité motrice et dans son jeu, peut modifier profondément la relation entre les adultes (les professionnels mais aussi les parents) et l'enfant.
- En ce qui concerne la fonction unificatrice de l'observation piklerienne que nous avons évoquée, elle se joue aussi dans le cadre de l'observation de type Esther Bick. Dans les deux cas, elle est assurée par l'adulte qui cherche à relier les éprouvés exprimés par l'enfant et leur cause et il s'agit, au fond, par cette activité de mise en liens de favoriser l'intégration du soma et de la psyché du bébé.
- Dans l'observation de type Esther Bick, la succession des séminaires a valeur d'activité narrative et de mise en récit du développement de l'enfant tandis que dans l'observation piklerienne, ce soutien à la narrativité s'effectue par le biais de l'écriture du journal de développement par la nurse de référence et de sa reprise périodique dans le cadre d'un travail avec une pédagogue. Dans les deux cas, cette narrativité des adultes concourt à l'instauration progressive de la narrativité de l'enfant lui-même qui apparaît ainsi comme le fruit d'un travail de co-construction entre les enfants et les adultes qui en prennent soin.
- Enfin, si l'observateur de type Esther Bick peut fonctionner comme un lieu de déflexion des projections parentales délétères, l'observation piklerienne permet, pour les professionnels, une sorte de mise à distance qui protège également l'enfant de certaines projections et aide ainsi les professionnels à se situer dans une « posture professionnelle » qui se différencie d'une relation parentale.

Résumé

Les auteurs rappellent tout d'abord les principes et les fondamentaux de l'observation piklerienne qui se centre surtout sur le fonctionnement de l'enfant dans le registre de l'interpersonnel, et de l'observation des bébés selon la méthode d'Esther Bick qui se centre surtout sur les interactions et leurs corrélats dans le domaine intrapsychique des adultes et des bébés. Après quoi, ils proposent une mise en perspective de ces deux types d'observation qui s'avèrent bien évidemment beaucoup plus complémentaires qu'antagonistes.

Mots-clés : bébé, Bick, interpersonnel, intrapsychique, observation, Pikler.

Summary

The authors first remind the principles and foundations of Pikler observation mainly focused on the child functioning in the field of interpersonal relationship, and of infant observation following Esther Bick method mainly focused on interactions and their correlates in the field of intra-psychic relationships between adults and infants. Then they suggest putting in perspective these two types of observation which are obviously more complementary than antagonistic.

Keywords: Bick, infant, interpersonal, intra-psychic, observation, Pikler.

BIBLIOGRAPHIE

David M. (1987), *L'Enfant et sa santé*, Paris, Éditions Doin.

David M. et Appell G. (2008), *Loczy ou le maternage insolite*, Ramonville Saint-Agne, Érès, coll. « 1001 BB – Bébés au quotidien ».

Athanassiou C. (1992), L'observation psychanalytique des bébés en famille, *Devenir*, vol. IV, n° 1, pp. 19-31.

Athanassiou C. (1992), Contribution de W.R. Bion à l'observation des bébés en famille, *Devenir*, vol. IV, n° 2, pp. 63-74.

Bick E. (1964), Notes on Infant Observation in Psycho-Analytic Training, *International Journal of Psycho-Analysis*, 1964, n° 45, pp. 558-566.

Bick E. (1968), The Experience of the Skin in Early Object-Relations, *International Journal of Psycho-Analysis*, n° 49, pp. 484-486.
Bick E. (1986), Further Considerations on the Function of the Skin in Early Object Relations, Finding from Infant Observation Integrated into Child and Adult Analysis, *British Journal of Psychotherapy*, n° 2, pp. 292-301.
Bion W.R. (1962), *Aux sources de l'expérience*, Paris, Puf, coll. « Bibliothèque de psychanalyse », Paris, 1979 (1re éd.).
Bion W.R. (1963), *Éléments de psychanalyse*, Paris, Puf, coll. « Bibliothèque de psychanalyse », 1979 (1re éd.).
Bion W.R. (1965), *Transformations – Passage de l'apprentissage à la croissance*, Paris, Puf, coll. « Bibliothèque de psychanalyse », Paris, 1982 (1re éd.).
Bion W.R. (1970), *L'Attention et l'interprétation – Approche scientifique de la compréhension intuitive en psychanalyse et dans les groupes*, Paris, Payot, coll. « Science de l'Homme », 1974.
Freud S. (1911), Formulations sur les deux principes du cours des événements psychiques, *Résultats, idées, problèmes*, t. I, Paris, Puf, coll. « Bibliothèque de psychanalyse », Paris, 1975 (7e éd.), pp. 135-143.
Golse B. (2008), Du bébé observé au bébé soigné : la place de l'empathie, *La sychiatrie de l'enfant*, vol. 51, n° 2, pp. 325-337.
Golse B., Moro M.R. et Riand R. (2014), *Le Développement psychique précoce : de la conception au langage*, Issy-les-Moulineaux, Elsevier Masson.
Houzel D. (1989), Penser les bébés – Réflexions sur l'observation des nourrissons, *Revue de médecine psychosomatique*, n° 19, pp. 27-38.
Houzel D. (1994), Les applications thérapeutiques de l'observation directe dans le champ de la psychiatrie, *Devenir*, vol. VI, n° 2, pp. 79-86.
Meltzer D. et coll. (1980), *Explorations dans le monde de l'autisme*, Paris, Payot.
Stern D.N. (1989), *Le Monde interpersonnel du nourrisson – Une perspective psychanalytique et développementale*, Paris, Puf, coll. « Le fil rouge », (1re éd.).

ESPACE FORUM

La psychanalyse donne trop souvent encore l'image d'une discipline transmise au sein d'écoles assez fermées, sa pratique s'auréolant du mythe ambigu d'un savoir marié au pouvoir, autorisant sous ses arcanes, l'accès à l'inconscient. Il s'agit certes d'une discipline profondément exigeante, impliquant pour chacun la meilleure rencontre possible avec les couches les plus profondes de sa psyché, s'enrichissant sans cesse de l'expérience…

C'est pour cette raison qu'il nous est apparu important de rencontrer Anastasia Nakov, de lui demander comment, au fil de son histoire, au gré du temps et des rencontres, elle avait pu bâtir sa conception de la psychanalyse et du travail psychique avec les enfants. Elle nous montre combien, tiraillée entre les pays européens, soumise à des régimes politiques, à des langues et à des cultures différentes, elle a pu, se représenter la « polyphonie du monde », et comment, à travers l'art, et la musique en particulier, elle a pu investir le travail de groupe, la créativité et la psychanalyse, comme autant d'outils précieux à la transformation et à l'enrichissement, voire à la reprise, de la vie psychique. Être psychanalyste, au fil de son propos, devient aussi une manière de lier en soi la complexité de nos racines, d'en développer la richesse par la créativité, qu'il s'agisse de l'art ou de la pensée, pour tendre vers une posture authentique, profondément humaine, respectueuse de l'autre et de ses différences.

JPE : Nous nous interrogions sur les raisons pour lesquelles vous en êtes arrivée à vous intéresser à la psychanalyse de l'enfant…

A. Nakov : Qui peut répondre à cela… ?

JPE : Vous avez vu naître la pédopsychiatrie en France. Elle a été très liée à la psychanalyse, et vous en avez été à la fois témoin et actrice…

Journal de la psychanalyse de l'enfant, vol. 7, n° 1, 2017, p. 221-229

A. Nakov : Pour commencer… Je ne souhaitais pas être médecin ; je voulais être musicienne ! Aujourd'hui je me dis que dans le fond, quand j'avais 17 ans et que j'ai obtenu mon baccalauréat, mon rêve eût été de vivre en Pologne… Ma mère était polonaise… La Pologne représentait pour moi le/un pays mythique, merveilleux… tandis que nous étions « coincés » en Bulgarie. En effet, en 39 nous avions quitté la Pologne pour rendre visite à ma grand-mère en Bulgarie ; le 1er septembre 39, la guerre ayant été déclarée, nous n'avons pu rentrer… et jusqu'à mes 18 ans nous n'avons pu quitter le pays.

Mon père, bulgare quant à lui, voulait absolument que je sois médecin, ce qui n'était pas mon désir. Son plus jeune frère était un médecin très réputé – la légende familiale mais aussi mes souvenirs d'enfance racontent que les malades faisaient la queue devant chez ma grand-mère, trois jours durant avec leur charrette pour obtenir ses bons soins ! – Cet élément familial ainsi que mon fort attachement à cet oncle, le Dr Kiril Nakov, ont contribué au fait que j'accepte de faire des études de médecine. Mon père m'avait « proposé un marché » : il me laisserait libre d'aller au conservatoire de Varsovie si je passais le concours d'entrée à la faculté de médecine… J'avais cependant décidé de le rater… et j'avais été reçue dans les premiers ! N'ayant pas de passeport pour la Pologne, j'ai dû suivre mes deux premières années de médecine à Sofia. À l'issue de ces deux ans, j'ai, enfin, obtenu un passeport pour Varsovie où je me suis inscrite en troisième année de médecine. Au cours de l'été, je suis partie pour un mois de vacances à Paris répondant à l'invitation d'amis juifs bulgares ayant migré *via* Israël. Je n'avais pas de passeport pour la France, mais à l'époque nous pouvions retourner en train en Bulgarie pour les vacances d'été, en passant par Vienne. C'était la suite de la révolution hongroise !

Mes vacances achevées, je n'ai jamais pu rentrer en Pologne. C'était l'époque de la dictature et je ne pouvais prendre le moindre risque susceptible de m'envoyer en camp de concentration. Même les « duffle-coats » étaient envoyés là-bas ; c'était ce temps-là…

Par conséquent, retenue à Paris, et ne pouvant revenir en arrière, j'ai eu pour injonction de mon père d'y rester... Donc sans moyens matériels et sans connaître la langue... Cependant, j'avais oublié que durant mes deux premières années de primaire, j'avais acquis des rudiments de français, étant scolarisée à l'école française... Un ami de ma famille polonaise, professeur de chimie nucléaire au Collège de France, est intervenu en ma faveur et je fus acceptée en 3e année de médecine à Paris.

Après ma 5e année, j'ai réalisé un stage en psychiatrie adulte dans le Jura. À l'époque, faire fonction d'interne requérait l'autorisation du ministère de l'Intérieur. Un sénateur de la Haute Saône m'a aidée à obtenir cette autorisation. J'ai donc démarré l'internat de psychiatrie le 6 août 1960. Il ne m'était pas possible cependant de passer un diplôme d'état, mais le diplôme d'université, réservé aux étrangers. Ce diplôme ne permettait pas d'exercer la médecine en France, mais uniquement à l'étranger.

Je me suis mariée en 6e année. Mon mari, ex maintenant, était franc-comtois, et je suis devenue ainsi française par le mariage. Je lui suis reconnaissante de m'avoir ouvert les portes de mon identité française d'aujourd'hui.

Pourquoi avoir choisi l'internat de psychiatrie ? Je sortais d'une souffrance psychique personnelle et de déracinement... Sans doute cela me prédisposait-il à accueillir la souffrance psychique. Si j'ai tant travaillé sur la psychose et l'autisme, sans doute est-ce intimement lié au climat psychotisant dans lequel j'avais grandi. Lorsqu'un message nous était adressé, nous étions parallèlement soumis à un message contradictoire. Par exemple, dans mon enfance, nous étions encouragés à suivre le modèle de Pavlik Morozov, un enfant porté aux nues, car il avait dénoncé son père... C'est Staline qui était considéré comme notre père à tous !

Nous vivions dans un contexte de persécution permanent, devions nous méfier de tout un chacun, y compris de notre propre famille. Ce climat était terriblement lourd. Je me souviens que mon père devait se munir d'un gros oreiller lorsqu'il écoutait la radio, la station « Europe libre », ou « la voix de l'Amérique » me semble-t-il... Il mettait sa tête sous l'oreiller et couvrait avec la radio... À cette époque les volontaires pour la guerre du Vietnam avaient leurs examens sans les passer...

Pour en revenir à mon parcours en psychiatrie, j'ai passé l'internat et suis devenue interne titulaire avant d'avoir mon bac, le PCB et les deux premières années de médecine, tous les examens que j'avais passés en Pologne et en Bulgarie n'étant pas pris en compte. Je les ai passés durant l'internat, en commençant par le bac. Le plus pénible était la scolarité obligatoire du PCB, car j'étais déjà médecin avec des responsabilités. Mais ceci m'a permis de faire quelques spécialités (médecine légale, criminologie), ce qui me donnait des points supplémentaires pour le médicat. J'ai été titulaire, tout d'abord en psychiatrie adulte dans le Jura puis à Lannemezan dans les Hautes Pyrénées.

Ensuite j'ai pris la responsabilité, en tant qu'assistante, du service de malades difficiles (catégorie 3) de Sarreguemines pendant trois ans. J'étais la seule femme pour deux cents malades, dont 48 % de meurtriers. J'allais travailler avec mon chien, un berger allemand, à mes côtés. Sans doute n'était-ce pas un hasard, ai-je réalisé plus tard ! C'était un travail vraiment difficile, mais en même temps une extraordinaire école de psychopathologie ! Après trois ans dans ce service de sûreté, j'ai souhaité changer de poste. Je me suis alors dirigée vers la pédopsychiatrie où j'avais déjà effectué un remplacement de chef de service. Et je me suis dit que je devais faire une analyse...

Le choix de mon analyste n'a pas été aisé... Nombreux étaient les analystes lacaniens autour de moi et je ne pouvais partager leur manière de penser. Leurs théorisations me renvoyaient aux dogmes du marxisme-léninisme, que j'avais été contrainte d'ingurgiter dans ma jeunesse.

J'avais tenté, sans succès, deux ou trois rencontres à Strasbourg. Juste avant de prendre une décision, j'avais rencontré Moustapha Safouan, illustre psychanalyste lacanien, qui résidait à cette époque à Strasbourg. Son bureau et surtout son attitude m'évoquaient un souk proche-oriental et je ne pouvais pas imaginer travailler avec lui. Mes racines bulgares se sont immédiatement révoltées et le vent de cinq siècles d'occupation turque s'est mis violemment à souffler… D'ailleurs, Safouan était né à Alexandrie et avait un profil tout à fait proche-oriental.

Par le biais d'une collègue, qui était déjà en analyse en Allemagne, j'ai rencontré celui qui allait devenir mon analyste. Il était suisse, originaire de Saint Gall et faisait partie de la deuxième génération d'analystes. Par ailleurs, il était polyglotte, suisse allemand, ancien assistant de Piaget à Genève, puis analyste à Bangkok. Après avoir été doyen de la faculté de psychologie de Saarbrück, il a fondé l'Institut de psychanalyse transculturelle à Francfort, qui aujourd'hui porte son nom. Ce fut une vraie rencontre et nous avons beaucoup appris l'un de l'autre. C'était quelqu'un de très humain, de très généreux. Parfois je ne trouvais pas le mot approprié, et il me disait « dites-le avec vos mots, dans vos langues ».

Moi-même j'avais une écoute polyphonique ; j'ai toujours continué à travailler avec des patients et des professionnels en plusieurs langues, en France et à l'étranger. Et j'ai aussi beaucoup d'amis étrangers. Cette écoute polyphonique m'a beaucoup aidée avec les patients psychotiques, cette perception de l'écart entre un discours apparent et un discours souterrain…

Je repense souvent à mon analyste avec beaucoup de tendresse… Bien sûr, on évoque rarement la tendresse au sujet de son analyste. C'est pourtant ce sentiment que je garde en moi, celui d'un homme chaleureux, disponible, imprégné de culture bouddhiste. Ceci m'a probablement rapprochée aussi de la pensée bionienne. À cette époque, j'avais atteint ma limite à Sarreguemines, dans l'unité pour malades difficiles.

J'ai donc quitté l'hôpital et ouvert en 1971 un cabinet de psychiatrie à Metz, mais travailler seule, en libéral, ne me convenait pas. Peut-être était-ce un résidu de mon « éducation collectiviste » ? Comme j'étais titulaire des concours hospitaliers (à l'époque le médicat des hôpitaux psychiatriques), j'ai pu être nommée sans difficulté chef de service d'un service pour enfants en création. Les plans de cet hôpital dataient de 1960, et tout était à faire (ou à refaire).

Ayant pris contact avec Daniel Widlöcher, qui appréciait mon intérêt pour les arts – j'avais fait ma thèse sur le dessin spontané chez les malades mentaux –, j'ai postulé pour entrer en formation à l'APF. Très assidue pendant quinze ans, j'ai pu valider après un premier refus douloureux, les deux contrôles nécessaires pour postuler au titre de membre. Mais l'attitude de certains collègues m'est apparue contraire à ma conception de l'éthique analytique et du respect de l'autre. J'ai finalement décidé de quitter l'APF.

Toutefois, durant mon parcours, la rencontre avec Didier Anzieu m'avait fait envisager une aide groupale pour mon service… À ma grande surprise, il s'est proposé de venir lui-même, et l'expérience du travail et de la dynamique groupale, sans doute particulièrement importante pour moi qui avait été confrontée au régime communiste, a mis en évidence la créativité possible dans un collectif habité par l'engagement et l'effort de pensée. Cette expérience a duré trois ans et m'a convaincue que le travail institutionnel devait privilégier le groupal plus que le travail individuel. Sans doute y avait-il pour moi dans ce choix l'idée de rassembler, de reconstruire une « famille », désir probablement en écho avec un passé de ruptures et de mouvements à travers l'Europe…

Je me suis donc attachée à choisir mon personnel avec soin, privilégiant les professionnels ayant une expérience de la parentalité. Il me semblait important, en effet, pour prendre ces enfants très difficiles en charge, pour accompagner leurs parents, d'avoir eu soi-même à se recréer dans cette fonction qui génère en nous tellement de turbulences…

J'ai été nommée médecin chef en septembre 1974, et j'ai organisé le service à partir de deux idées essentielles pour moi, celle du groupe et celle de l'élaboration. J'ai également insisté pour que les différentes équipes aient des temps de partage en commun, et l'ensemble de ces choix thérapeutiques fut guidé par mon intérêt pour une conception polyphonique des soins.

Concrètement, dans mon service, les équipes du matin et de l'après-midi disposaient d'une heure chaque jour pour transmettre les informations mais surtout pour penser ensemble les enfants. Ainsi, quotidiennement, avaient lieu des réunions d'élaboration auxquelles j'étais quasi systématiquement présente. À l'HDJ[1], tous les mercredis après-midi et tous les autres jours à partir de 15 h 30 – après que les enfants avaient quitté l'institution – étaient réservés à l'élaboration.

C'est d'abord l'hôpital temps plein qui fut ouvert en 1974. Les six premiers enfants accueillis venaient des hôpitaux alentour et ils étaient étiquetés arriérés profonds. « On a d'abord travaillé sur le fait que ce que l'on pouvait voir n'était pas ce qui était. » C'est ainsi que l'on s'est rendu compte que la plupart étaient psychotiques et non « simplement » arriérés. Puis nous avons décidé d'accueillir les enfants directement. Après, j'ai refusé d'ouvrir un autre HDJ en raison des mauvaises conditions qui m'étaient proposées.

En 1981 nous avons ouvert une unité pour les petits. Celle-ci a d'abord été fermée après six mois, la DASS trouvant que le nombre de demandes était insuffisant. Mais il y a eu une « levée de bouclier », de la pédiatrie notamment, et cette unité a pu réouvrir six mois plus tard.

Puis en 1992, alors que « l'unité pour petits » et « l'hôpital de jour » fonctionnaient, j'ai décidé de fermer le service d'internat car je pensais qu'un service de psychiatrie de l'enfant était une institution iatrogène. Je ne pense pas que la psychiatrie doive fabriquer de la maladie mentale, elle est là, au contraire, pour la combattre.

JPE : Pensez-vous que cela soit encore possible aujourd'hui ? L'une des difficultés actuelles n'est-elle pas l'impossibilité de rencontrer nos administrations de tutelle qui sont devenues des services régionaux plutôt que départementaux ?

1. Hôpital de jour.

A. Nakov : Oui, je le crois, mais je dois dire que si je me suis beaucoup battue avec les autorités, j'ai fini par réaliser ce que je souhaitais.

JPE : Votre témoignage montre que l'expérience auprès des bébés et des petits est particulièrement intéressante pour le travail avec l'enfant plus grand. Et pourtant aujourd'hui encore, cela ne semble pas une évidence partout. Par exemple, certains services qui s'occupent des enfants autistes ne voient pas toujours l'intérêt de connaître le développement des bébés. Qu'en pensez-vous ?

A. Nakov : Oui, j'ai toujours tenté de faire en sorte que les personnes se rendent compte qu'il y a des liens entre tout cela. Ceci n'a pas été sans conflits, notamment entre l'hôpital de jour et l'unité pour petits. Par exemple, j'ai fait en sorte que les infirmières du service soient présentes dans les salles d'attente de la PMI[2].

Ainsi, au moment de mon départ, il y avait tout un travail structuré auprès des mères dans les salles d'attente, auprès des femmes enceintes, auprès des nouveaux-nés, auprès des petits. Bien sûr il y avait des conflits, il y en a toujours eu et je ne veux pas donner une vision idéalisée. Mais, néanmoins, de véritables liens existaient entre ces différentes structures.

JPE : Cette conception du soin est très intéressante par rapport à l'idée de prévention. Si les cliniques sont tenues dans une globalité, ce qui découle automatiquement de cette posture c'est la prévention en tant qu'elle se tient dans un tout et non pas dans une unité différenciée du reste.

A. Nakov : Ce que j'ai toujours soutenu, c'est que la prévention constitue une activité essentielle. Prévention et formation des soignants sont fondamentales dans nos professions de soin.

JPE : Dans votre parcours, il y a également une forme de désobéissance qui permet la créativité.

2. Protection maternelle et infantile.

A. Nakov : Oui, je pense que pour être créatif, il faut être en rupture. Je crois que c'est la rupture qui favorise la créativité.

JPE : Ce qui m'est venu à l'esprit en vous écoutant c'est la notion d'intégrité par rapport à l'éthique analytique.

A. Nakov : Oui, je crois que l'éthique est sans doute la dimension la plus importante dans notre métier et peut-être aussi la moins bien partagée. L'éthique analytique, je crois, c'est le respect du patient tel qu'il est, sans la volonté d'essayer de lui inculquer nos valeurs, ou ce que nous croyons être juste. L'interprétation n'a pas pour but de le modifier de l'extérieur, mais de lui permettre de trouver ses propres appuis et sa propre évolution. Et pouvoir supporter cela, ce n'est pas facile… Il convient de gérer notre propre angoisse, sachant qu'interpréter, pour l'analyste, reste souvent un moyen de calmer sa propre inquiétude… On croit savoir de quoi il s'agit, mais, en fait, on ne le sait pas, on ne le sait jamais… C'est quelque chose qui va arriver, une sorte de vérité interne du patient, et je crois que c'est cette transformation qui est importante dans l'analyse : permettre au patient de prendre quelque chose, de le modifier, de le « digérer » psychiquement… C'est toute la difficulté du processus… Dans notre travail, nous devons soutenir, favoriser ce mouvement plus que donner du « sens ».

Merci à Anastasia Nakov pour cette histoire subtilement tissée de l'intime et du professionnel, tellement importante à entendre aujourd'hui.

NOTES DE LECTURE

Daniel Widlöcher (dir.), Psychanalyse et psychothérapie, *Le Carnet-psy*, 2008.

Réfléchir (au double sens du miroir qui montre et permet de voir, et de la pensée qui élabore et permet de comprendre), réfléchir d'une part les processus propres aux pratiques de la psychanalyse et aux dispositifs spécifiquement « analysants », et d'autre part les processus psychothérapiques *dans leurs immenses diversités de lieux d'écoutes et de transformations propres à différentes aventures de l'accompagnement et du soin psychique… sans faire l'économie d'aucun des deux « bords » qui encadrent l'exercice de la psychanalyse (et singulièrement pour notre propos de la psychanalyse de l'enfant*) : 1/ *la psychanalyse ne peut qu'être psychothérapique* (cherchant un soulagement de l'âme et des transformations de l'être – toute l'œuvre freudienne ne fait que le confirmer et enfoncer cette évidence), et dans le même temps 2/ *il ne s'agit aucunement à l'aune de la psychanalyse d'une quelconque entreprise positiviste de « guérison » (de quelle maladie ?) et en rien d'une réparation symptomatique.* Cette proposition élaborative a déjà été explorée par d'autres et a déjà produit nombre de réflexions. Cette note de lecture espère en cerner quelques-unes (pour étoffer nos propres réflexions au *JPE*) issues de la lecture de l'ouvrage collectif dirigé chez Érès en 2008 (dans la collection éponyme *Le Carnet psy*) par Daniel Widlöcher sous le titre-thème *Psychanalyse et psychothérapie.*

La revue *Carnet psy* avait, en effet, tenté d'ouvrir la même réflexion que le présent numéro du *Journal de la psychanalyse de l'enfant* réinterroge à l'endroit de la clinique de l'enfant et de l'adolescent, dans une série d'entretiens (sorte d'enquête auprès de 14 psychanalystes renommés, venus d'horizons voire de *chapelles* diverses interrogés sur leurs conceptualisations différentielles et respectives des processus psychothérapeutiques et de la « cure type ») ; entretiens menés et publiés dans la revue *Le Carnet Psy* entre février 2006 et avril 2007. Ces entretiens sous forme de débats étaient guidés par une série d'interrogations argumentaires ; les auteurs étant libres de s'y appuyer, d'y répondre ou de prendre distance pour soutenir leurs réponses respectives. L'ouvrage dirigé par Widlöcher reprend et compile ces entretiens additionnés d'une ouverture et d'une conclusion synthétique et en forme de rebond de Widlöcher et d'une synthèse d'envergure de S. Missonnier.

En annexe apparaissent les questions « guides » qui avaient soutenu les entretiens : je ne peux que vous y renvoyer et ne souhaite guère les lister *ad integrum*, mais je pourrais en extraire (car elles me semblent assez symptomatiques) quelques axes interrogatifs que je reformule ici en raccourcis.

– Est-il légitime d'établir une distinction entre psychanalyse (cure-type) et psychothérapie psychanalytique ?

– Si on constate une évolution et une diversité tant des pratiques, des « adresses » et des « demandes » que des processus : comment prendre en compte les variations des pratiques et des théories des processus thérapeutiques ?

– Peut-on soutenir une considération des variantes de la pratique analytique autour de définitions catégorielles (des dispositifs, positions et types d'interventions) ; ou de critères psychopathologiques étayant au plan technique les processus de transformation attendus ? Quelles contraintes cliniques conduisant à quels aménagements de la cure, et pour quelles visées ?

– Pourrait-on construire une « grille » des paramètres techniques, scandant une sorte de *continuum* (avec des écarts types) autour des enjeux princeps du cadre et de ses fonctions, des processus de transferts, du travail interprétatif, des autres modes d'interventions (constructions, prescriptions, partage associatif et réinvestissement de la pensée, etc.) ?

– Quels concepts de références métapsychologiques tiendra-t-on pour essentiels comme toile de fond pour les processus des différents dispositifs et pour l'activité du thérapeute/analyste ?

– Quels enjeux se déduisent pour (et impactent) la considérable question de la formation (des thérapeutes et des psychanalystes) ? Et à cet endroit quel soutien, quelle implication, quels projets pour les institutions psychanalytiques ?

– Et enfin quelle(s) évaluation(s) – si seulement cela parait possible et intéressant – pourraient on déplier au regard de ces dispositifs spécifiques et de ces différentes procédures ?

Du côté des réponses-interviews que voit-on donc émerger ?

La première remarque qui ouvre ces réflexions, la première idée émergeante est que la psychothérapie c'est « la psychanalyse des autres », ou plus souvent encore une psychanalyse « au rabais »... sans le plus souvent définir les éléments de l'équation supposée : qu'est ce qu'on met véritablement derrière les signifiants « psychothérapie » et « psychanalyse » (derrière la piètre idée de la « bonne » = la mienne, et la « piètre » = celle des autres, qui ne vaut pas très loin comme argumentaire !). La seconde remarque est que malgré la commande assez précise de l'équipe du *Carnet psy* et leurs questions assez aiguisées, la plupart des éminents interviewés arrive à ré-élargir inopinément la question qui à peine à être nommée se reperd assez vite dans des enjeux monumentaux : psychanalyses et psychothérapies analytiques versus thérapies non analytiques voire non psycho-thérapiques (TCC, ou autres) ? Questions techniques et cliniques aiguisées ou slogans politico-sociologiques monumentaux sur le contexte de l'aide psychique actuelle voire du statut politico-administratif du psychothérapeute et de sa reconnaissance ici et de part le monde ? Et le lecteur de se demander ce qu'on interroge au final ?

Deuxième remarque presque immédiate : le constat que *la question psychanalyse/psychothérapie* est souvent étrangement traitée (c'est-à-dire maltraitée ou non-traitée) en tirant la couverture du côté la noble psychanalyse entendue en terme de « cure-type » divan-fauteuil à plusieurs séances semaines pour un adulte névrosé – « l'or pur » –, et les piètres aménagements psychothérapeutiques (faute de ne pouvoir accéder à cette noble expérience : « faute de grives on mange des merles ») considérés alors le plus souvent avec un certain dédain comme du « vil plomb », ou dans le meilleur des cas l'alliage obligé avec la réalité du modeste cuivre et d'une gentille « psychanalysette » pour des patients inanalysables !

La question abyssale qui court tout au long de l'histoire de la psychanalyse écrase ou mélange allègrement et sous le même titre-thème : 1/ la différenciation de l'écoute, de l'intelligence et de la référence à la psychanalyse dans certains dispositifs d'écoutes thérapeutiques (psychanalyse *type* comprise), au regard de psychothérapies non analytiques (suggestion, hypnose, TCC, thérapies systémiques, relaxations, relation d'aide « rogérienne », « guidances », médiations thérapeutiques, etc.), et 2/ la question au sein des dispositifs conduits par des psychanalystes de ce qu'il y a de spécifique, de commun, et de différent à travers les aménagements de cadre, de position et de processus.

Se trouvent tout autant écrasés et mêlés dans cette abyssale question, les enjeux thérapeutiques de la proposition et de l'aventure psychanalytique ; défiance vis-à-vis de l'évaluation « soignante » et transformatrice, qui paraît presque un symptôme : tous s'accordent à mesurer qu'à être freudienne la référence à la psychanalyse ne peut aucunement shunter une certaine visée thérapeutique ; mais emporté par le signifiant kaléidoscopique de « psychothérapie » le regard sur le processus thérapeutique attendu et produit s'évapore aussitôt en psychanalyse dans des positions frileuses de replis protectionniste... dont la formule chargée du « de surcroît » (vulgarisée par J. Lacan) perd plus souvent qu'elle n'éclaire le débat, servant assez fréquemment de couverture pour évincer aussitôt la question, ou laisser à d'autres la réflexion sur les processus de changements thérapeutiques (leurs « opérateurs » et leur finalité effective).

Sylvain Missonnier rassemble lui-même (et de belle manière) une synthèse à laquelle je ne peux que renvoyer pour me contenter personnellement de n'y ajouter ici que quelques points de résumés, et de réflexions personnelles plus étroites.

J'irais d'abord à l'essentiel : la ligne de démarcation (qui ne se voudrait pas de condescendance ou de regard hautain et méprisant) entre ce qui relève de la psychanalyse (ses extensions et aménagements compris) et d'autres formes de thérapies dans le champ multiforme de la souffrance psychique et de la relation d'aide), cette démarcation est assez « aisée » et ne retiendra guère ma relecture.

Nombre de formes très respectables et souvent très utiles de thérapies et de soutiens existent sur des registres multiples aux plans théoriques et surtout aux plans techniques : l'écart et la spécificité de la revendication et de l'identité psychanalytiques (par-delà la formation et la revendication affichée de l'analyste) vise une écoute psychique de la souffrance du sujet – qu'elle soit psychique, comportementale ou somatique – ; une écoute intersubjective (tout se passe dans la relation) ; qui s'appuie sur une méthode et une compréhension du fait psychique et de la *qualité psychique de l'homme* étayée sur l'hypothèse de l'inconscient, et d'une compréhension des fonctionnements psychiques et des souffrances subjectives faisant part à ces *logiques de l'inconscient*, de la pulsion, de l'histoire et des relations intersubjectives. La visée thérapeutique de cette entreprise n'étant en rien symptomatique (de redressement direct des symptômes et des conduites) mais plus globale et profonde dans le remaniement du fonctionnement psychique subjectif (plus « épaissi », plus « assoupli », moins pris dans les répétitions aveugles du passé, etc.) et dont l'aménagement symptomatique (sûrement pas indifférent) viendra « de surcroît » ou comme conséquence induite de ce réaménagement global de soi-même.

À se rappeler ces éléments princeps, on fait rapidement écart depuis la mise à distance de la suggestion par Freud avec tout un tas d'entreprises thérapeutiques et/ou d'aides qui ne s'appuient nullement sur une compréhension des logiques psychiques du sujet (ainsi comprise avec l'hypothèse de l'inconscient) ; qui s'appuient pour une grande part sur des logiques de suggestions, de conseils, de réassurances, d'interventions, de prescriptions, voire de coaching, dans la réalité ; et qui visent essentiellement la réduction du symptôme ou le réaménagement et la réadaptation des conduites manifestes. À rappeler cela c'est aussi dire que mal posée l'interrogation psychothérapie/psychanalyse se perd dans d'interminables et stériles débats, se répète à l'infini, et a plus d'inconvénients que d'avantages pour la psychanalyse elle-même.

La psychanalyse est une psychothérapie, spécifique, originale, et pour tout dire « unique » ! La seule question (déjà en soit abyssale) sur laquelle je m'arrêterai quelques instants à la lecture de ce précieux petit ouvrage est bien (au sein de la revendication et de la formation psychanalytique) la différenciation des dispositifs *psychanalyse/psychothérapies analytiques* autour de leurs références, indications, opérateurs spécifiques, et *in fine* de leurs visées thérapeutiques propres. Que les autres auteurs veuillent bien m'excuser (on aura compris que mon invitation est à lire et travailler attentivement l'entièreté de cet ouvrage mais je n'évoquerais ici que quelques associations et chapitres… Il paraît que le manque et la frustration invitent à la pensée et à l'envie d'aller voir plus loin !).

Roger Perron se positionne, quant à lui, contre la différenciation (psychanalyse/psychothérapie) : « c'est la même chose » !! Sa contribution à la réflexion est plus épistémologique et préliminaire : un appel à préciser d'abord de quoi on parle, et se « méfier des mots » (pp. 31 *sq*.). « Psychanalyse » renvoyant dans le même temps à un ensemble théorique, à une méthode et à un dispositif technique de cure (chacun de ses niveaux dépliés diversement depuis Freud dans chacune des écoles de pensées) ; et « psychothérapie » étant pour Perron « le plus infidèle des mots infidèles qui se bousculent dans cette affaire » (p. 28) renvoyant au large d'une multitude d'« entreprises thérapeutiques portant sur les troubles, difficultés, malaises, dysfonctionnements, de... de quoi ? La psyché, l'esprit, l'appareil psychique, l'âme ??!! » voire les comportements du sujet.

Vouloir trancher ou articuler – c'est selon – entre psychanalyse et psychothérapie, entre le bon grain et l'ivraie... entre l'or, le cuivre ou le plomb, interroger la dimension psychothérapique de la psychanalyse ou la qualité psychanalytique de certaines psychothérapies, n'a, pour R. Perron, simplement pas de sens tant qu'on n'a pas préalablement défini ce qu'on appelait psychanalyse et ce qu'on appelait psychothérapie. Par exemple, ajoute-t-il, et si on met la frontière entre les psychothérapies non analytiques et singulièrement suggestives (à l'époque de Freud) et l'exercice de la psychanalyse, on peut très vite dire combien la démarcation est autour de la suggestion et qu'en amont du côté des pratiques se référant à la psychanalyse il y a simplement des écarts de dispositifs adaptés à certains âges et/ou pathologies et des processus parfois différents, mais qu'il n'y a pas de différences structurelles.

Du côté de la visée thérapeutique, réponse tout aussi claire : « puisque cure il y a : la psychanalyse est une psychothérapie » ; on devrait être loin du « temps bien révolu du débat entre Nacht et Lacan durci sous la forme d'une alternative : ou bien la psychanalyse est une thérapeutique ou bien elle est une démarche de remaniement de soi qui ne guérit que de surcroît ». « Mais elle est l'un et l'autre » et peut-être tout ensemble, selon les moments, les personnes et les étapes du processus...

Et Perron de rappeler que « nous avons tous l'expérience de cas de face-à-face où se développe un authentique processus psychanalytique et de “cures de divan” qui paraissent ne devoir jamais y parvenir ». Au final de quoi, Perron ne peut que renvoyer à la question qui se pose en lui (et en combien d'autre !) à certains moments de certaines aventures de cure ou de psychothérapie : « en quoi ce qui se passe en ce moment est-il psychanalytique ? » ; « en quoi suis-je en ce moment psychanalyste ? » Et de répondre (p. 31) – par-delà les dispositifs de face-à-face, de cure-type, de psychodrame, etc.) – qu'en premier lieu « c'est parce qu'il y est question de sexualité, d'inconscient, de traces mémorielles, d'enfance, de traumatismes, etc. ». Et par-delà (car cette première remarque ne suffit pas et peut encore être partagée par quelques autres), de conclure : « Je me sens psychanalyste lorsque je garde en ligne de mire ce postulat fondamental : derrière le sens apparent, un autre sens est possible, et derrière celui-ci un autre encore. Le pari est celui de la multiplicité des sens, de la polysémie. »

Raymond Cahn travaille (et prolonge) quant à lui cette question de la polysémie spécifiquement psychique et subjective (et se faisant psychanalytique) à partir de la problématique de *la demande*... Par-delà la technique, la régularité, la durée, la fréquence, et les modalités du dispositif analysant ou psychothérapique, quelle écoute est faite par un analyste à la demande qui vient vers lui. Une écoute radicalement originale, nouvelle, inattendue, et transformatrice de « derrière le connu » (p. 12), par quoi on « entrevoit derrière des pensées, des affects, des larmes, jusqu'alors jamais advenus, une autre histoire, une autre représentation de lui-même, d'autres causalités que celles qui constituaient l'évidence même ».

À la différence de l'abord psychothérapique non analytique (qui bien évidemment et tout autant tente d'amender la souffrance psychique et de transformer les symptômes d'origines psychiques) mais en utilisant le cas échéant la séduction, l'argumentation, les explications, la rationalisation, la déculpabilisation, une écoute et un soutien assurément bienveillants, mais autant d'interventions qui visent le Moi et l'alliance avec les parties conscientes du patient ; la posture analytique vise, quant à elle, les logiques inconscientes qui traversent le sujet, cette nouveauté polysémique, cet « insu », cet autre sens, et œuvre avec une capacité supposée de l'analyste à mesurer (et éviter) a contrario les ressorts parfois aveuglants de ces différents soutiens du moi, quand ils apparaissent comme autant de causes des symptômes et des souffrances subjectives.

Devant le constat qu'une perspective et un travail authentiquement psychanalytique peuvent et doivent être envisagés pour une part grandissante des tableaux psychopathologiques actuels, et par quoi doit être envisagé la diversité induite des sites qui vont accueillir ces entreprises analysantes originales, le « face à face » s'est imposé comme le plus fréquemment adopté (cf. p. 15). Toutefois, le modèle de transformations thérapeutiques reste – à se prétendre « analytique » – le couple analyste/patient « comme une forme asymétrique d'intersubjectivité spécifique en prise avec l'intrasubjectivité du patient et de l'analyste » (Cahn rejoint là Brusset), et « la manière (p. 15) psychanalytique ou non dont le thérapeute accueille et utilise le matériel du patient quel que soit le cadre choisi ». « Mieux, le cadre lui-même peut devenir le lieu même du processus et rendre ainsi psychanalytique nombre de procédés jusque-là psychothérapiques » (*ibid.*, p. 15).

Au résultat de quoi, *via* cette écoute singulière de l'autre sens, et cette forme asymétrique d'intersubjectivité prenant en compte l'intra-psychique (logiques inconscientes comprises) des deux partenaires du couple analysant et l'entièreté de ses résonances dans l'échange et le matériel des séances l'entreprise inévitablement psychothérapique de la psychanalyse – à chercher sa spécificité psychanalytique quand elle est possible (cf. Winnicott) – passe toujours et en dernier lieu pour R. Cahn « par la fonction simultanément encadrante et analysante du contre-transfert ».

Serge Frisch rappelle, quant à lui, ce débat éternel (et donc toujours actuel) entre psychanalyse et psychothérapie, qui suscite irrémédiablement des résistances et des angoisses de risque de « dilution l'or pur analytique en vil plomb psychothérapique » ; c'est-à-dire suscite autant d'aveuglements et de replis défensifs frileux que d'élaborations progrédientes.

Si « la psychanalyse doit évoluer avec son temps », ses savoirs et les demandes qui lui sont faites... elle se doit de le faire sans « perdre son âme » (p. 34) ni la force ou la spécificité de son écoute et de sa pertinence y compris thérapeutique et transformatrice. Frisch rappelle que Freud n'a jamais opposé, quant à lui, psychanalyse et psychothérapie, et encore moins refusé la dimension psychothérapeutique quasi identitaire de la psychanalyse, mais qu'il a situé le seul débat « entre » pratique de suggestion et pratique élaborative hors suggestion. Chaque cure revisitant tout au long de son processus une inévitable tension dialectique entre un modèle « type » et les inévitables et nécessaires adaptations de ce modèle à la clinique individuelle, au niveau des buts et des moyens mis en œuvre (cf. p. 35/36). Ce qui conduit l'auteur à un plaidoyer : « Il n'y a pas d'opposition entre psychanalyse et psychothérapie... Il y a plutôt une adaptation de la technique aux pathologies spécifiques des personnes qui consultent » (p. 38). Se faisant, Frish en arrive à une position extrêmement large (voire un peu trop énorme et englobante à mon goût) : la psychothérapie est psychanalytique « à condition de s'appuyer sur le corpus théorique psychanalytique ».

René Roussillon dans la même veine, mais en avançant selon moi plus avant, rappelle également que la ligne de démarcation principale ne passe pas entre psychothérapie et psychanalyse mais entre techniques utilisant la suggestion et celle (psychanalytiques au sens large) qui ne l'utilisent pas. Il balaye d'un revers de main les résistances à l'enjeu thérapeutique de la psychanalyse fondamentalement freudien et essentiel « même si [la psychanalyse] n'est pas que cela » (p. 66) ; et règle de même la question du « de surcroît » qui n'est en rien « un renvoi aux calendes grecques de la question de la guérison... ou à une posture qui exclurait le souci de soigner... mais témoigne seulement d'une stratégie générale qui souligne que c'est de l'analyse et du travail de symbolisation qu'elle doit être attendue et non de n'importe quelle voie courte » (p. 68).

Les insistances de Roussillon peuvent alors aller vers la prise en compte des différents dispositifs de l'écoute psychanalytique et d'une authentique position clinique « l'important étant de pouvoir suivre pas à pas le fonctionnement psychique de l'analysant » (p. 69) et de soutenir le projet (et le procédé) freudien(s) « qui se fonde sur l'appropriation subjective de l'histoire du sujet et de ses enjeux historiques et actuels, sur l'appropriation par la perlaboration et la prise de conscience » (*ibid.*). Et à cet endroit d'un approfondissement de la théorie des dispositifs, Roussillon de relativiser les enjeux de la « position corporelle » (allongé, face à face ou côte à côte) car « si les différences de dispositifs entraînent inéluctablement des différences de processus », « pourquoi faire de la position corporelle pendant la séance une question identitaire différenciant une pratique dite psychanalytique et une pratique de simple psychothérapie ? » (p. 72).

Pour résumer la pensée forte de Roussillon : chaque dispositif peut ouvrir aux conditions fondamentales d'un authentique travail psychanalytique selon les formes particulières de ses objets et des ajustements du dispositif analysant à ceux-ci. « On n'analyse pas la même chose en face-à-face... dans la position divan-fauteuil...

dans un dispositif groupal ou en individuel... pas la même chose selon la durée et le rythme des séances... pas la même chose selon les âges de la vie », mais on peut soutenir à tous ces endroits un authentique travail psychanalytique. « La psyché est hypercomplexe et multiple... Chaque dispositif du fait même des particularités de sa configuration mobilise des pans particuliers de celle-ci qu'il permet d'éclairer par l'analyse ou une face particulière de ceux-ci qu'il rend interprétable » (p. 74).

Bernard Golse « laboure » également le même chemin : l'opposition ne passe pas là où on la proclame (et cantonne) trop souvent entre l'or et le plomb (le noble et le vil même quand on restitue l'intérêt de l'alliage qu'est le cuivre !). Déjà chez Freud la différenciation se place entre processus analysant et non analysant, entre psychothérapies conduites par des analystes dans la perspective analytique et thérapies conduites par des non-analystes ou *hors les murs* (voire par des analystes qui font « autre chose » qu'ils jugent plus approprié à la situation et à la demande – cf. D.W. Winnicott extrêmement clair et novateur à cet endroit).

B. Golse s'appuyant sur une spécificité de l'analyse qui fait rebours sur la manière même d'élaborer la question psychanalyse/psychothérapie à savoir la question de *l'après-coup* : « bien malin celui qui pourrait dire à l'avance si l'on va conduire une analyse au sens strict ou une psychothérapie [...]. Souvent c'est seulement dans l'après-coup que l'on pourra se dire si le travail a été mené sur un plan authentiquement psychanalytique ou pas » (p. 18).

A fortiori, en pédopsychiatre et en s'appuyant sur la spécificité de l'analyse d'enfant, Golse propose d'exclure toute position idéalisante « a priori ». La distinction devenant relativement théorique chez l'enfant entre psychanalyse et psychothérapie. Les invariants spécifiques des processus analysant (le cadre, le travail interprétatif, la dynamique transféro-contre/transférentielle), s'inscrivant irrémédiablement sur la toile de fond des modalités de fonctionnements psychiques des parents et de l'histoire (voire du système) familial(s) dans quoi l'enfant est inscrit et par quoi il est travaillé. Ce qui oblige Golse, en clinicien averti de l'enfance, à s'appuyer aussi sur la spécificité (ou à déplacer quelque peu la spécificité du processus analysant) du côté de deux enjeux complémentaires à cette spécificité de l'analyse d'enfants : le *travail de supervision* et le *travail d'accompagnement des parents*.

La distinction entre psychanalyse et psychothérapie renvoie au final et pour Bernard Golse « plutôt à la profondeur du travail atteint, au remaniement structural qui en découle » (p. 22) ; et *in fine* « c'est la place faite au travail interprétatif (non seulement des contenus mais aussi des résistances et du transfert) qui peut nous fournir la pierre angulaire de la réflexion » (p. 22/23) avec un enjeu clinique et élaboratif différentiel entre travail de verbalisation et d'interprétation.

Pour **Jacques Sédat**, le traitement psychique chez Freud (et depuis Freud) est traitement « par le psychique » et au sein d'une relation intersubjective d'une souffrance (un « *pathos* ») notablement psychique. La seule règle qui fonde la relation analysante est « la règle fondamentale dans sa double acception : du côté de l'analysant laisser surgir les pensées nécessairement en lien avec la relation dans le transfert ; du côté de l'analyste il devra se déplacer, osciller d'une position psychique à une autre selon les besoins du patient » (p. 81).

Ce qui est visé pour l'essentiel de la technique classique freudienne et dans le transfert c'est de retrouver les fragments de l'histoire du passé, de renouer avec, pour mieux s'en déprendre (l'hystérique souffre principalement de « réminiscences »). SI peu se joue dans le présent (prétendument réparateur) mais « juste » dans l'actuel de la relation comme lieu de convocation du passé. L'écoute de l'analyste s'en déduit avec quelques vecteurs les logiques de l'Inconscient et la qualité psychique de l'Homme ; alors que (p. 83) dans la (ou les) psychothérapie(s) avant Freud (et on pourrait ajouter à côté de l'option freudienne et depuis dans combien de propositions psychothérapeutiques) c'est le psychothérapeute (exemplairement dans l'hypnose) qui par la suggestion (ailleurs par l'entrainement, la réadaptation, l'empathie ou la réparation) déplace le patient... Avec Freud et dans l'offre analysante et le processus de la cure c'est le psychothérapeute qui accepte d'être « déplacé par la parole du patient qui dans sa dimension performative impose à l'analyste d'être le représentant d'une figure du passé ». Se faisant, c'est le travail de traduction/interprétation et de déprise de quelque chose qui est en l'analysant et qui se « dit » à l'analyste dans les figures plus ou moins masquées du transfert et de la parole adressée, qui qualifie et spécifie « l'espace analytique ». Non pas d'être (p. 84) un cadre objectivant, mais de renvoyer fondamentalement à une double position psychique (le transfert sur le cadre et sur la parole cher à R. Roussillon) « espace d'interlocution de la parole et d'énonciation de l'analysant », seuls vecteurs pour Sédat pour la spécificité de l'analytique différencié de toutes les formes de psychothérapies qui doivent s'élaborer et se reconnaître.

Roland Gori ajoute quelques déclinaisons qui plutôt que répondre à cette question « savonnette » font un léger pas de côté assez éclairant parce que presque extrême, tellement il est épuré.

Dans la même veine que Perron, R. Gori revient d'abord sur quelques définitions minimales avant de s'immiscer avec force et virulence dans un débat qu'il désigne comme *douteux,* pour souligner quant à lui la fragilité de l'élaboration contextuelle de ce qui se revendique de « psychothérapie » ; conduisant par exemple dans toute la toile de fond politico-sociologique du débat où se trouve aujourd'hui posée la question : à « comparer » l'analyse à « à peu près n'importe quoi » (p. 42) ; « la nudité et l'indigence de l'épistémologie d'un catalogue à la Prévert » de la démarche qui avait par exemple présidé à la démarche politico-administrative sur *le statut de psychothérapeute...* et qui illustre bien le contexte social et « scientifique » actuel dans lequel on tente désespérément de faire travailler la dialectique psychanalyse/psychothérapie.

La psychothérapie psychanalytique, non dissociée de l'exercice singulier de la cure psychanalytique dite « type », « se fonde sur un paradigme épistémologique radicalement hétérogène » (p. 43) à toutes les autres entreprises thérapeutiques ; aux TCC, aux pratiques et démarches rééducatives (de réhabilitation, réadaptation de scénarios, de fonctions et de conduites), aux thérapies systémiques et familiales (fondée sur l'analyse des systèmes de communication et les modifications d'interactions), et de toute forme de thérapie « intégrative » (à « l'épistémologie éclectique molle libérant le praticien de toute contrainte méthodologique »). Psychanalyse et psychothérapie psychanalytique (comme simples variantes et ajustements de modalités du travail aux spécificités de la demande, des pathologies et des cadres) relèvent bien pour Gori « de la même méthode », « toutes deux demeurant subordonnées aux mêmes règles méthodologiques et aux mêmes concepts fondamentaux » (pp. 43-44). Car « avant d'être un corpus théorique ou une méthode ultra-clinique la psychanalyse est avant tout une méthode mise en acte dans une pratique dont le transfert s'avère l'opérateur et le concept fondamental ». « L'analyste fait acte analytique lorsque à certains moments de la cure il se montre psychothérapeute en tant que cette posture se trouve subordonnée au dialogue analytique et ne procède pas d'une autre finalité. » La position éthique et épistémologique de ce qui relève de l'analyse s'en déduit pour R. Gori : « la psychanalyse n'a pas d'autre finalité que sa mise en œuvre » ; « tout projet (thérapeutique ou didactique) fait obstacle à la méthode » ; et « c'est seulement dans l'après-coup que l'on pourra constater les effets d'un travail analytique et en délimiter la portée ».

Se faisant, pour Gori cette spécificité du « travail analytique » (ce commun identitaire de la méthode à la cure-type et aux psychothérapies psychanalytiques) ne saurait « se confondre avec les conditions de sa mise en œuvre et en particulier la situation concrète qui en assure le développement ». Et « les effets psychothérapiques d'un travail psychanalytique – à être évidents et constitutionnels à l'aventure analysante – ne sauraient se confondre avec la finalité programmatique d'une psycho-thérapie » : c'est tout le sens, et seulement le sens, du « de surcroît ».

Cette position épurée, et je le disais presque extrême, a l'immense mérite de l'intégrité éthique et épistémologique, du courage politique, et d'être un appui incomparable pour s'aventurer dans la réalité clinique et contextuelle (moins épurée !!) de l'exercice quotidien du psychothérapeute analyste. Et c'est à mon sens ce qu'on attend de ces penseurs de la psychanalyse interrogés sur une question aussi abyssale : qu'ils donnent des repères et – comme dans une *via ferrata* – une sorte de « ligne de vie » à quoi se raccrocher pour avancer chacun dans sa démarche.

De la même manière, bien que plus clinique et pratique, on a peut-être avec **Marilia Aisenstein** une des positions les plus épurées (et les plus lisibles) forte de son entièreté sur la question psychothérapie/psychanalyse : « La psychothérapie psychanalytique n'existe pas » (p. 119). Soit l'écoute du discours d'un patient en séance est conduite par un analyste et se faisant le travail est psychanalytique ; soit par un non-analyste : et elle ne l'est pas. Sans aucun autre critère de préséance ou d'idéalisation, la force argumentaire de la position de M. Aisenstein va s'appuyer sur cet enjeu princeps... presque évident... peut-être trop évident pour ne pas laisser quelques restes... mais sans doute essentiel comme fil rouge à l'élaboration attendue de notre problématique.

Il existe de multiples formes de psychothérapies non-analytiques, mais pour ce qui est de la proposition freudienne la psychanalyse est psychothérapeutique intrinsèquement (elle est une « cure ») ; et toute appellation de type « psychothérapie d'inspiration psychanalytique » est à proscrire car « énigmatique et entraînant un flou dans les esprits » p. 120.

M. Aisenstein déplie sa position « non nuancée » en ciblant la cure-type héritée de Freud et ses successeurs comme un « modèle théorico-clinique » qui sert à tous les endroits de l'exercice et des « offres » d'écoute d'un psychanalyste quel que soit l'écart à ce paradigme technico-pratique de la cure-type. Ce modèle (la cure), augmenté de l'outillage théorique (appareil conceptuel spécifique), de la propre analyse et de la formation de l'analyste soutient la position et l'écoute analysante qui à être d'évidence thérapeutique ne peut se dissoudre dans un catalogue à la Prévert de psychothérapies dites « d'inspirations » analytiques. Aisenstein en déduit (p. 121) une position virulente contre « le vent hautement toxique qui dans les institutions même de la psychanalyse entretient un effet délétère et de déliaison mortifère autour de l'idée de diversifier voire de découper la psychanalyse et l'identité analytique », et/ou plus loin « l'idée de former pour de "basses besognes" (des patients les plus difficiles et les plus en dangers !) des psychothérapeutes sans expérience personnelle de conduites de cures-types ».

En résumé : « un seul et même modèle théorico-clinique, une même référence à un seul corpus métapsychologique » ; les extensions précieuses et bien naturelles de la psychanalyse (aux patients non-névrotiques, borderline, psychotiques, psychosomatiques, etc.) entraînent des modifications évidentes des paramètres techniques et des aménagements obligés du *setting*... obligent en permanence à penser les limites de l'exercice analytique... MAIS restent des propositions psychanalytiques et analysante. Et plus important encore aux yeux de Aisenstein : « Toute pratique aux limites implique la parfaite connaissance de ce que j'appellerai le cœur de la discipline » (p. 129). Un « cœur » que l'auteur explicite au long de son article : le modèle de la névrose, la dynamique du transfert, la conviction de la force de l'Inconscient, un espoir forcené dans le travail de penser et la valeur mobilisatrice et perlaborative de l'interprétation, dans une visée qui ne saurait être autre que celle de « l'analyse » « c'est-à-dire du changement psychique », à l'aune de quoi analytiquement se mesure l'enjeu thérapeutique. « Mon souhait serait que tout travail psychanalytique soit dénommé psychanalyse qu'il soit de face-à-face ou sur le divan… et que soit – juste (ajouterais-je) – précisé le cadre » (*ibid.*).

Pour **Jean Laplanche** qui fait dans cet ouvrage un pas de côté et une proposition originale : l'enjeu n'est pas de distinguer une ligne de démarcation externe entre la psychanalyse et la psychothérapie qui n'en serait pas (soit c'est une question évidente – cf. supra tous les développements de tous les auteurs – soit cela relève de l'indécidable). C'est bien « au-dedans » de l'exercice d'un analyste dans différents dispositifs (psychothérapiques et psychanalytiques) que Laplanche tente de cerner des niveaux, des régimes ou registres de fonctionnement différents et complémentaires.

L'acte psychanalytique (quelles qu'en soient les déclinaisons à relever de l'exercice d'un psychanalyste et/ou d'un processus analytique) se distingue pour Laplanche au double registre de la « situation » et de la « méthode ». Du côté de la « situation », Laplanche insiste (pp. 58-59) sur la position radicalement dissymétrique du couple analyste-analysant, la neutralité (« refusement » interne de l'analyste essentiel à cet endroit : appréhension de ses propres mécanismes inconscients, respect de l'altérité inconsciente, destitution par rapport à toute visée de maîtrise, de façonnement de l'autre…), et le creuset induit du transfert. Du côté de la « méthode », l'auteur souligne qu'elle « vise à mettre (p. 59) à découvert des éléments cachés inconscients ou avoisinant l'inconscient, ou défensifs, dans les dires, les actes ou le transfert de l'analysant ». En tant que telle, « la méthode analytique fondée sur la libre association et sur les interprétations de l'analyste (le couple est uni dans la méthode) a une visée de déstructuration », de déliaison… Là est l'essentiel pour Laplanche. La synthèse (quant à elle proprement thérapeutique ou potentiellement thérapeutique) est l'œuvre du patient dans sa reconstruction et son appropriation subjective, qui, elle, n'est pas pour Laplanche au sens profond *le processus analysant* mais relève de la reprise inévitablement (et heureusement) psychothérapeutique du patient (ou du couple patient/analyste).

La question sempiternelle psychothérapie/psychanalyse tombe, dans cette démarche laplanchienne ou se déplace radicalement, dans la compréhension des opérateurs et des processus analysant et de déconstruction ou de dé-traduction, et dans les processus psychothérapiques de synthèses, de reprises, reconstruction et de retraduction. « Psychanalyse et psychothérapie ne sont pas – ou plus – des domaines séparés [...] dans toute psychanalyse il y a forcément de l'analyse et de la psychothérapie » (p. 64). « Toute psychanalyse est en grande partie consacrée à la psychothérapie [...] mais l'acte psychanalytique parfois bien rare est autre chose : œuvre de déliaison il tente de faire surgir des matériaux nouveaux pour une historisation profondément renouvelée » (p. 62). « Une petite partie du temps et des efforts du patient et de l'analyste vise à analyse [...] la plus grande partie du temps est consacrée à la remise en forme et en histoire de ce que l'analyse a découvert, donc à la psychothérapie. »

Cette reconsidération laplanchienne laisse une grande partie des questions de côté, mais fait œuvre assez unique et profonde, d'éclairer *l'acte analysant* et le processus de toute entreprise conduite par un analyste à un autre endroit qui mêle (et considère de manière très heuristique) la psychanalyse et la psychothérapie, autant que ce qu'on vise au titre du « thérapeutique » et de « l'analytique ».

*

* *

Cette série d'entretiens dont je ne rapporte ici que quelques bribes, extraits et propositions que j'ai ressenties comme « fortes », a donc l'immense mérite de faire « travailler », grincer, la problématique... et se faisant d'en extraire quelques éléments forts : du côté de la technique, de la pratique clinique, de la théorie comme de l'éthique.

On notera qu'avec l'évolution des idées et de la société, des demandes et des pathologies (peut-être aussi avec une certaine *crise de la psychanalyse*) on ne dit presque plus jamais « cure-type », terminologie qui s'estompe quelque peu, voire s'évapore à la mesure du nombre restreint de cures de névrosés « classiques » dans le site prototypique divan/fauteuil à plusieurs séances semaines, en miroir de la surreprésentation des cures « aménagées » (voire beaucoup moins typiques, de face à face, de côte à côté, voire médiatisées, ou réorganisées autour du jeu, du psychodrame, du lien mère-enfant, du groupe famille, etc. etc.) ; la question restant vive à l'endroit sans doute le plus essentiel : qu'est ce qui est thérapeutique dans l'entreprise analysante ? Qu'est ce qui relève spécifiquement de l'écoute d'un analyste et des processus analysants dans l'extrême étendue des dispositifs proposés et peut-être chaque fois réinventés entre un analyste et son patient. Je dis « patient » à dessein car il s'agit bien pour tous d'une entreprise psychothérapique, mais spécifique et peut-être unique.

La question doit être ainsi déclinée et posée à plusieurs endroits et niveaux plutôt que condensée dans un douteux raccourci « Psychanalyse et psychothérapie ». La psychanalyse sans divan, hors les murs ou hors la cure, et ses aménagements sont encore une autre question qui elle garde la spécificité de l'analyste plongé dans des dispositifs ou des procédures différentes de la cure-type...

Je m'autorise de conclure personnellement en disant qu'au fond cette tension entre a) cadre/dispositif, b) singularité subjective de fonctionnement psychopathologique et de demande, c) et processus (dont l'entame ne dit pas la suite du mouvement et des dépliements transformationnels et encore moins leur nature ultime et leur « résolution » finale), d) organisé avec un analyste autour de la respiration et de la dynamique transféro-contre-transférentielle et de la reconnaissance des logiques inconscientes... est le seul espace dialectique où se joue la tension entre psychothérapie et psychanalyse. Aucune réponse identitaire et différentielle ne peut être donnée à cette abyssale question « a priori », au risque d'être uniquement dogmatique et d'écraser le champ de l'élaboration interrogative. Mais le véritable « point de fuite » que représente l'essentialité de la question et de la tension posée et portée par cet enjeu *psychanalyse ET psychothérapie* doit être toujours interrogé et réinterrogé comme un indécidable, et dans le même temps comme une problématique technique, théorique, clinique, thérapeutique et épistémologique essentielle, dont la réponse (ou la tentative de réponse) est « juste » le malheur de la question, mais le dépliement une part essentielle du processus d'écoute et de l'auto-observation de la position de l'analyste. Nous sommes à cet endroit toujours psychanalyste ET psychothérapeute, mais les enjeux et répercussions des différents mouvements, des différents cadres et projets déplient des problématiques considérables et méritent cette question abyssale comme garantie éthique.

Ajoutons pour clore cette note et avec D. Widlöcher : « Il se dit souvent que la psychothérapie psychanalytique est une forme compliquée de psychanalyse. Trop d'habitudes et d'implicites reflètent plutôt l'idée d'une pratique analytique au rabais. De quoi avons-nous peur ? D'une dissolution de la pratique psychanalytique proprement dite ? Faut-il redouter que des (petites) différences concernant notre conception de la psychanalyse conduisent à l'idée que la psychothérapie, c'est la psychanalyse des autres ? En tout cas, reconnaissons que, avant de dénoncer l'incompréhension ou la malveillance de l'environnement politique et social qui exerce sur nous ses pressions, ce sont nos limites conceptuelles et cliniques que nous devons explorer. » Daniel Widlöcher ouvre ainsi le débat en invitant des cliniciens, et tout spécialement ceux qui ont expérience et responsabilités institutionnelles, à dresser le panorama actuel de la diversité des pratiques et des références théoriques.

Fabien Joly

Alberto Konicheckis et Simone Korff-Sausse (dir.), *Le Mouvement. Entre psychopathologie et créativité*, Paris, In Press, coll. de la SEPEA, 2015.

Les enjeux du corps et plus encore du corps vécu et du corps « en mouvement », du geste voire de l'éprouvé et de leurs chemins courts et parfois défensifs, n'ont souvent pas eu *bonne presse* dans les élaborations psychanalytiques : de ces objets suspects et entraînant une défiance, une frilosité voire une *phobie* du corps, et encore plus du corps « agissant », de la chair et du mouvement ; quand le corps du pulsionnel, des enveloppes ou des images du corps trouvaient difficilement mais indéniablement meilleure place dans l'élaboration de certains grands auteurs.

Tout au contraire et depuis les dernières années réapparaît un intérêt profond et convaincant pour un approfondissement des enjeux du corporel dans ses différentes dimensions pour le sujet psychique, du corps comme source première de la vie psychique dans le théâtre si favori des expressions plus ou moins « directes » de la vie psychique et des logiques inconscientes... depuis ses manifestations pathologiques, jusqu'à ses expressions les plus créatives et ses différents « langages » !

L'ouvrage collectif dirigé par **Alberto Konicheckis** et **Simone Korff-Sausse** s'inscrit dans cette dynamique d'une élaboration nouvelle et notablement reconsidérée de ces enjeux princeps du corps et des liens corps/psyché[1]... et ici tout particulièrement à l'endroit du corps en mouvement puisque le livre s'intitule : *Le*

1. On pourrait inscrire dans cette indéniable «retrouvaille» avec le corps (et au milieu de beaucoup d'autres publications et réflexions) l'aspect assez symptomatique d'avoir mis au travail comme titre-thème d'un des encore récents congrès des psychanalystes de langue française l'axe prototypique : « Entre psyché et soma » ; et comme thématique d'un tout récent numéro de la *Revue française de psychanalyse* (2016, vol. 80, n° 4) : le problème des « Sensations ».

Mouvement : entre psychopathologie et créativité. Cet ouvrage reprend d'une certaine manière comme des « actes » retravaillés d'une journée SEPEA, et se trouve d'ailleurs publié chez In Press dans la collection éponyme[2]. Comme il est de rigueur dans le « style » et le projet SEPEA : la clinique est toujours là, véritable arc-boutant de toute élaboration, fécondant, nourrissant et justifiant les élaborations théoriques, permettant mieux encore, quels que soient nos écarts ou débats théoriques, de nous articuler autour de partages de matériels et d'expériences cliniques.

Au départ de cette réflexion collective et de ce présent ouvrage collectif se trouve peut-être la plus quotidienne et la plus fondamentale des expériences humaines : le mouvement ; par lequel chacun agit sur et explore le monde, se montre, s'exprime, rencontre et comprend les autres. Décisif, le mouvement l'est aussi parce qu'avant toute parole, il est l'expérience dans laquelle se constitue la psyché, et la créativité. Dans *Le Mouvement : entre psychopathologie et créativité*, les différents auteurs de cette réflexion collective s'accordent ainsi à rendre compte de la nécessité d'envisager sérieusement les mouvements de l'enfant et de l'adolescent, du point de vue des sens, au prisme de la métapsychologie psychanalytique.

L'argument collectif qui a été ici travaillé est donc en résumé : quelle est la fonction du mouvement dans la vie psychique ?

Le mouvement : de la naissance de la psyché à la créativité

Par le mouvement, le corps figure et transforme, interprète et symbolise. Il constitue les toutes premières formes de représentance sur lesquelles les nouvelles expériences de la vie psychique viennent s'imprimer. Mais, si le mouvement possède des possibilités élaboratrices et subjectivantes, il contient également d'importants risques psychopathologiques. Il peut aussi bien intégrer les

2. La *Société européenne pour la psychanalyse de l'enfant et de l'adolescent* (SEPEA) créée et notamment animée par Florence Guignard et Annie Anzieu accompagnées de nombreuses analystes de l'IPA organise des week end de travail, journées d'études, séminaires et conférences notamment articulées – de thématiques en thématiques – autour de présentations de cas et de matériels cliniques. Et nombre de leurs travaux ont été repris et publiés dans une collection ouverte depuis plusieurs années aux Editions In PRESS.

expériences psychiques que les rejeter ou les cliver. Le mouvement permanent empêche l'intégration et l'assimilation de l'expérience psychique. Les risques psychopathologiques les plus évidents se repèrent dans *l'hyper* ou *l'hypo* activité, dans l'expression agie de l'agressivité, mais aussi dans les stéréotypies motrices, la recherche étourdissante parfois de sur-stimulations ou de décharges par et dans l'acte et le moteur.

Le premier texte introductif de Simone Sausse et le dernier conclusif de Alberto Konicheckis font à cet égard plus qu'encadrer les autres travaux des collègues, ils « dirigent » l'ouvrage au sens d'un encadrement porteur, donnant et soutenant la trame d'une dynamisation très passionnante qui peut être entendue comme fil rouge de la lecture de toutes les autres déclinaisons singulières.

Dès l'argument – et à deux voix – ***Sausse*** et ***Konichekis*** rappellent ou proclament (c'est selon) a contrario d'une seule considération analysante par trop rapide du mouvement comme défensif et anti-pensée : que « la vie est mouvement » (p. 11) ; mieux ou plus essentiel dans le cadre de leurs élaborations que ce mouvement « se trouve aux fondements du psychisme » (*ibid.*) ; qu'il y aurait comme un « déplacement dans l'appareil psychique du pôle de la perception vers le pôle de la motricité » ; que par là des enjeux sources et essentiels quant à la formation du psychisme se jouent et plus loin encore qu'à cet endroit et « par le mouvement [...] la pulsion s'accomplit » ; qu'enfin ou encore « le mouvement parcourt et soutient l'associativité en séance » (*ibid.*). Ils soulignent en présentant l'ouvrage et les différentes contributions que la psychopathologie du mouvement (et singulièrement le paradigme de l'hyperactivité chez l'enfant ou le préadolescent), ou ailleurs l'observation du développement très précoce témoignent à l'envi (en positif ou en négatif, de manière saillante, envahissante, pathogène ou en creux, voire en potentialité structurante) que « les mouvements [...] constituent la matière vivante des toutes premières formes de symbolisation », dans les primes « expériences intersubjectives fondatrices du psychisme » du petit sujet... Se faisant, qu'il s'agirait d'envisager ce mouvement (cet enjeu du corps bougeant et éprouvant, dans la relation à l'autre et au monde) aussi comme « ressource créatrice et transformatrice de la vie psychique » (p. 12).

S. Sausse soulignant donc, dans ses développements introductifs plus personnels à cet ouvrage – « **le mouvement aux fondements de la construction psychique et de la créativité**

artistique », que les premiers ressentis par la mère du mouvement de son bébé (« Il bouge !! ») sont l'expression exemplaire que le mouvement témoigne bien de l'existence et soutient l'investissement originaire de la vie psychique. Tandis qu'à l'autre bout (!) l'absence de mouvement signifie la mort ; que « entre les deux notre vie se passe à se mouvoir » (pp. 17-18). Le mouvement : c'est le corps agissant dans l'espace et dans la rencontre éprouvée du monde et des autres. La sensori-motricité (cf. l'épaisseur des références aux travaux d'André Bulinger) voire la proprioception (cf. A. Berthoz), sont des « zones d'échanges, d'informations, de mise en forme de soi vers l'autre », des zones d'habitation du sujet incarné. Cet espace vivant mouvant et incarné va soutenir la constitution de l'interne et de l'externe comme de leurs commerces et articulations, plus largement des investissements narcissiques et objectaux (cf. p. 19).

Le mouvement, poursuit-elle, « favorise le cours de la pensée et la transmission du savoir » « stimule le travail mental » (déambuler tout en parlant ou en enseignant) ; voire joue un rôle déterminant dans les méta-structures cognitives et singulièrement dans la mémoire (cf. O'Keefe et Moser prix Nobel de médecine). Au point où on peut se demander si on peut penser sans bouger (compris quand le mouvement est une trace ou un support internalisé loin de l'actuel d'une expérience du geste) ? Le dialogue tonico-émotionnel est rappelé aussi comme support précocissisme des interactions et des expériences tant affectives, ludiques que cognitives ou fonctionnelles. Citant Maldiney, rappelant Deligny (et son travail avec des autistes) G. Haag ou D. Stern, Sausse montre que « les premiers organisateurs de la vie psychique sont des structures rythmiques » prises dans les mouvements du corps.

Elle déplie ses réflexions à partir de deux « laboratoires » paradigmatiques les productions artistiques et le champ du handicap physique. Fort de ces ouvertures S. Sausse va en effet explorer la confrontation de cet enjeu princeps du mouvement dans la vie psychique du côté des limites faites au mouvement dans la clinique développementale du handicap (ou de son dépassement subjectif) ; au travers notamment des expériences proprioceptives, de la rythmicité dans les premiers liens, des étayages progressifs du corps dans l'espace. La clinique de la création artistique donne une autre matière à S. Sausse de témoigner de tout ce champ et de toutes les potentialités du mouvement comme support de la croissance psychique, depuis ses toutes premières voire modestes étapes jusqu'à ses expressions les plus secondarisées et sublimées.

Et **Alberto Konicheckis** de lui répondre dans son dernier chapitre conclusif – « **Subjectivation et personnalisation par le mouvement** ». Le mouvement est envisagé dans toute sa force créatrice, transformatrice et élaborative. En appui sur les apports de D. Winnicott quant à la *personnalisation* Konicheckis aiguise un regard sur l'omniprésence du mouvement dans la vie psychique et intersubjective, sur les tensions et parallèles entre l'enjeu de la motricité et les fonctions et expériences de la peau. Le mouvement participant selon lui au processus des symbolisations primaires ou premières, et à la transformation de quantités d'excitations en qualité de représentations. Il rappelle chez Freud déjà les émergences de cette problématique du mouvement au niveau quantitatif et dans la dynamique imitation/identification. Le mouvement propose une présentification symbolisante, puis soutient une transformation des quantités d'excitations en qualité représentationnelles ; c'est dire qu'il soutient un processus de symbolisation plus qu'une seule image sensori-motrice arrêtée. Une vignette clinique très convaincante (issue du dispositif piklérien) illustre le déploiement du mouvement dans les identifications premières étayant l'identité émergeante et fondant les premières figures du fantasme.

L'ouvrage est en vérité organisé en trois sections dont la première étudie *le mouvement à la lumière psychopathologique* ; pendant que la seconde déploie des observations très élaborées sur la clinique du mouvement... et la dernière enfin envisage de manière plus théorique le mouvement en terme de ressource (ou de source) pour la vie psychique.

Pour une approche psychopathologique du mouvement

Les premières contributions de cet ouvrage collectif invitent le lecteur à questionner les différentes formes psychopathologiques sous l'angle du mouvement, afin d'en dégager ce qu'elles nous apprennent de la construction singulière du sujet par les sens et la motricité. À cet égard, l'établissement d'un lien étroit entre psychopathologie et créativité restaure l'approche économique freudienne, comme point de départ d'un modèle de compréhension des défenses psychiques à l'œuvre, et des destins pulsionnels de l'enfant en développement. Empruntant le référentiel contemporain des troubles des apprentissages – dyspraxie et TDAH (Trouble de déficit attentionnel avec hyperactivité) –, les auteurs proposent des éclairages à la compréhension des agitations et des particularités motrices de l'enfant. Pour le praticien, il s'agit donc bien de supporter, de soutenir et d'entendre ces mouvements, comme un matériel psychique à interpréter. Dans ce sens, la notion de *mouvement* permet de se dégager des diagnostics nosographiques actuels. Elle réhabilite une sphère essentielle de la construction identitaire et des exigences pulsionnelles de l'enfant et de l'adolescent, aux différentes étapes fondatrices de l'« édification narcissique » autant que de l'« axe objectal ». En effet, le nourrisson se voit en proie à un bombardement sensoriel qui ne peut être entendu en dehors du *corps en mouvement* : le corps à corps dans le bain structurant des interactions fantasmatiques parents/enfants, les corps mouvant vers un environnement à explorer. Au temps adolescent, ce corps sera enclin au réveil pubertaire, mouvement majeur vers la génitalité.

Dans la première section psychopathologique donc, **Béatriz Janin – « le TDAH et les diagnostics pendant l'enfance : la complexité des facteurs déterminants** » – ouvre un espace fécond pour se figurer 1/ la multiplicité des manifestations symptomatiques réunies habituellement sous l'entité unique du TDAH, mieux connue sous le nom d'« hyperactivité », 2/ autant que la complexité de ses facteurs déterminants. Ces enfants ne pouvant s'empêcher de bouger, et mettent à mal le cadre thérapeutique. Le thérapeute doit non seulement parvenir à établir un lien avec eux, mais il doit également lutter pour échapper à l'emprise de leur hyperactivité. Le pare-excitation – cette « enveloppe protectrice » qui a pour fonction de préserver notre équilibre psychique en filtrant nos perceptions du monde extérieur, et sans laquelle ces perceptions nous submergeraient de leurs excitations – est particulièrement fragile chez l'enfant hyperactif. C'est pourquoi il « bouge sans but ». Selon l'auteur, cet enfant n'a pas pu intégrer, au cours de son développement, ce qui différencie son dedans du dehors. Cet échec est le fait d'altérations précoces dans la relation à la mère, où n'a pas été rendue possible l'incorporation de la représentation unifiée de soi-même, et des différentes enveloppes pare-excitantes et transformatrices. Du fait de cette indifférenciation, les excitations internes sont comme anonymes, ou comme venant d'un extérieur flou et menaçant, s'apparentant à ce que Freud proposait comme définition de l'angoisse dans *Inhibition,*

Symptôme et Angoisse (1926). L'enfant peut alors se défendre de cet interne-externe indifférencié par l'agitation motrice, une sorte de déploiement moteur de la pulsion et d'une ultradépendance au regard, qui cependant n'offre pas réellement de satisfaction quant au but, puisque l'objet n'est pas identifié. La complexité des facteurs déterminant l'excès des mouvements peut se représenter comme une pirouette sur soi-même qui ne trouve pas au « dehors » de voie vers un extérieur ni de possibilité figurative. Cette piste de compréhension pouvant être approfondie au « dedans » à la lumière des concepts de faillite ou de fragilité du fantasme, de la « maigreur » du préconscient et des enveloppes psychiques, les défenses maniaques sont également évoquées dans cette compréhension de l'agitation. L'idée principale de Janin est d'apprécier ces mouvements dans la pluralité de leurs configurations. Ces altérations s'originent-elles dans la relation mère/nourrisson ? N'est-ce pas toujours peu ou prou l'édification narcissique qui se trouve ébranlée dans sa structuration dans ce « trop » de mouvements ?

Dans l'univers des enfants autistes, **Jérôme Boutinaud** – dans « **destins et métamorphoses du mouvement chez les enfants autistes et psychotiques : émergences en souffrance et écueils de la dislocation** » – invite (en croisant les recherches psychanalytiques et la clinique psychomotrice) à penser *le recours à l'acte et au mouvement* comme une tentative de contenir corporellement et psychiquement les angoisses. Il décrit très finement et précisément une clinique dominée par une motricité imprévisible, dysharmonique, voire anarchique et désorganisée, paraissant au premier abord une pure décharge d'excitation. À la hauteur des angoisses autistiques et archaïques si spécifiques, les créations symptomatiques du mouvement sollicitent, avec répétition, un colmatage provisoire de « la terrifiante sensation de béance éprouvée subjectivement ». Or, l'auteur émet l'hypothèse d'une tentative rudimentaire voire balbutiante de liaison pulsionnelle de l'intégration du corps et des prémisses de la symbolisation dans ce déploiement singulier de la motricité, pour peu qu'on puisse l'écouter, la contenir et l'accompagner. Accepter ces comportements dans le cadre thérapeutique permet de donner une place essentielle au corps, vecteur d'une esquisse représentative voire d'un authentique travail de mise en représentation. Par cette invitation faite au clinicien, Jérôme Boutinaud dessine une géométrie spatiale signifiante en rappelant que le corps symbolise un lieu de rencontre essentiel, en référence à ce qu'il a été aux premiers instants de la vie psychique : un lieu fécond et potentiellement structurant.

Enfin **Victor Guerra** – dans « **Faux *self* moteur : une version défaillante de la subjectivité dans l'hyperactivité** » – enrichit le regard que la psychopathologie peut porter sur le mouvement en proposant le concept très parlant de « Faux *self* moteur ». Winnicott avait créé le concept du « *self* », qui correspond au sentiment que nous avons d'exister en tant qu'individu, au ressenti de notre intériorité propre, intime, qui constitue l'étoffe de notre personnalité véritable. Il avait alors désigné en miroir comme « faux *self* » le mécanisme de défense, que certains individus érigent de façon pathologique, pour se protéger d'un environnement ressenti comme menaçant en se conformant aux attentes des autres. Concrètement, ces individus font preuve d'un conformisme pathologique. Ils ne parviennent pas à se vivre en tant que moi authentique, tant celui-ci leur semble menacé d'être détruit par l'autre. Or la logique de l'hyperactivité semble présenter des analogies considérables avec la logique du « faux *self* », avec laquelle elle partage un déficit du ressenti de l'identité. En revisitant le concept winnicottien, cette notion très parlante cliniquement de « faux *self* Moteur » de Victor Guerra permet alors de penser ces enfants hyperactifs comme des êtres mis à mal dans leur sensation continue d'existence. Dans ce *faux self moteur* la motricité excessive dominée par la pulsion d'emprise tenterait de fournir en permanence la fonction de soin et de sécurité voire d'apaisement d'angoisse qui fait défaut, à ceci près d'un ratage permanent d'une quelconque appropriation/transformation et sédimentation de cette fonction obligeant à sa répétition addictive permanente. Pour pallier la défaillance du ressenti de son identité, l'enfant hyperactif mettrait en place *une prothèse motrice dont la fonction serait d'assurer la continuité du self.* Mais pour Guerra, il ne s'agit pas d'une simple défense. Le « faux *self* » serait une modalité de fonctionnement fixant un certain évitement relationnel. À l'origine de cet évitement, il y aurait eu, chez l'enfant hyperactif, un échec à intérioriser suffisamment de bons objets dans les premiers mois de la vie. Pour suppléer à cette défaillance angoissante de son environnement, ici de *l'objet maternel*, le nourrisson se serait pris lui-même comme objet de satisfaction. L'enfant hyperactif est alors décrit comme rapidement indépendant, autonome, peu tolérant, à l'insatisfaction immédiate et dans la recherche continue d'une emprise sur l'environnement. C'est comme si le mouvement excessif sollicitait des sensations remplaçant celles apportées par les soins maternels sans pouvoir réellement servir l'axe libidinal objectal, c'est-à-dire sans développer sa capacité à investir l'autre comme objet de ses satisfactions. « L'enfant devient mère de soi-même, mais en bougeant trop. »

À l'appui de ce modèle théorique, une équipe mexicaine : **E. Perez de Pla, M. Rodriguez et P. Acosta** – « **Observation de bébés hyperactifs dans leur environnement familial** » – partage le récit des actions et interactions de *Noé* et *Pierre* durant la première année de leur vie : deux bébés hyperactifs observés dans leur environnement. Ces observations extrêmement riches et fines, qui rappellent les travaux d'Esther Bick relatifs à l'observation du nourrisson, illustrent cliniquement la conceptualisation de ce « faux *self* moteur ».

Le mouvement, une dynamique de l'être avant tout

Enfin, si les élaborations théoriques de cet ouvrage incitent le clinicien à faire des liens et à porter son regard sur l'enfant, elles invitent également à observer les mouvements de ses parents voire des adultes et soignants «autour». C'est particulièrement le cas de la contribution de **Joyceline Siskou** – « **Chorégraphie des corps. La communication primitive** » – qui rend compte de « la danse » qu'on voit de et dans ces échanges précoces, et qui laissent des préformes sensorielles et motrices inconscientes comme « empreintes du maternel » retrouvées parfois chez l'adulte voire en cure. Elle illustre ce ballet interactif entre le nourrisson et sa mère, mais également la « chorégraphie des corps » des adultes en présence du bébé – la mère, le père ou également l'analyste.

Tout au long de l'ouvrage, l'approche du mouvement se veut heuristique. Il s'agit donc de *découvrir* aussi, à l'opposé du versant psychopathologique du mouvement, un penchant de celui-ci à porter l'épanouissement du potentiel créatif. Pour **Nicole Carels – « Entre silence, bruissement et ouragan** » – le mouvement est situé au cœur des dialectiques de la présence et de l'absence, de la tension entre le courant narcissique et l'ouverture vers l'autre, entre liaison et déliaison. Ce mouvement est alors entendu potentiellement comme figure d'étayage du processus de tiercéïsation et « potentiellement créateur d'un gradient d'altérité et d'espaces tiercéisants dans la dialectique des champs intra- et inter-subjectifs ». Il est ce qui ouvre le sujet vers un au-delà de lui-même et des sujets avec qui il interagit. À partir de deux vignettes cliniques, l'auteur montre le déploiement de ces dimensions dans le processus analytique permettant (à être tendu et travaillé du côté de la transitionnalité) la sortie de certains immobilismes psychiques défensifs.

Quant à l'angle psychosomatique défendu par **Christine Jean-Strochlic** – « **N'être que soi : l'adolescence, un temps d'économie psychosomatique** », il permet d'appréhender la thématique du « mouvement » du côté des mouvements internes et de la psychosomatique dans le temps adolescent. Dans cette perspective, les mouvements sont inhérents à la processualité même des processus psychiques et de leurs doubles destins possibles : la structuration subjective tournée vers l'autre, ou la désorganisation pathologique possiblement somatique tournée vers les fissures angoissantes infantiles. Le mouvement, comme acte ouvert sur l'altérité à soi, ou au contraire comme défense contre l'angoissant en dehors du soi, serait ainsi le révélateur du fonctionnement, sain ou pathologique, des processus psychiques. Et l'adolescence apparaît dès lors comme un espace-temps, un « laboratoire » aigu de cette dialectique, tant du risque d'une évolution vers une « névrose actuelle » qu'a contrario d'être un levier supérieur de la mentalisation

La dernière section de l'ouvrage, intitulé « Ressources », propose une mise en perspective tridimensionnelle à partir des réflexions engagées par les différents auteurs dans les chapitres précédents.

Sylvain Missonnier – « **Au commencement était le mouvement** » – propose de penser le mouvement dans l'exploration échographique comme vecteur d'une virtualité subjectivante. À partir de la clinique périnatale voire donc de la pratique des échographies, Missonnier montre les mouvements fœtaux voire du tout jeune bébé comme vitalité rassurante pour les futurs parents. Il propose un parallèle entre la chorégraphie fœtale et la danse japonaise contemporaine (Ankoku Buto).

Dans le chapitre suivant, **Juliana Vamos** – « **Élan et verticalité** » – envisage la narrativité motrice comme support du récit subjectif et travaille *la motricité libre et spontanée* (cf. modèle Pickler-Loczy) dans l'acquisition de la position verticale et dans le développement du nourrisson. Le rôle de l'entourage attentif et respectueux (voire facilitant) pour cet enjeu du mouvement libre serait d'évidence crucial. Ce plaidoyer pour la motricité libre valant bien dans l'acquisition d'un développement psychomoteur épanoui et harmonieux, mais nul n'en doutera tout autant dans le soutien à la croissance psychique, au « commerce » avec l'autre, aux précurseurs des conduites de jeu et de symbolisations, et à la pulsion épistémopholique.

Et **A. Konicheckis** (cf. supra) de percevoir le mouvement en conclusion en tant que processus de subjectivation et de personnalisation (on l'a résumé et dit plus haut).

Au final de quoi pour clôre en glissant ici quelques notes synthétiques des auteurs en 4e de couverture dans leur propre présentation, et en redisant on l'aura compris mon intérêt considérable pour ce travail et mon invitation pleine et entière à diffuser largement cet ouvrage vers tous nos collègues et singulièrement ceux qui œuvrent dans la clinique de l'enfant et de l'adolescent : le mouvement (dans cette approche psychanalytique et psychopathologique) apparaît bien comme constituant les toutes premières formes de figurabilité sur lesquelles les nouvelles expériences de la vie psychique viennent s'imprimer. Mais, si le mouvement possède des possibilités élaboratrices et subjectivantes, il contient également d'importants risques psychopathologiques ou peux témoigner (et parfois bruyamment) de nombreuses expressions pathologiques. Il peut aussi bien intégrer les expériences psychiques que les rejeter ou les cliver : le mouvement permanent empêchant (ne l'oublions pas) l'intégration et l'assimilation de l'expérience psychique. Toutes les composantes du mouvement sont ainsi étudiées par les auteurs de ce livre qui croisent leurs analyses et leurs expériences. Avec eux, nous découvrons comment les traces de ces mouvements restent vivantes dans la vie psychique et s'actualisent dans la relation transférentielle, dans le processus analytique ou encore dans la création artistique. Le mouvement, comme ressource et comme porteur de risques psychopathologiques, est bien au cœur de cet ouvrage.

Fabien Joly

Francis Drossart (avec la collaboration de Chantal Lheureux-Davidse et Géraldine Le Roy), *Une théorie de la créativité et de la destructivité*, Larmor Plage, Éditions du Hublot, 2016[3].

Par son titre et son projet cet ouvrage est particulièrement bienvenu en nos temps où tant d'actes destructeurs délibérés viennent s'imposer dans la réalité du monde aux détriments des réalisations humaines créatrices anciennes et contemporaines.

3. Cette note doit également paraître prochainement dans le n° 228 de la revue *Le Coq héron*, que nous remercions de nous avoir autorisée à la publier.

Composée de 3 chapitres exposant et illustrant plusieurs des concepts principaux de Klein, Bion, Winnicott, puis les apports dialectiques de la théorie kleinienne sur la destructivité et la créativité, cette publication utile de Francis Drossart, étoffée des contributions de Chantal Lheureux-Davidse et Géraldine Le Roy, mérite ainsi d'être signalée à plus d'un titre.

Impossible par une simple note de lecture de développer la moisson généreuse des importants concepts, idées et illustrations diverses rassemblée dans ce travail qui exige en fait, par sa fonction propédeutique, d'être soumis à plusieurs lectures successives et réflexions d'après-coup. Chaque chapitre de l'ouvrage exigerait en lui-même un commentaire et une analyse approfondis. Pour en présenter la substance à ses lecteurs, j'ai donc dû me limiter à ne citer ici que ses approches essentielles, en pointant cependant quelques premières remarques personnelles positives ou émaillées de certaines réserves.

– Didier Houzel qui le préface en souligne subtilement la pertinence, en rappelant le contexte historique longtemps peu ouvert en France, tant au concept d'antagonisme pulsion de vie/pulsion de mort, qu'à celui des racines fantasmatiques, archaïques et cruelles du petit humain, développés par Melanie Klein sur le plan clinique et théorique, et si magistralement représenté par Colette et Ravel dans *L'Enfant et les sortilèges*. Constatons-le en praticien avec lui, outre le fait que « le bébé kleinien [...] n'est pas plus monstrueux que le bébé freudien ou winnicottien », l'instinct de mort, cette autre pulsion décrite par Freud puis très investiguée dans l'œuvre kleinienne, « faute d'être contenue, modulée, transformée, symbolisée, se retourne en une puissance destructrice au lieu de servir à relier le self à ses objets » internes et externes.

Comme il arrive à la plupart des théorisations, c'est l'usage dogmatique de ses prosélytes et de ses détracteurs qui vient fausser et dénaturer le fondement et l'évolution des découvertes en la pensée humaine. Dénouer et déjouer un tel usage, semble avoir présidé à l'objectif ambitieux de cet ouvrage.

C'est pourquoi il paraît ici un peu paradoxal – et je m'associe à la réserve finale du préfacier-, que l'auteur tienne à exclure l'intérêt thérapeutique complémentaire offert par la théorie du « champ » exposée par les Baranger, théorie plutôt ignorée et/ou souvent mésusée en France, contrairement à sa pleine reconnaissance théorico-clinique en d'autres pays, – par exemple en Italie où elle s'articule aux recherches kleiniennes et post-kleiniennes étayant nombre de travaux en psychanalyse[4].

– En rappelant que la plupart des hypothèses théoriques avancées par Melanie Klein, exploratrice téméraire du « roc du pulsionnel », provient de ses observations cliniques dans ses suivis psychanalytiques d'enfants, et dans l'espoir que cela pourrait inciter à leurs relectures encore plus didactiques, Francis Drossart s'est donc en effet attelé ici à résumer certaines parties fondamentales des travaux de cette pionnière, tels que : – la notion d'objet psychique interne, les processus d'identification projective, les temps d'alternance « P-S » de vécus schizoïdes et paranoïdes et ce moment crucial dépressif qui va permettre au sujet d'intégrer les relations psychiques entre objets externes et internes, ainsi que sa dernière théorisation relative au vécu si destructeur de l'envie.

Pour mieux les décrire, il propose lui-même certains extraits de cures, d'illustrations littéraires et de quelques films. Et il complète son panorama sur le développement et les troubles d'évolution en nos processus psychiques, par l'évocation tout à fait indispensable des apports cruciaux majeurs de certains des successeurs de Klein ayant su en approfondir les découvertes, comme Hanna Segal, Herbert Rosenfeld, Wilfred Bion, Donald Meltzer et aussi Winnicott. Ce qui va permettre aux lecteurs plus novices d'en découvrir les prometteuses richesses de pensées pour le devenir du travail psychanalytique.

À propos du chapitre « Bion », il faut noter le tour de force de l'auteur qui, à partir des toutes premières traductions françaises (*Aux sources de l'expérience*, *Éléments de psychanalyse, Réflexion faite*), propose à l'aune de ses propres illustrations et commentaires, un bref aperçu des concepts développés dans l'immense œuvre prospective de Bion, dont l'un des axe-pivots théorise notre « activité de pensée », Pour cerner ici ***le conflit entre destructivité et créativité*** l'auteur propose de le situer sous **l'égide de l'antagonisme de l'émotion de liaison de la « connaissance »** (qui relève « de l'apprentissage par l'expérience »[5]) – désignée (C) par Bion-, **avec son contraire** (-C), – l'inverse donc de tout

4. Cf. Revue *Le Coq héron*, n° 227/2016, « Voix de la psychanalyse italienne, aujourd'hui », Toulouse, Érès.
5. Bion W., *Aux sources de l'expérience*, Paris, Puf, 1979, p. 64.

apprentissage en l'expérience émotionnelle, fondé pour Bion sur l'envie.[6]

Au final de ce 1er chapitre, Géraldine Le Roy rassemble opportunément concordances et différences entre les travaux cliniques et théoriques de Melanie Klein et ceux de Donald Winnicott ; et elle va nous rappeler qu'ayant été analysant de Melanie Klein, Winnicott en est resté très longtemps un admirateur convaincu, défenseur de son efficacité clinique et de sa créativité (cf. extrait de sa lettre à M. Klein du 17/11/1952 citée p 67). Mais il s'en distanciera pourtant peu à peu, à la fois et entre autres, par son objection sur la théorisation kleinienne de l'envie, par sa conviction sur l'influence prééminente de la réalité externe – donc des objets externes – dans les troubles de la personnalité, et aussi par celle, présupposant des potentialités « pulsionnelles » créatives en chacun, plus adéquates selon lui à la vie et à la quête du soi, que la notion de « réparation » soutenue par Melanie Klein.

– Dans la 2e partie consacrée à la destructivité, Francis Drossart s'appuyant sur sa clinique, va d'abord exposer 2 concepts originaux dont *le hiatus périnatal* a déjà fait l'objet de plusieurs de ses publications[7]. Ce hiatus – ainsi qu'il a pu l'écrire en 2009[8] – s'inscrit comme « une césure de la naissance [9] » **dans le psychisme de la mère** ; il s'agit d'une discontinuité d'investissement libidinal disruptive ordinairement plutôt brève mais pathologiquement bien plus durable et nocive, entre les périodes anté et post-natales ; c'est en effet un moment où, pour la mère confrontée au nouveau-né réel, se joue psychiquement le dilemme soudain, de *faire le deuil de l'enfant fantasmatique anténatal*.

Son autre nouveau concept plus amplement traité ici, également référé à diverses études contemporaines (auxquelles l'auteur s'articule ou dont il se sépare) et des illustrations cliniques et littéraires, concerne celui du *hiatus adolescent*. Il est décrit en ces termes : « [...] moment fictif [fantasmatique p 127] [...] **du psychisme adolescent** consistant en une destruction-reconstruction des repères métapsychologiques dans leur relation à la sexualité

6. cf. Bion W., *op cit.*, p 117.
7. Ayoun L. et P., Drossart F., *Les Traces de l'archaïque*, Toulouse, Érès 2009.
8. cf. Note de lecture Fognini M., in *Le Coq Héron*, 2011, n° 203 (« Sous le sceau du corps »), Toulouse, Érès, pp. 143-145.
9. Notion bien souvent évoquée par Bion dans son oeuvre à propos du développement psychique humain.

infantile d'une part et la sexualité adulte d'autre part » (p. 125) et « où se trouve mis en scène le travail incessant et contradictoire des pulsions de vie et de la pulsion de mort. » (p. 127).

Cette idée de rupture et de lutte contradictoire d'une temporalité psychique et corporelle en tension pulsionnelle entre un état d'enfance en changement et un devenir adulte transformatif, justifie encore ici pleinement le choix du mot ***hiatus***.

Toutefois je voudrais attirer l'attention sur la nécessité que soit **bien différenciés *son origine, son usage, son acteur et sa fonction*, selon que ce hiatus se manifeste dans la situation adolescente ou dans la situation périnatale**.

En effet le *hiatus adolescent* concerne **l'adolescent lui-même** en turbulence globale de croissance alors que *le hiatus périnatal* concerne **le psychisme maternel** et donc sa relation réelle et fantasmatique au nouveau-né. C'est pourquoi à mon avis, la description de ces 2 hiatus mériterait que soit ici mieux mis en lumière, le fait que dans un cas c'est le sujet-bébé qui va subir en parallèle les conséquences d'un *hiatus périnatal maternel* alors que dans l'autre c'est l'adolescent-sujet qui vit et agit *son propre hiatus* de transformation.

Afin d'illustrer la force mortifère du « narcissisme destructeur » dont Herbert Rosenfeld a bien montré « l'idéalisation des parties destructrices omnipotentes », F. Drossart développe ensuite, recoupements plus ou moins allégoriques et analogiques entre les héros d'*Apocalypse now,* l'un des plus célèbres parmi les films contemporains ayant vampirisé épopée et héros d'*Au cœur des ténèbres,* cette captivante nouvelle de Joseph Conrad – si peu optimiste sur la capacité effective humaine à apprivoiser et domestiquer sa cruauté fondamentale-. Le matricide avec l'Orestie analysé par Melanie Klein, les attaques envieuses antérieures à la constitution d'un bon objet interne y sont également convoqués, ainsi que le concept pathologique du « *claustrum* » proposé et analysé magistralement par Donald Meltzer, un processus fort complexe si nécessaire à repérer en clinique, que plusieurs séquences de films et de romans sont appelées par F. Drossart, à venir illustrer.

Pour clore positivement ces théorisations et démonstrations cliniques de la destructivité, Chantal Lheureux-Davidse nous présente de façon fort condensée, la très émouvante évocation de l'évolution du suivi, d'un petit Émile au « corps crispé en une carapace musculaire de la tête aux pieds » tentant d'échapper aux « vertiges dans l'espace », par des agrippements destructeurs, tant sont massifs ses troubles psychomoteurs et relationnels. Elle remarque que la destructivité chez ce très jeune enfant de 4 ans ne relève pas en fait, des mouvements psychiques d'agressivité qui, selon Klein précédent l'accès à la position dépressive, mais qu'elle s'inscrit dans un registre de survie.

Son observation remarquable souligne combien pour ces lourdes pathologies infantiles il importe que le thérapeute s'implique, s'investisse dans un accompagnement actif, vivant, attentif et créatif, pour suivre et partager les avancées des évolutions sensorielles, motrices, psychiques et relationnelles de ces jeunes patients : « Le thérapeute peut aider l'enfant à transformer ses expériences de destructivité en les apaisant autrement que par la décharge. La narrativité sur les expériences sensorielles, de mouvement, et relationnelles, ainsi que l'imitation gestuelle sous forme de théâtralisation authentique, avec des expériences de ralentissement, de baisse d'intensité et dans une proposition de mise en sens, participent à l'apaisement d'un risque de destructivité, au profit d'une transformation en occasions de rencontres identifiantes et intersubjectives » (p. 166).

– La dernière partie centrée sur la « théorie kleinienne de la créativité » s'avère en fait entièrement consacrée par son auteur à une lecture psychanalytique des processus psychiques mis en œuvre dans quelques-unes des productions artistiques du XXe et XXIe siècle : films, arts plastiques, littérature. Impossible d'en résumer ici la foisonnante richesse. On y rencontre entre autres, Fellini, Niki de Saint Phalle, Patrick Modiano, Christian Boltanski, Toni Morrison, Mattew Barney, David Cronenberg, Francis Bacon, Svetlana Alexievitch. Même si ces stimulantes investigations viennent éclairer sous des perspectives de réflexions très binoculaires toutes ces productions cinématographiques, littéraires et d'arts plastiques, une telle exploration de Francis Drossart n'évitera pas l'écueil des débats et controverses, comme il advient à tout essai d'analyse psychanalytique appliquée et/ou référée aux domaines artistiques, Soulignons cependant que leur intérêt original est ici de mettre particulièrement en lumière dans certaines de ces oeuvres d'art, la force créatrice surgie des tensions entre pulsion de vie/pulsion de mort, celle par contre très dévastatrice de l'envie, et aussi celle paralysante ou pervertissante de l'incestuel

(« incestuel » qu'auparavant l'auteur a théorisé sous le vertex kleinien), voire de l'inceste.

Notons qu'est très utilement mis en évidence un point souvent encore reproché à l'œuvre si durablement attaquée de Melanie Klein, à savoir qu'elle a « modifié le centre de gravité de la métapsychologie freudienne », du fait de « l'extension du champ d'observation de la psychanalyse ». Francis Drossart peut alors conclure que sa théorisation de **l'Envie** « est la meilleure des illustrations possibles de la créativité, comme élaboration réparatrice des phénomènes liés à la destructivité », phénomènes auxquels elle-même a été très longtemps exposée dans le monde même de la psychanalyse.

Travailler à comprendre comment on peut passer psychiquement de la destructivité à la créativité grâce aux avancées psychanalytiques me semble une exploration nécessaire à laquelle vient donc contribuer la parution de ce livre à trois voix, avec ses diverses focales d'explorations débordant de multiples figurations métonymiques.

Ainsi le dernier chapitre et certaines parties de ceux qui lui précèdent, fourmillent de références cinématographiques, artistiques et littéraires par lesquelles Francis Drossart, témoigne de sa vaste et abondante moisson culturelle engrangée puis métabolisée aux philtres de ses réflexions et références kleiniennes et post-kleiniennes dont la profonde pertinence entend ici être soutenue et démontrée.

Toutefois, il faut tout de même remarquer que, confronté au très grand nombre d'extraits illustratifs de ces créations d'artistes en tout domaine, le lecteur – même équipé d'une bonne culture cinéphile et artistique – peut éprouver parfois, une sensation embarrassante d'être submergé par la grande quantité de détails, exemples, ellipses narratives et parenthèses qui, – malgré une utilité latente informative-, vient entraver l'humble cheminement du fil de sa lecture en marche. Il faut alors parfois faire marche arrière et donc relire…

Si tant est, qu'un trop gargantuesque festin malmène bien souvent son hôte… !

Bref cet ouvrage de conviction sur la pertinence des outils kleiniens et post-kleiniens pour avancer dans l'extrême densité des forêts de la psyché humaine, incite donc par la liste richissime de ses exemples et de tous les auteurs et œuvres invoqués, à poursuivre un travail de recherche tant en psychanalyse qu'en création artistique.

Pour ma part, ce si large éventail de créations infiltrées au rayonnement de tant de précieuses découvertes au sein des processus psychiques, m'a conduit à imaginer le dernier chapitre de l'auteur comme l'augure possible des prémices d'un autre livre à venir...

Un livre qu'on pourrait peut-être imaginer placé sous le signe d'un 4e lien émotionnel profond, le lien (B) de la Beauté, qui, – comme a pu le suggérer Jacquelyne Poulain-Colombier – marque « un indice » utile pour le psychanalyste, dans la coïncidence en certains points avec « ce que Freud voyait (comme) une condition de la survie de la civilisation[10] ». C'est en effet ce lien implicite[11] que Bion évoque, lorsqu'il parle de l'artiste en chacun, et que D Meltzer a pu décrire comme celui de **l'émotion esthétique**, cette intense émotion qui nous confronte dès la naissance, au douloureux conflit esthétique de la rencontre d'une psyché naissante et en croissance avec le monde du dehors et celui du dedans.

Un livre où la psychanalyse pourrait venir aussi être elle-même éclairée aux feux croisés des œuvres de leurs créateurs, avec leurs jeux multiples d'ombres et de clartés.

Eclairage qui n'avait pas échappé à Freud reconnaissant tout ce que la création littéraire et artistique apporte en nutriments au terrain labouré de la psychanalyse.

Mireille Fognini

10. Poulain-Colombier J., Un quatrième lien : +/- B (+/- Beauté), in *Le Mouvement psychanalytique*, 2002, vol. IV, n° 1, Paris, L'Harmattan.

11. Dans son écrit prospectif qui valorise – entre autres –, la théorisation par Meltzer de l'émotion du conflit esthétique, J. Poulain-Colombier note que ce lien +/- B (qu'elle propose à partir de tout ce que Bion écrit autour de l'art et de l'artiste), est bien plus proche de l'expérience précoce puis répétée de la douleur humaine, que ne le sont les liens +/- Amour, +/- Haine et +/- Connaissance qu'il a théorisés.

Wilfred R. Bion, *Me souvenant de tous mes péchés : Une autre partie d'une vie. L'autre côté du génie : Lettres à la famille*, trad. J. Poulain-Colombier et J. Ségalen (avec la collaboration de M.-C. Simeloff), Larmor Plage, Éditions du Hublot, 2016.

Les Éditions du Hublot viennent de publier l'ouvrage édité en 1985 par Francesca Bion, seconde femme de Wilfred Bion sous le titre « *All my sins remembered: An other part of a life and The Other Side of Genius: Family letters* ». Ce livre nous donne, en effet, l'occasion de découvrir une autre face d'un des plus grands génies de la psychanalyse. Un véritable choc émotionnel. Ce théoricien rigoureux et exigeant, mais souvent obscur voire abscons, nous apparait ici sous un jour familier, humain, très proche, même si l'on sent une grande pudeur dans l'expression de ses sentiments et la révélation de son intimité. Le lecteur se prend à rêver qu'il aurait pu connaître cet homme d'exception, partager avec lui des expériences au jour le jour, aimer comme lui le chant d'un oiseau, la beauté d'une fleur, un soleil couchant, s'enthousiasmer comme lui pour la beauté du monde et s'agacer avec lui de la bêtise humaine. Comment, de tout cela fit-il une œuvre aussi profonde qui devait renouveler la métapsychologie et la technique psychanalytique ? Là est le mystère. Peut-être faudrait-il en chercher les sources dans les expériences extrêmes qu'il a dû traverser : l'éloignement de sa famille dès l'âge de 8 ans pour venir en Angleterre faire sa scolarité, son engagement dans un régiment de tanks pendant la première guerre mondiale et les combats héroïques qu'il a menés dans la bataille de la Somme, le décès de sa première femme, Betty, morte en mettant au monde leur enfant Parthénope. Sans doute, est-ce sa capacité à *apprendre de l'expérience* qui lui a permis de tirer de son propre vécu et de son travail d'analyste des idées neuves : *Learning from Experience*, tel est le titre de l'un de ses livres qui inaugure la révision profonde de la métapsychologie qu'il proposa à partir de 1962.

Les 86 premières pages de l'ouvrage sont un récit autobiographique de la période de son existence qui va de sa démobilisation en 1919, à la fin de la seconde guerre mondiale, jusqu'en 1945, correspondant à peu de chose près à la mort de sa première femme, à la naissance de son premier enfant et au début de sa seconde psychanalyse avec Melanie Klein (il avait fait une première psychanalyse dans les années 1930 avec John Rickman). Je dis « à peu de chose près » car il y a un dernier épisode, particulièrement poignant, dans le récit de Bion qui se situe alors que Parthénope commence tout juste à marcher à quatre pattes. Elle s'exerce à ce nouvel exercice un peu à distance de son père assis sur la pelouse, elle lance un appel que Bion déchiffre comme une demande qu'il la rejoigne, mais il ne bouge pas ; les appels de la petite fille deviennent des appels de détresse. La nourrice, qui assiste à la scène, amorce un mouvement pour aller la chercher, mais Bion l'arrête « Non ! » dit-il « laissez la ramper » (le quatre pattes s'était transformé en rampement). En même temps un sentiment de colère envahi le père insensible, tout se passant comme s'il lui en voulait de la mort de sa mère : « Pourquoi me fait-elle çà ? » pense-t-il. La scène devient de plus en plus pénible jusqu'à ce que la nourrice, bravant l'interdit paternel, aille chercher Parthénope pour la prendre dans les bras, ce qui la calme aussitôt. Et Bion de conclure son récit par ces aveux poignants :

J'avais juré de m'occuper de l'enfant. Ce n'était pas une promesse à Betty ; c'était contre toute attente un serment à moi-même. Ce fut un choc fulgurant de trouver une telle profondeur de cruauté en moi. Je me suis depuis souvent rappelé les mots de Shakespeare : « Nymphe, dans tes prières, Souviens-toi de tous mes péchés. » (citation extraite du monologue d'Hamlet « *To be or not to be...* »)

C'est cette citation de Shakespeare qui donnera le titre de ce fragment autobiographique. L'officier héroïque, l'étudiant modèle, le mari aimant qu'il avait été se découvrait tout à coup rempli de ressentiment et d'insensibilité vis-à-vis de sa petite fille, évidemment innocente de la catastrophe qui avait accompagné sa mise au monde. Cette découverte douloureuse exigeait un approfondissement de l'exploration de son propre psychisme. On comprend mieux, en lisant ces confidences, ce que signifiait pour lui *apprendre de l'expérience* ou ce qu'il entendait par *capacité négative*, c'est-à-dire pas seulement tirer le meilleur profit des événements vécus même si on ne les comprend pas sur le moment, mais être capable d'enrichir sa personnalité en examinant les tréfonds de son propre psychisme, y compris, et peut-être surtout, lorsqu'il nous surprend par sa faiblesse, sa cruauté, son cynisme, sa négativité.

All my sins remembered a été publié à titre posthume par Francesca Bion, de même que les autres textes autobiographiques de Bion *The Long Week-end* publié en 1982 et *Wars Memoirs* publié en 1997. On a ainsi un ensemble significatif de récits autobiographiques de Wilfred Bion, qui couvrent les cinquante premières années de son existence. Francesca Bion souligne dans une brève préface que le récit de son mari est emprunt de morosité et de dévalorisation de lui-même, alors qu'elle a connu un homme plein de joie de vivre et qui donnait le sentiment de s'épanouir aussi bien dans sa vie familiale que dans sa vie professionnelle. Aussi a-t-elle voulu compléter l'ouvrage par une sélection de lettres que Wilfred lui avait écrit entre 1951, année de leur mariage, et 1972, ainsi qu'une sélection de lettres écrites par Bion a ses enfants, Parthénope (enfant de son premier mariage), Julian et Nicola (enfants de son second mariage), dans l'espoir de rééquilibrer l'image qu'il donne de lui-même tant ces lettres sont remplies de sentiments d'amour, de tendresse et de joie.

S'il est exact que « Me souvenant de tous mes péchés » reflète un climat d'autocritique, voire d'autodérision, entrecoupé de jugements plus ou moins sévères sur ses contemporains et tempéré par un humour tout britannique, on ne peut qu'être surpris par la tonalité de ses *lettres à Francesca*, surtout dans les premiers temps de leur correspondance. Bion a alors 54 ans, c'est un homme mûr, qui a connu plusieurs épisodes tragiques dans son existence et dans la vie de son pays et il clame son amour pour sa fiancée et, bientôt pour sa nouvelle femme, comme le ferait un jeune amoureux transi, idéalisant son objet d'amour, cédant à sa flamme romantique. On ne peut s'empêcher de penser qu'il émerge alors d'une longue période dépressive qui a suivi la mort brutale de sa première femme. Il en fait d'ailleurs l'aveu à Francesca le 12 mai 1951 :

> Mais six années d'angoisse concentrées sur la vie de ma petite fille et comment elle grandit ont fait de moi un routinier de l'inquiétude – essayer d'être à la fois le père et la mère et tout à fait incapable de résister à l'envie profonde de le faire sans me sentir épuisé... (p. 127)

On perçoit dans ses déclarations d'amour réitérées (parfois plusieurs fois par jour) l'impact de défenses maniaques nécessaires à le faire sortir de sa profonde dépression, mais s'appuyant sur une affection profonde pour son nouvel objet d'amour et sans doute, aussi, liées au travail analytique qu'il avait entrepris avec Melanie Klein en 1945. Après la fin de cette analyse, en 1953, on le surprend à critiquer son analyste, dont pourtant il était resté proche, mais dont il ne voulait pas sacraliser la pensée :

Melanie est extrêmement exigeante. Je suppose que c'est parce qu'elle a tellement été attaquée et a eu si peu de bonheur authentique dans sa vie, mais j'ai toujours l'impression d'être sucé jusqu'à la moelle ; je ne sais pas bien comment ça se fait. Je pense qu'elle recherche un compliment, l'obtient, le rejette... (p. 149)

On a l'impression qu'il se défend là d'une idéalisation qui le maintiendrait dans une dépendance aliénante, comme c'est si souvent le cas dans les groupes psychanalytiques. Est-ce cela qui l'a poussé à s'exiler à Los Angeles de 1968 à 1979, avant de revenir à Oxford, en Grande Bretagne, quelques mois seulement avant de mourir d'une leucémie foudroyante ?

Les lettres aux enfants nous font découvrir une autre facette de la personnalité de Bion : un père drôle et tendre, adressant à ses jeunes enfants des lettres illustrées de dessins humoristiques dignes d'une bande dessinée – un conseiller plein de sagesse et de patience pour ses enfants devenus adolescents ou jeunes adultes, dans lesquels il paraissait mettre une grande part de son espoir et de sa foi dans la vie.

Me rappelant de tous mes péchés est une leçon d'humanité d'un homme génial qui a traversé un siècle terrible où son pays, sa famille et lui-même ont été très directement impliqués et qui a su, malgré bien des obstacles, trouver dans ses relations, dans ses études, dans ses affections conjugales et parentales, mais aussi dans la psychanalyse la plus exigeante et la plus rigoureuse, les ressorts nécessaires pour atteindre les aspects les plus profonds et les plus heureux de l'expérience humaine. Belle leçon de foi en l'homme et en sa quête insatiable de sens.

Didier Houzel

Bianca Lechevalier, *Le Souffle de l'existence. Le travail d'une psychanalyste avec l'enfant et l'adolescent*, Paris, In Press, 2016.

La publication de cet ouvrage de Bianca Lechevalier est particulièrement bien venue à un moment où la psychanalyse en général et la psychanalyse de l'enfant en particulier fait l'objet d'attaques d'une violence inédite, marquée au sceau d'un obscurantisme aveugle. L'auteur, pédopsychiatre, mais aussi psychanalyste d'adulte, d'enfant et d'adolescent, rapporte avec une grande simplicité son expérience personnelle étalée sur des décennies de pratique, aussi bien comme thérapeute que comme superviseur.

Bianca Lechevalier a le grand mérite de nous donner à voir avec un talent de conteuse remarquable le travail de pensée qui s'accomplit dans le cabinet du psychanalyste, notamment avec des enfants. Une fausse tradition donne parfois à croire que, puisque ce sont des enfants, les petits malades sont plus faciles à comprendre que les adultes et que l'exploration de leur inconscient exige moins de complications que pour l'adulte. Or, il n'en est rien. Un des axes principaux de la pensée de l'auteur est justement la multiplicité des niveaux d'angoisse et de dépression que l'on rencontre dans les psychanalyses d'enfant et le passage rapide et oscillatoire d'un niveau à un autre. À cet égard, l'enfant pose souvent plus de problèmes que l'adulte, tout au moins que l'adulte névrosé. Sa pensée est moins organisée, sans doute aussi moins défensive, mais cela nous entraîne dans un parcours extrêmement rapide entre les différents niveaux d'affects et de fantasmes qui sont sous-jacents à la pathologie. L'analyste doit avoir la capacité à suivre ces mouvements oscillants qui s'expriment dans le transfert et organisent son contre-transfert à travers des successions d'espoir et de désespoir, de clarté et d'obscurité, de lucidité et de confusion. Le piège serait de rester agripper à un seul niveau, qu'il s'agisse d'un niveau œdipien ou d'un niveau archaïque, pour se défendre contre ce maelstrom déroutant et angoissant. On comprend, en lisant les cas rapportés, quelle dialectique est à l'œuvre entre les différents niveaux évoqués : l'interprétation à un niveau renvoyant à un autre niveau et réciproquement. La progression du processus thérapeutique n'est pas linéaire, elle évoquerait plutôt la description qu'en fait Donald Meltzer dans son ouvrage « Le processus psychanalytique » (Paris, Payot, 1971), à savoir celle d'un phénomène fractal : peu à peu l'élaboration avance vers plus de fluidité et de créativité, mais à travers des processus oscillants qui se répètent de séance en séance, de semaine en semaine, d'année en année.

Parmi les niveaux d'angoisse et de dépression rencontrés, Bianca Lechevalier insiste tout particulièrement sur la dépression primaire et sur les enclaves autistiques. Elle fait référence là aux apports décisifs d'auteurs post-kleiniens dans l'exploration des niveaux archaïques de la psyché : Esther Bick, Donald Meltzer, Frances Tustin, Wilfred Bion, mais aussi Donald Winnicott. Ces auteurs ont montré que, contrairement à un dogme de Melanie

Klein, le bébé n'était pas équipé de fonctions du moi qui lui permettraient de faire la synthèse, même fragile et partielle, de ses expériences subjectives. Pour cela, il dépend du partenaire qui en prend soi ou plutôt de ce qu'il perçoit consciemment ou inconsciemment des soins en question. Si, pour une raison ou pour une autre, il éprouve un défaut ou un manque de cet apport extérieur, ce n'est pas une absence qu'il va ressentir, la notion d'absence supposant déjà un niveau d'élaboration élevé, ce n'est même pas la perte d'un objet dont il aurait à faire le deuil, c'est une perte de sa propre substance corporo-psychique, perte à l'emporte-pièce, comme l'a décrit Frances Tustin, de son corps propre, le plus souvent dans la zone buccale, ou perte de ses contenus donnant des fantasmes d'écoulement ou d'explosion. La dépression primaire sur laquelle Bianca Lechevalier insiste à juste raison, résulte de cette incapacité du psychisme naissant à faire face par lui-même à l'exigence d'une mise en cohérence de ses vécus subjectifs et de l'image de soi. L'exploration psychanalytique approfondie de nombreuses formes de psychopathologie conduit souvent jusqu'à ces profondeurs. Peut-être même existent-elles tapies au fond de chacun d'entre nous. Faire l'économie de cette exploration et du travail d'élaboration de ces angoisses archaïques pour rester aux niveaux oedipiens de l'organisation fantasmatique est une tentation, mais elle comporte le risque soit de rupture prématurée des traitements, soit d'analyses infinies.

Opposé à la dépression primaire, Bianca Lechevalier nous propose la métaphore du « souffle de l'existence » qui porte l'espoir d'un développement psychique et d'une authentique créativité : « Si l'angoisse de la dépression primaire peut être comparée à l'agonie de ne pouvoir advenir à une vie dans une identité différenciée, le souffle de l'existence au contraire donne naissance à un être qui investit un espace à la fois corporel et psychique dans la rencontre avec un objet… » (pp. 71-72). La métaphore respiratoire est associée par l'auteur à celle de l'espace psychique tridimensionnel qui s'ouvre et se peuple peu à peu d'un monde d'objets intériorisés. C'est cette ouverture et ce peuplement que vise le processus psychanalytique. Là où la vie psychique s'était trouvée arrêtée dans une dépression primaire impossible à élaborer ou dans une enclave autistique, s'opère alors un dégel qui va enclencher des forces de vie, tout comme le premier cri de l'avènement de la respiration aérienne donne à l'enfant les moyens de pourvoir à son oxygénation et donc de vivre.

Mais, le dégel n'est pas sans danger, aussi faut-il y procéder avec prudence et rigueur. Un des patients rêve en cours d'analyse d'un « chauffe-eau paradoxal » : « Le rêve [...] semble représenter le *dégel probable, brutal, d'une enclave gelée, enclave d'émotions non advenues à la représentation, encloses dans une région du corps. Une somatisation catastrophique serait la conséquence de ce dégel* » (p. 92). Ruptures thérapeutiques, passages à l'acte dangereux, somatisations graves, peuvent être la rançon d'un dégel imprudent. C'est dire la responsabilité redoutable de l'analyste et la nécessité où il se trouve de travailler au plus près des associations de son patient, de son transfert, mais aussi de son contre-transfert.

La période de l'adolescence est une nouvelle période de mise en chantier des fondements du psychisme, en même temps que s'installent la maturité sexuelle et toutes ses conséquences dans la recrudescence des angoisses œdipiennes et la nécessaire perte des images parentales idéalisées de l'enfance. Bianca Lechevalier y consacre un beau chapitre, centré sur « la beauté de l'éclosion des sens et le désespoir de la perte du sens » ; Là encore, son propos est abondamment illustré de matériel d'analyse et aussi de matériel de contes.

Dans un autre chapitre, elle mentionne la part des transmissions trans-générationnelles dans les impasses du développement psychique. Son expérience approfondie de traitements de descendants de survivants de la Shoah lui donne une autorité toute particulière pour décrire la façon dont les traumatismes portant sur les générations antérieures peuvent, par des mécanismes d'identification projective et d'identification adhésive, étendre leurs potentialités destructrices sur les générations suivantes.

Les chapitres suivants sont consacrés au travail d'élaboration à travers la pensée du rêve et les processus d'accession à la pensée symbolique et au langage verbal. Les références de l'auteur sont nombreuses en ce domaine : Meltzer, Mancia, Bion, mais surtout Pierre Luquet. Ce dernier auteur est sans doute moins connu, en dehors de quelques cercles restreints, ce qui rend cette référence plus difficile d'accès, d'autant qui y est mêlé un modèle dû à Bianca Lechevalier et Bernard Lechevalier, lui-même universitaire en neurologie, qui ont décrit ce qu'ils appellent des *Informations Sensorielles Infra-perceptives* (ISIP), sortes de traces infraliminaires, dénuées de signification, qui restent inconscientes mais qui, après-coup, peuvent « s'organiser en traces pré-perceptives, lors de nouvelles rencontres avec l'objet » (p. 190), ce qui semble pour l'auteur jouer un rôle important dans la reviviscence d'expériences archaïque dans le transfert.

Pierre Luquet s'intéressait surtout aux relations entre différents niveaux de pensée. Freud avait souligné la différence entre le Conscient et l'Inconscient quant aux processus de pensée dont ils sont le siège : processus secondaires pour le Conscient, processus primaires pour l'Inconscient. Luquet pose la question du passage d'un niveau à l'autre, comment les processus primaires inconscients aboutissent-ils aux processus secondaires conscients ? Il fait jouer en cela un rôle essentiel au Préconscient qui serait le lieu de processus Métaprimaires, sortes de pont entre processus primaires et processus secondaires. Je cite à l'appui de cela un extrait d'un article de Marie-Pierre Blondel (Revue française de psychanalyse, 2004/2, vol. 68, pp. 673-678) :

Pour l'auteur (Luquet), le travail du métaprimaire, dans les couches plus profondes du préconscient, serait déjà un travail de secondarisation. L'organisation fantasmatique aboutirait, en effet, à une première forme de pensée par la construction et l'organisation de représentations qui remplacent l'action et l'hallucination par une activité psychique de représentation, de symbolisation : les « représentations symboliques secondaires ». Ce travail du métaprimaire aboutirait au déplacement du but de la pulsion vers un autre objet et à un allègement de l'affect qui permettra alors le passage à d'autres formes de pensée. Les représentations secondaires s'organisent alors en fantasmes secondaires qui organisent les relations avec les imagos. Les fantasmes pulsionnels constituent ainsi des scènes dramatisées. Le préconscient métaprimaire serait le système où s'organisent toutes les relations objectales qui constituent la structure du Moi. La mentalisation métaprimaire resterait l'articulation centrale de la pensée, centrée sur la relation d'objet, elle définirait la structure psychique, c'est-à-dire le type d'organisation des pulsions et des défenses (p. 676)

À noter que Lechevalier nous dit qu'elle s'appuie sur cette théorisation de Luquet pour l'expression même de sa pensée, les processus métaprimaires étant pour elle la caractéristique de la créativité artistique, des contes et des rêves. S'appliquent-ils avec autant de bonheur aux exposés théoriques ? La question mérite d'être posée, tant il est vrai que, en l'absence de l'auteur et d'un dialogue vivant avec lui, certains développements restent difficile à suivre. faute de savoir quelles sont les prémisses sur lesquels il s'appuie et à quels modèles il se réfère.

Dans un avant dernier chapitre, Bianca Lechevalier cède en partie la parole à des psychothérapeutes qu'elle a supervisées : Geneviève Serre-Préder, Valérie Montreynaud et Christine Cohen. Les cas rapportés font tous l'objet d'un commentaire du superviseur.

Un dernier chapitre est consacré à l'« Apport de l'approche des angoisses précoces à la pratique des psychanalystes d'adulte, grâce à la psychanalyse des enfants ». Il est illustré par un cas très riche rapporté par Jean-Louis Lavedan. Bianca Lechevalier insiste très justement sur l'enrichissement qu'apporte l'expérience de l'analyse d'enfant lorsque l'analyste se trouve à traiter des adultes en grandes difficultés :

> Quand un psychanalyste d'adulte, écrit-elle, vit l'expérience d'une cure avec un patient d'organisation hétérogène, avec une problématique d'enclave autistique, luttant contre la dépression primaire, et quand il peut échanger dans un groupe de supervision avec des collègues ayant l'expérience de l'analyse avec des enfants, son espace se trouve élargi, de nouvelles associations tissées dans ce champ analytique partagé, et véhiculant des angoisses du début de la vie, donnent corps à l'émotion et images pour une pensée chargée d'affects. (p. 259)

Redisons-le, cet ouvrage, riche de matériel clinique et d'une longue expérience du travail analytique avec les enfants les adolescents et les adultes, vient à point pour donner à voir sur le vif le travail modeste, difficile, parfois douloureux, mais bien souvent irremplaçable, que les praticiens de l'analyse ont à cœur de mettre au service de ceux qui souffrent dans leur âme si ce n'est dans leur chair.

Didier Houzel

RECOMMANDATIONS AUX AUTEURS

Les articles soumis au comité de rédaction du *Journal de la psychanalyse de l'enfant* sont à envoyer en version électronique à : houzeld@gmail.com
Celle-ci comprendra :

- le fichier texte au nom de l'auteur, contenant l'article complet paginé (texte, illustrations et tableaux en place, résumé et mots clé en français et en anglais) ;
- un dossier « Images » au nom de l'auteur, contenant les fichiers numérotés de toutes les illustrations.

Normes à suivre

Les illustrations (figures, photos, graphiques)

- en noir et blanc ;
- placées dans le texte Word *et* dans un fichier à part ;
- mises au format TIFF ou JPEG haute résolution (300 dpi minimum).

Les tableaux

- au format Word dans l'article, et numérotés de 1 à n.

Les références bibliographiques à l'américaine
Dans le corps du texte :

- entre parenthèses (non en notes de bas de page) et renvoyant obligatoirement à une bibliographie finale ;
- patronyme de l'auteur, année de 1re publication, pagination de l'ouvrage consulté (Bion, 1967, p. 35) ; si le même auteur donne lieu à plusieurs publications la même année, les distinguer en faisant suivre l'année de *a*, *b*, *c* (Freud, 1915*b*, p. 12).

En bibliographie finale, classées par ordre alphabétique et chronologique :

- pour un ouvrage : Nom I. (année de 1re publication), *Titre de l'ouvrage*, Ville, Éditeur, année de la publication consultée si différente de l'année de 1re publication ;
- pour un article : Nom I. (année de 1re publication), « Titre de l'article », *Titre de la revue*, année de la publication consultée si différente de l'année de 1re publication, volume, pagination ;
- pour le chapitre d'un ouvrage : Nom I. (année de 1re publication), « Titre du chapitre », *Titre de l'ouvrage*, ville, éditeur, année de la publication consultée si différente de l'année de 1re publication, pagination ;
- pour un essai publié dans des *Œuvres complètes* : Nom I. (année de 1re publication), « Titre de l'essai », *Œuvres complètes*, volume, ville, éditeur, année de la publication consultée si différente de l'année de 1re publication, pagination.

Les citations

- saisies en caractères romains (non en italiques) et entre guillemets à la française (« … ») ;
- citations longues *théoriques ou littéraires* (plus de trois lignes) isolées par un retour à la ligne, sans guillemets et en corps réduit.

Les appels de note et notes de bas de page

- appel de note : situé avant tout signe de ponctuation et, dans le cas d'une citation, à l'intérieur des guillemets ;
- en notes de bas de page : uniquement des commentaires.

Cet ouvrage a été mis en pages
par JOUVE
1, rue du Docteur-Sauvé – 53101 Mayenne
2517494J – avril 2017

Imprimé en France
par CPI Firmin Didot
à Mesnil-sur-l'Estrée (27650)

avril 2017 – N° 141061

IMPRIM'VERT®